좋은 정부,
정치인,
관료

Organizing Leviathan:
Politicians, Bureaucrats, and the Making of Good Government
by Carl Dahlström and Victor Lapuente

Organizing Leviathan

Politicians, Bureaucrats, and the Making of Good Government

좋은 정부, 정치인, 관료

공정하고 능력 있는 관료제 만들기

칼 달스트룀 Carl Dahlström
빅터 라푸엔테 Victor Lapuente
지음

신현기
옮김

한울
아카데미

일러두기

- 본문에서 강조 표시와 각주는 지은이가 작성한 것이다.
- 옮긴이의 각주는 따로 표시했다.

부모님께

마르가레타와 라르스,

엘리사벳과 베냐민

한국어판 서문

이번에 우리 책이 한국어로 번역·출판되어 기쁩니다. 덕분에 정당 간부, 공공 관리자, 지방 행정 전문가, 활동가 그리고 공공 부문의 효과성과 효율성 증진에 관심 있는 많은 이해관계자 네트워크에 속한 실무자들이 이 책을 읽을 수 있게 되었습니다. 또한 이를 통해 이 책이 정부 행정을 어떻게 구조화할 것인가에 대한 논의에 관여할 수 있게 되었습니다. 한국에서 이런 기회를 갖게 된 것을 영광스럽게 생각합니다. 공공 정책의 전달 방식을 개선하려는 국가적 논의에 이 책의 통찰력이 기여할 수 있기를 바랍니다.

실제로 이 책이 처음 출간된 이후 가장 기뻤던 일 중 하나는 다양한 환경과 배경을 가진 많은 정치인, 관료, 관찰자 들이 이 책에서 묘사된 직업 공무원의 딜레마, 즉 권력을 향해 용기 있게 말하고 싶지만 직업적 전망 때문에 망설이게 되는 딜레마가 실제 현장에서 일상적으로 겪는 어려움이며, 이 책을 통해 변화에 대한 기대와 희망을 갖게 되었다고 말해줄 때였습니다. 우리는 이 책이 한국 독자들에게도 도움이 되길 바랍니다.

한국은 지리적·역사적으로 먼 곳이지만, 우리는 마음속에서, 그리고 정신적으로 한국의 행정을 매우 가깝게 느껴왔습니다. 15년 전, 전 세계 관료제에 대한 비교 연구를 시작할 때, 우리는 한국, 일본, 스페인, 스웨덴 등 4개 국가를 사례 분석 대상으로 골랐습니다. 그 이유는 한 유럽 국가(스웨덴)와 한 아시아 국가(한국)에는 공통적으로 정치인과 관료의 이해관계를 비교적 명확하게 분리하는 핵심 제도가 존재했고, 다른 유럽 국가(스페인)와 다른 아시아 국가(일본)에는 그런 제도가 없는 것으로 보였기 때문입니다. 즉, 이론적으로 매우 다른 행정 전통인 스칸디나비아 행정 전통을 가진 국가(스웨덴)와 아시아·유교 행정 전통을 가진 국가(한국)가 동일한 제도적 특성을 공유했던 것입니다. 그리고 우리가 보기에, 정치인과 고위 공무원이 서로 다른 직업적 이해관계를 갖는 것은 주인·대리인 이론의 주장처럼 단점이 아니라, 장점이었습니다. 왜냐하면 그것은 정부 행정 전반을 신뢰하게 만들기 때문입니다. 직업 공무원의 경력이 근시안적 이익에 사로잡힌 정치인 상관에 의해 좌우되지 않는다면, 직업 공무원은 공공 부문 성과급제와 같은 혁신적 방안을 자유롭게 구상하고 실행할 것입니다. 좀 더 구체적으로 말해, 장관이 고위 공무원의 경력을 통제할 수 없다면, 일선 공무원들은 그 고위 공무원을 더욱 신뢰할 것입니다.

하지만 한국을 비교 사례로 선택한 데는 또 다른 이유가 있습니다. 한 나라의 행정 구조와 행정 행위에 대한 역사적·문화적 설명 방식을 인정하고 존중하지만, 우리는 공식적·비공식적으로 관료가 정치인이 되거나, 또는 정치인이 관료가 되는 것을 막는 규칙과 같은 제도가 갖는 분석적 설명력을 보여주려고 했습니다. 제도의 효과에 대한 이러한 관심은 세상은 제도에 의해 움직인다는 식의 개인적 소신 때문이 아닙니다. 오히려 우리는 많은 사회적 구성물이 오랜 역사적·문화적 발전의 결과이듯이, 정부 행정도 그렇다는 것을 잘 알고 있습니다. 21세기의 민간 기업을 20세기 초와 비교해 보면, 비슷한 점이 거의 없을 것입니다. 지금의 삼성이나 애플(Apple)을 100년 전인 1924년의 삼성이나 애플과 비교해 보면 인사, 조직 구조 등 모든 것이 다를 것입니다. 그러나 정부 행정은 공무원의 지위, 부처 간 소통이 단절된 사일로(silo)형 조직 구조 등 많은 특징이 시간이 흘러도 변하지 않습니다. 1924년 도입된 정부 행정의 많은 절차가 오늘날에도 작동합니다. '경로 의존성'이라는 개념이 가장 잘 드러나는 영역이 바로 정부 행정입니다.

이처럼 역사적 유산의 무게가 너무 무겁기 때문에 오히려 제도의 효과를 밝히려는 우리의 작업이 더욱 중요해집니다. 정부 행정의 성과와 관련된 몇 가지 핵심 제도가 있다면, 우리는 그것이 무엇인지 밝히려 합니다. 공공 부문의 효과성과 효율성 증진에 관심이 있다면, 최우선적으로 그것을 밝히려 합니다.

이 책에서 우리는 그러한 핵심 제도 중 하나로, 정치인과 관료의 경력 분리에 초점을 맞췄습니다. 즉, 선출직 공무원과 직업 공무원이라는 두 집단은 법적으로 또는 실제적으로 공공 정책을 결정하고 실행할 때, 중요한 결정을 내립니다. 이들의 이해관계가 얽혀 있는 경우, 즉 정치인이 직업 공무원을 마음대로 고용하고 해고하거나, 또는 그렇게 되도록 압력을 행사할 경우 직업 공무원은 정치인의 부적절하거나 또는 불법적인 행위를 고발할 수 없습니다. 마찬가지로 정치인도 직업 공무원의 비위를 고발하는 것이 불가능해집니다. 이렇게 정치인과 관료의 경력이 통합된 시스템에서는 비효율적인 정책 결정이 내려지기 쉽습니다. 우리는 이와 관련된 세 가지 경험적 사실을 살펴봤습니다. 정치인과 관료의 경력을 분리한 시스템에서는 부패가 적고, 정부 효과성이 높으며, 효율성을 높이는 행정 개혁이 더 잘 일어난다는 사실입니다.

마지막으로 우리는 이번 한국어판을 통해 한국을 배우는 기회를 얻었습니다. 최근 한국 정부는 민첩하고 선제적으로 대응하면서 대규모 봉쇄 없이도 코로나19 바이러스 팬데믹 방역에 성공함으로써 전 세계뿐 아니라 OECD 국가 내에서도 찬사를 받았습니다. 문명재 교수(연세대학교 행정학과)나 박태인 교수(서울대학교 의과대학 의학과, 행정학 전공) 같은 훌륭한 학자들의 연구 덕분에 우리는 한국 정부가 투명성과 시민 참여가 결합된 독특한 방역 거버넌스 구조를 만들었다는 것을 알게 됐습니다. 여러분이 우리에게 배울 수 있는 것보다 우리가 여러분에게 배울 교훈이 더 많다고 확신합니다. 그럼에도 우리 책에 관심을 가져주셔서 감사합니다. 부디 이 책이 여러분들에게 도움이 됐으면 합니다.

2024년 7월　지은이 칼과 빅터 씀

차례

7 결론

표·그림 차례

1

정치인과 관료의 관계가 중요한 이유

인센티브와 인센티브 제도

이 책은 정부의 질(quality of government)에 대해 다룬다. 양질의 정부는 공정하게 행동하고 부패하지 않으며 자원을 효율적으로 사용한다. 이러한 목표는 모든 정부의 당연한 목표처럼 보이지만, 전 세계적으로 봤을 때, 모든 정부가 그렇지는 않다. 정치 지도자들은 다른 통치 엘리트와 결탁해 부를 축적하거나 다른 방식으로 사회 전체를 희생시키면서 자신의 지위를 이용하며, 이 과정에서 부패, 지대(地代) 추구(rent-seeking), 낭비성 정부 지출, 비효율성이 생겨난다. 반대로, 다른 통치 엘리트들은 양질의 정부를 만들어야 할 인센티브를 가지고 있는 것처럼 보인다. 무엇이 이러한 차이를 만드는 것일까?

이 책은 정치와 행정의 관계가 조직되는 방식에 따라 통치 엘리트들의 인센티브가 달라지며, 이는 다시 부패와 정부 효과성(government effectiveness)에 영향을 미친다는 것을 보여줄 것이다. 필자의 생각은 다음과 같다. 즉, 서로 다른 이해관계를 가진 집단이 함께 일하면 서로 감시하게 되고, 이는 두 집단 모두 이기심에서 벗어나 공동선을 향해 나아갈 수 있게 한다는 것이다. 반대로 통치 엘리트 모두가 같은 이해관계를 가지고 있다면 부패와 사익 추구를 막을 사람이 아무도 없기 때문에 권력 남용이 더 흔해질 것이다. 문제는 그들의 이해관계는 관찰하기 어렵기 때문에 쉽게 조직될 수 없다는 점이다. 그러나 누구나 자신의 경력에 관심이 있다는 점을 고려할 때, 공직자의 주요 이해관계는 그들의 경력이라고 할 수 있다. 따라서 정부 최고위층에 있는 두 그룹인 정치인과 관료의 경력을 분리하는 조직화가 중요하다.

특히 정치인과 관료의 경력이 어느 정도 분리되어 있는지는 채용 과정을 보면 알 수 있다. 사실상 정치적 충성도에 기반한 채용은 법적인 규정과 상관없이 관료의 경력을 정치인과 연결시킨다. 이러한 경우 관료들의 직업적 운명은 정치인 상관의 직업적 운명과 통합된다. 반대로 능력에 따른 채용이 이루어지면 관료 경력에 영향을 미치는 것은 정치인 상관이 아니라 전문가 동료가 된다. 정치적 고려가 아닌 능력에 기반한 채용 시스템을 보장하는 제도는 결과적으로 양질의 정부를 만드는 중요한 자원이다.

여기서 제시하는 주장은 비교 정치학, 경제학 및 행정학의 방대한 연구를 바탕으로 하고 있지만, 두 가지 점에서 기존 연구와 다르다. 첫째, 대부분의 비교 정치학과 비교 경제학 연구는 국가의 행정적 측면을 소홀히 다룬다. 행위자의 인센티브와 관련해서는 대개 정치 엘리트들의 인센티브만 고려할 뿐 다른 공직자들의 인센티브는 무시했다. 더 결정적 한계는 관료와 정치인의 상호 작용이 무시되었다는 점이다. 이에 따라 제안된 정책적 시사점은 거의 선거 시스템과 같은 정치적 측면에 관한 것이다. 국가의 행정적 측면을 고려하지 않으면 양질의 정부를 만드는 역동적 관계를 제대로 이해하지 못하고, 잘못된 정책적 시사점을 도출할 수 있다.

둘째, 행정학자들이 국가의 행정적 측면에 집중한 것은 사실이지만, 필자의 주장은 행정학자의 지배적 견해와 다르다. 기존 행정학 연구는 관리 재량 대신 관료제 규칙을 강조하는 반면, 필자는 관료 경력의 인센티브가 중요하다고 강조한다. 이러한 차이는 매우 중요하다. 주류 행정학은 규칙에 따라 관료제를 정치적 영향력으로부터 보호할 것을 강조하는데, 이를 폐쇄형 베버 행정부(closed Weberian administration)라고 부를 수 있다. 그러나 이 책은 그러한 규칙들이 헛된 희망이라는 점을 보여줄 것이다. 전 세계 행정부를 비교해 보면, 흔히 생각하는 것과 달리, 능력주의 임용 제도를 채택한다고 해서 공공 부문에 강한 규제(regulation)가 존재하는 것은 아니다. 그리고 나폴레옹(Napoléon) 행정 전통에 속하는 국가를 설명하면서 보여주겠지만, 높은 수준의 폐쇄형 베버 관료제라도 높은 수준의 정치화(politicization)가 나타날 수 있다.

따라서 우리는 반부패 기관 설립과 같은 공식적 감시만으로 좋은 정부를 만들 수 있다는 주장에 회의적이다. 그 이유는 두 가지이다. 정치인과 관료가 상호 감시하는 내부 시스템과 비교했을 때, 외부 통제 메커니즘은 비용이 많이 들고, 효과도 떨어진다. 외부 통제 메커니즘이 있더라도 공적 활동에서 사적 이익을 얻을 기회는 항상 존재하고 외부 통제를 쉽게 우회할 수 있기 때문이다.

필자의 주장과 기존 연구를 더 자세히 논의하기 전에, 우리는 정치인과 관료의 경력 인센티브(career incentive)를 분리하지 않을 때 어떤 일이 일어나는지, 즉 정치인과 관료의 경력이 현저히 통합되었을 때, 어떻게 더 많은 부패가 일어나고, 정부 효과성이 감소하는지 살펴볼 것이다. 우리는 정치인과 관료의 경력 통합이 지대 추구, 낭비, 비효율성으로 이어지는 인과 경로와 나쁜 균형 상태(bad equilibrium)에서 벗어나는 것이 얼마나 어려운지 설명할 것이다. 그러한 사례로 나쁜 거버넌스로 악명 높은 개발 도상국 대신, 선진 민주주의 국가인 스페인에서 정치인과 관료의 경력 통합으로 인해 어떻게 부패와 낭비성 정부 지출이 일어나는지를 보여줄 것이다. 스페인처럼 오랜 기간 OECD 및 EU 회원국이었던 국가라면 정부의 조직적 병리 현상에 대한 적절한 사회적·경제적·문화적 방화벽이 있을 것으로 예상하지만, 실제로는 그렇지 않다. 필자는 다음에 소개할 사례를 통해 스페인의 부패가 선출직 공직자와 관료의 경력이 통합되었기 때문임을 주장할 것이다.

부패와 '돈 비토' 이야기

1990년대 초, 평범한 여행사 대표 프란시스코 코레아(Francisco Correa)는 떠오르는 보수 정당인 인민당(Partido Popular)의 유명 정치인들과 인맥을 쌓기 시작했다. 10년 후, 코레아는 스페인 전역에서 행정부의 '주인'을 자처하는 강력한 사업가가 되었고〔El País(스페인 일간지), 2013.6.17〕, '돈 비토(Don Vito)'라는 별명을 얻게 되었다. 코레아는 정치 집회를 조직하는 등의 방식으로 인민당을 도우면서 인민당이 통제하는 행정부로부터 많은 계약을 따내는 기업 네트워크를 구축했다. 그의 경력의 전환점이 된 시점은 1996년 총선에서 인민당이 승리한 때인데, 이때부터 돈 비토의 수많은 회사가 수주한 공공 입찰 계약은 몇 배로 불어났다. 대표적으로 220만 유로에 달하는 공항청 계약과 총리실의 수백 건의 여행 계약(두 기관 모두 인민당이 통제하는 중앙 정부에 의존한다), 640만 유로 규모의 2006년 교황 방문 행사(인민당이 통제하는 지방 정부에 의존한다), 코레아가 신뢰를 얻은 인민당 소속 지방 의원들이 속한 지방 정부로부터 따낸 수많은 계약(El País, 2010.4.18) 등이다.

돈 비토가 만든 시스템은 복잡했다. 먼저, 그와 여러 지역 협력자들은 자녀들 생일 파티와 유로디즈니(Eurodisney) 여행(El País, 2013.5.30a), 2000유로짜리 시계(El País, 2013.6.23), 중요한 정치 브로커에게 모든 계약의 10%를 떼 주는 뒷돈(El País, 2013.8.6), 지역 실세가 코레아의 협력자에게 "메리 크리스마스, 내 소울메이트… 정말 사랑해…"[1](경찰이 이 전화 통화를 도청했다)라고 말하면 크리스마스 선물 등을 제공해 정치인을 '설득'했다.

둘째, 코레아의 대규모 기업 네트워크는 시장보다 최대 100% 높은 가격으

1 원문은 다음과 같다. "Feliz Navidad, amiguito del alma … te quiero un huevo," www.elpais.com/especial/caso-gurtel/(검색일: 2013.10.31).

로 당국에 바가지를 씌웠다. 또한 대부분 계약은 정부의 공공 입찰 상한선인 1만 2000유로 한도에 도달하지 않기 위해 잘게 쪼개졌다(El País, 2013.5.30b). 감사원에 따르면, 마드리드(Madrid) 지방 정부에서만 316만 유로에 달하는 104건 이상의 계약이 각각 1만 2000유로 미만이 되도록 여러 건의 계약으로 쪼개졌다.

마지막으로, 이런 식으로 번 돈은 여러 인물과 유령 회사를 통해 해외로 빼돌렸다. 모나코와 스위스로 2400만 유로, 미국과 사건 조사 협조를 거절한 조세 피난처로 최대 3000만 유로가 빠져나갔다(El País, 2011.6.2). 전체적으로 코레아의 혐의가 너무 많아 그의 사건 기록은 5만 쪽이 넘을 정도였다(El País, 2010.4.7). 코레아와 동료들이 국고에서 약탈한 돈은 여러 정부와 개인 들의 수많은 수상한 거래로 이뤄졌기 때문에 전모를 파악하기란 불가능하지만, 대략 4억 4900만 유로로 추정된다(El País, 2015. 3.6).

기업인과 고위 공직자 들이 선진국의 풍부한 공공 자원을 이용해 이기적 행동을 하려는 유혹을 받는 것은 그리 놀라운 일은 아니다. 충격적인 것은 선진 민주주의 국가에 존재하는 수많은 행정적 견제와 책임 메커니즘에도 불구하고 어떻게 부패 네트워크가 4억 유로가 넘는 돈을 빼돌릴 수 있었냐는 점이다. 이 사건에 대한 조사를 통해 실제로 코레아의 회사로 공적 자금이 흘러들어가는 것을 막을 수 있었음에도 그렇게 하지 않은 수많은 사례가 밝혀졌다. 이러한 세부 사항을 살펴보는 것은 필자의 주장의 미시적 토대를 이해하는 데 도움이 된다. 예를 들어, 2006년 7월 이틀 동안 돈 비토의 직원들이 마드리드 지방 정부의 여덟 개 부서를 돌면서 1만 2000유로 기준 이하로 수주한 수백 건의 공공 계약의 대금을 신속하게 지급해 달라고 요청한 일이 있었다(El País, 2013.7.26). 돈 비토의 직원들은 이틀 동안 공무원들(일부는 임명직 공무원이었지만 대부분은 종신직 공무원)과 나눈 대화를 꼼꼼히 기록했다. 여기에는 부패한 거래에 가담하지 않았던 공무원들이 의심스러운 대량의 1만 2000

유로 이하 청구서의 지불 요청을 받고 어떻게 반응했는지 잘 나와 있다.

일부 공무원은 코레아의 직원에게 청구서를 지불하겠다고 말했다. 흥미로운 것은 무슨 일이 일어나는지 알면서도 반응하지 않는 공무원들의 행동이다. 코레아의 직원들의 기록을 보면, 일부 공무원들은 "금액이 쪼개진 것을 분명히 알 수 있기 때문에 지불하고 싶지 않다"고 말했다(El País, 2013.7.26). 지불을 꺼리는 공무원들의 반응은 다양했다. 어떤 공무원은 지불을 연기하기로 결정했고(예컨대, 지불을 명령하기 전에 "상사와 이야기해야 한다"고 주장했다), 또 다른 공무원은 기존 행정 절차에 호소했다(코레아의 직원에게 지불에 대한 책임이 있는 다른 부서로 가라고 말했다). 어떤 공무원은 지불 요청을 무시하려고 했으며("아무것도 알고 싶지 않다"고 했다), 일부는 심지어 불성실한 태도를 보였다("그건에 대해 잘 이해하지 못한다"고 말한 뒤 전화를 받지 않았다). 놀랍게도 이 공무원들은 의심스러운 법적 거래라는 사실을 알고 있으면서도 감사 기관, 언론, 야당, 검찰, 판사, 경찰 등 누구에게도 신고하지 않았다. 그들은 침묵을 지켰다.

사실 코레아의 직원들은 공무원들이 잠자코 묵인하는 것을 당연하게 여겼다. 그들은 상식적으로 공무원들의 정치인 상관이 부정부패에 연루되었기 때문에 관련자는 물론, 어느 누구도 이를 막으려고 하지 않을 것이라고 생각했다. 이런 게임의 규칙을 알고 있는 코레아는 공무원 조직의 대다수가 정치인 상관에게 순응하기 때문에 걱정할 것이 없다고 생각했다.

코레아의 부패 네트워크를 과감히 폭로한 전직 지방 공무원 아나 가리도(Ana Garrido)의 사례는 이것이 근거 있는 믿음임을 보여준다. 가리도는 부패 네트워크를 폭로하면 자신의 경력이 심각하게 훼손될 것을 예상했지만 '아이가 없기 때문에' 내부 고발자가 되었다고 말했다(El País, 2016.2.14). 2016년 4월, 스페인 의회에서 그녀는 진실을 말하기 시작하면서 겪은 '고난의 7년'〔Voz Populi(스페인 인터넷 라디오), 2016.4.9〕을 이렇게 요약했다. 먼저, 그녀는 함께 장단을 맞추면 밝은 미래를 보장한다는 제안을 받았지만 거절했다. 그러자 끝없는 괴롭힘이 시작되었다. 어느 날 그녀가 근무 조건에 대해 불만을 토로하자 상사는 "네 삶을 망치겠다"고 말했다(Voz Populi, 2016.4.9). 그녀는 퇴직을 강요받았고, 계속되는 심리적 압박 때문에 스페인을 떠나야 했다. 코스타리카에서 2년 동안 실직 상태로 지냈고 스페인으로 돌아온 후에도 괴롭힘이 더욱 심해져 공공 부문에서 다시 경력을 시작할 수 없었다. 결국 의사의 조언에 따라 그녀는 경력을 포기하고 현재 수제 팔찌를 팔아 생계를 유지하고 있다.

정부 효과성과 '유령 공항' 이야기

발렌시아주 카스텔론(Castellón, Valencia) 지방 정부의 수장인 카를로스 파브라(Carlos Fabra)는 2000년대 스페인에서 '낭비성 정부 지출의 상징'으로 불리던 1억 8300만 달러 규모의 '유령 공항(airport to nowhere)'을 자신의 고향에 건설하는 사업을 추진했다. 이 공항의 운영 첫 2년 동안의 기록은 놀라웠다. 정기 항공편이 단 한 편도 운항되지 않았기 때문이다(The New York Times, 2012.7.18). 그러나 파브라는 21세기 스페인에서 공적 자금의 비효율적인 지출을 보여주는 유일한 사례가 아니다. 스페인의 "애물단지 프로젝트에 대한 거침없는 지출"을 상징하는 다른 공항들도 있다(BBC News, 2012.7.26). 예를 들어, 시우다드 레알(Ciudad Real)의 국제공항은 유럽에서 가장 긴 활주로와 500만 명의 승객을 수용할 수 있는 시설을 갖고 있지만, 2008년 개장 때부터 운행 부족으로 2012년 폐쇄될 때까지 승객이 10만 명뿐이었다. 1년 후 이 공항은 경매로 넘어갔다. 이때 경매 시작 가격(1억 유로)이 건축 비용(10억 유로)에 비해 충격적으로 적었다는 점은 이 공항이 얼마나 비효율적이었는지를 보여준다(The Guardian, 2013.8.7). 이러한 사례는 공항 공급 과잉이라는 더 큰 사정의 일부이다. 스페인에는 43개의 국제공항이 있으며, 이는 스페인보다 인구가 거의 두 배나 많은 독일보다 두 배나 많은 수이다.

스페인의 다른 인프라 프로젝트에서도 같은 종류의 과잉 지출이 흔하다. 공항뿐만 아니라 기차와 고속 도로도 마찬가지이다. 예를 들어, 스페인은 중국에 이어 세계에서 두 번째로 긴 고속 철도 네트워크를 보유하고 있으며, 그 길이는 2000km가 넘는다. 그러나 몇몇 경제학자(Bel, 2010)는 고속 철도에 대한 대부분의 공공 투자 결정에 경제적 근거가 부족하다고 지적했다. 우선, 스페인 철도의 승객 비율은 매우 낮다(프랑스의 20% 수준). 또한 일부 고속 열차역의 위치는 경제성 고려가 부족하다. 스페인 동쪽 끝에 위치한 인구 1000명의 마을 타르디엔타(Tardienta)의 한 주민은 고속 열차를 감탄하면서도 "솔직히 말해서 아무도 오지 않고, 마을 주민들도 거의 사용하지 않는다"고 말했다(Público, 2011.2.27). 마찬가지로 2009년까지 10년 동안 5000km가 넘는 고속 도로를 건설한 스페인은 고속 도로에 대한 막대한 투자로 인해 3600억 유로의 부채를 떠안았는데, 이는 "터무니없는 글로벌 수준의 설계"(El País, 2013.9.23) 때문이었다.

"스페인을 적자로 몰아넣은 애물단지 사업"(BBC News, 2012.7.26)을 왜 막지 못했을까? 이러한 낭비성 정부 지출 사례로 이어진 미시적 결정을 자세히 살펴보면, 다시 한 번 문제의 근원에 정치화된 행정(politicized administration)이 자리하고 있음을 알 수 있다. 정치인들이 많은 공무원을 임명할 수 있는 능력은 두 가지 중요한 메커니즘으로 스페인 국토 전체에 애물단지를 만들어냈다. 첫째, 관련 행정직을 정치적으로 임명하면서 선출직은 기술적 고려를 무시하고 단기 목표에 우선순위를 둘 수 있었다.

스페인 북서쪽 갈리시아(Galicia)에서 이러한 메커니즘의 예를 볼 수 있다. 산티아고 데 콤포스텔라(Santiago de Compostela)의 웅장한 문화 도시에는 박물관, 오페라 극장, 그리고 원래 100만 권의 책을 보관할 수 있도록 설계된 도서관이 있다(El País, 2011.11.12). 지방 정부 수장으로 장기 집권한 마누엘 프라가(Manuel Fraga)는 산티아고 데 콤포스텔라의 세계적으로 유명한 대성당만큼이나 기념비적인 유산을 남기고 싶었다(Público, 2011.1.12). 하지만 몇 년이 지난 지금, 문화 도시는 당초 계획보다 거의 네 배나 많은 비용을 쏟아붓고도 미완성 상태로 남아 있다. 이 프로젝트를 결정한 배심원 중 한 명인 미국인 윌프리드 왕(Wilfried Wang) 교수는 정책 결정을 서류상으로는 전문가들이 했지만, 실제로는 정치화된 결정이 이뤄진 이유를 흥미롭게 설명했다. 왕 교수는 실제 건설 비용이 치솟을 것이라는 사실을 알고, 이렇게 말했다. "설계도만 비교해 봐도 너무 크다는 것을 알 수 있다"(El País, 2011.1.8). 그럼에도 불구하고 프로젝트는 승인되었다. 이유는 분명했다. 몇몇 정치적 낙하산을 포함한 대부분의 배심원들은 말 그대로 가장 웅장한 프로젝트가 승인되지 않을 경우 지자체장의 질책을 받을 것을 '두려워했기' 때문이다(El País, 2011.1.8).

두 번째 메커니즘은 다음과 같다. 공공 부문 일자리를 많이 배분할 수 있는 능력을 가진 정치인과 선거구 유권자 사이의 후견주의적(clientelistic) 유착은 정부 성과 없이도 정치인의 재선을 보장한다. 이를 잘 아는 파브라는 온갖 비난에도 불구하고 장기 집권할 수 있었던 비결에 대해 매우 명쾌하게 설명했다. "선거에서 승리한 사람은 수많은 사람을 임명한다. 그리고 그들은 안전한 지지표가 된다. 그러면 지방 정부나 지역에서 엄청난 권력을 갖게 된다. 12년 동안 나는 기억나지 않을 정도로 많은 사람을 임명했다"(Sanchez-Cuenca, 2009).

바보야, 문제는 인센티브야!

이처럼 광범위한 부패와 놀라울 정도로 비효율적인 공적 자금 지출이 가능했던 이유는 무엇일까? 앞서 언급했듯이 스페인 공공 기관의 많은 사람들은 무언가 잘못되었다는 것을 알고 있었거나 최소한 의심했을 것이다. 그런데도 그들은 왜 가만히 있었을까? 왜 침묵했을까? 스페인 사례와 같은 나쁜 정부의 사례뿐 아니라 사적 또는 당파적 이익을 위해 공직을 남용하는 많은 유사 사례를 이해하려면 필수적으로 관료들의 인센티브를 파악해야 한다. 행정 행위에 대한 책임성 통로(channel of accountability)가 하나로 통합되면, 스페인의 사례에서 봤듯이, 공공 기관의 어느 누구도 처벌이 두려워 불편한 질문을 던지지 않는다. 그들에게는 공익을 위해 나설 인센티브가 없다. 사실상 자신을 고용해 준 정당에 대한 충성심이 다른 어떤 고려 사항보다 우선된다. 공무원의 행동을 결정하는 것은 당장의 충성심뿐만 아니라 장기적으로 자신의 처지가 어떻게 될지에 대한 걱정이다. 정치인과 관료의 경력이 통합된 시스템에서는 정당의 눈에 어떻게 비춰지느냐가 남은 경력을 결정한다. 스페인 사례의 등장인물들은 이를 잘 알고 있었다. 일반적으로 부정부패, 소수 집단에 대한 경제적 특혜, 기타 약탈 활동은 정부 안에서 벌어지는 집단사업(collective enterprise)이기 때문에 앞의 사례에서 본 것처럼, 지대 추구 행위를 하려면 공공 기관에서 정치인과 관료의 경력이 통합될 필요가 있다. 지대 추구 행위에는 정치인과 관료 등 여러 공직자가 관여하는데, 이들은 서로 감시하는 역할을 방기함으로써 부패와 비효율을 수수방관한다.

예를 들어, 국고에서 지대를 뽑아내기 위해 다양한 행정 수준과 다양한 시공간에서 벌어지는 모든 상호 작용을 생각해보라. 공직자과 민간인 사이에 처음 사업이 기획될 때, 우호적인 공개 입찰서가 작성될 때, 경쟁 신청서가 처리되고 최종 낙찰자가 결정될 때, 돈이 효과적으로 전달될 때, 그리고 패자 또는 제3자가 해서는 안 될 불편한 질문을 했을 때 등을 생각해보라. 이러한 모든 상호 작용에 연루된 관계자의 경력이 직간접적으로 통합되어 있고 모두의 경력이 일정하게 집권당의 선거 결과에 의존한다면, 사업을 망칠 각오가 아니라면 변절하는 것은 어리석은 일일 것이다. 반대로 공직자의 직업적 이해관계가 이질적이어서 어떤 사람은 선거 결과에 의존하고, 어떤 사람은 그런 우려에서 완전히 자유롭다면 집단행동은 금방 조정의 문제에 부딪힐 것이다. 자신의 향후 경력이 다른 사람의 경력과 분리되어 있고, 자신의 미래가 집권당의 선거 결과와 무관하다고 확신하는 경우라면 정치인 상관(또는 행정부 부하 직원)의 불법 행위를 은폐할 이유가 없다.

이 책의 나머지 부분에서는 첫째, 다양한 인센티브를 가진 사람들이 모든 중요한 공적 의사 결정에 어떻게, 왜 참여해야 하는지를 이론화하고, 둘째, 많은 국가에서 그러한 이론이 갖는 함의를 실증적으로 검증해 볼 것이다.

이 책의 개요

2장에서는 이론적 아이디어와 그 함의를 발전시킨다. 먼저 경제학, 정치학, 행정학 분야의 기존 연구에 대해 필자 주장의 기여가 무엇인지 밝힐 것이다. 요컨대, 정치인과 관료의 경력 분리가 부패가 적고 정부 효과성이 높은 조건을 만들며, 이는 공공 부문의 효율성을 높이는 행정 개혁에도 유리하다고 주장한다. 2장에서는 경쟁 가설, 즉 폐쇄형 베버 관료제를 통해 관료들을 정치적 영향력으로부터 보호해야 한다는 가설에 대해 논의한다. 필자는 이러한 가설에 의문을 제기하며 폐쇄형 베버 관료제와 능력주의 채용이 반드시 일치하는 것은 아니라고 주장한다.

3장에서는 폐쇄형 베버 관료제 가설을 국가 간 비교를 통해 실증적으로 검증한다. 경쟁 가설인 폐쇄형 베버 관료제 가설을 최대한 검증하기 위해 다섯 단계를 거친다. 첫째, 전 세계 약 100개국의 관료제를 2차원 공간에 매핑해 폐쇄형 베버 관료제와 능력주의 채용이 동일하지 않다는 것을 보여준다. 둘째, 폐쇄형 베버 관료제의 지표와 세 가지 종속 변수(부패, 정부 효과성, 행정 개혁) 간의 상관관계를 살펴본다. 이때 종속 변수는 이론적 함의를 잘 보여주는 지표들이다. 셋째, 회귀 분석에 최소한의 통제 변수를 포함시킨다. 일반적으로 문화, 경제, 정치 체제(regime) 등과 관련된 영향력 있는 이론에 근거해 종속 변수를 선정하고, 각 종속 변수에 맞춰 통제 변수를 선정했다. 넷째, 폐쇄형 베버 관료제의 효과가 여러 조건을 모두 갖춘 일부 선진국에서만 나타날 것이라는 가능성을 배제하기 위해 몇 가지 강건성 검증(robustness test)을 실시했다. 이를 통해 폐쇄형 베버 관료제 가설이 경험적으로 뒷받침되지 않는다는 것을 보여줄 것이다. 마지막으로 나폴레옹 행정 전통에 속하는 유럽 국가들을 설명하고, 왜 폐쇄형 베버 관료제가 기대했던 좋은 결과를 낳지 못하고, 오히려 역효과를 내는지 설명할 것이다.

4장에서는 세 가지 분석 단계를 통해 정치인과 관료의 경력 분리가 부패에 미치는 영향을 검증한다. 먼저 정치인과 관료의 경력 분리 관련 지표와 낮은 부패 사이에 실제로 강력한 상관관계가 있음을 입증한다. 그런 다음 정치학, 경제학, 사회학에서 가장 널리 통용되는 대안적 설명을 검증하는데, 이때에도 결과는 지속적으로 예측된 방향으로 나타난다. 이러한 결과에 대한 내생성 편의(endogeneity bias)의 우려가 있기 때문에 추가적으로 도구 변수(18세기 관료제 구조)를 활용한 분석과 이전 부패 수준을 독립 변수에 포함하는 몇 가지 분석을 실시했다. 이러한 추가 분석에서도 동일한 결과가 나타났다. 이어 영국, 미국, 북유럽 국가들에서 역사적으로 부패 수준이 점차 낮아지는 역사적 경로를 분석함으로써 정치인과 관료의 경력을 분리하는 행정 개혁이 부패 감소의 결과가 아니라 사실은 부패 감소의 원인(해결책)이었음을 보여줄 것이다.

5장에서는 정치인과 관료의 경력 분리와 정부 효과성 사이의 관계를 다룬다. 먼저 정부 효과성에 대한 대안적 설명과 필자가 생각하는 메커니즘에 대해 논의한다. 4장과 동일한 실증 분석 방법론을 사용하지만, 여기서는 종속 변수로 정부 효과성 지표(낭비성 정부 지출과 경영 관리 성과)를 사용한다. 5장의 주요 결과는 필자의 주장을 뒷받침한다. 몇 가지 까다로운 통제 변수를 포함시켜 회귀 분석을 하더라도 정치인과 관료의 경력 분리는 정부 효과성 증진에 기여한다.

6장에서는 정치인과 관료의 경력 분리가 공공 부문의 효율성을 높이는 행정 개혁에 긍정적인 영향을 미치는지 검증한다. 이를 통해 왜 어떤 국가들은 개혁 실패로 인한 문제 악화라는 악순환에서 벗어나기 어려운지 설명할 수 있을 것이다. 여기서 핵심 메시지는 어떤 국가가 정부의 질을 개선하는 개혁을 추진하더라도, 정치인과 관료의 경력이 통합된 시스템에서 그러한 개혁이 실패할 수 있다는 점이다. 필자의 이론에 따르면, 정치인과 관료의 경력 분리 시스템은 공직자들이 더 열성적으로 행정 개혁을 추구하도록 하는 인센티브를 만든다. 종속 변수인 행정 개혁은 공공 부문 성과급제(performance-related pay, PRP) 도입 정도로 측정했다.

6장의 분석에는 두 가지 문제가 있다. 첫째, 동일한 설문 조사에서 측정한 응답자의 인식(perception)을 독립 변수와 종속 변수에 동시에 사용하는 것은 바람직하지 않기 때문에 독립 변수와 종속 변수 중 하나 또는 둘 모두를 다른 출처에서 가져온 지표로 대체한 모델을 제시했다. 둘째, 정치인과 관료의 경력 분리(독립 변수)와 공공 부문 성과급제 도입(종속 변수)이 동일한 행정 개혁의 산물이라면 생략 변수 편의(omitted variable bias)가 발생할 가능성이 있다. 이러한 가능성을 최대한 배제하기 위해 도구 변수를 활용한 2단계 회귀 분석을 실시했다. 또 스웨덴과 스페인에서 공공 부문 성과급제가 도입된 역사적 경로를 분석했다. 이러한 추가 분석을 통해 생략 변수 편의(또는 내생성 편의)가 없음을 확인했다.

결론 장에서는 지금까지의 실증 분석 결과가 필자의 주장을 뒷받침하고, 폐쇄형 베버 관료제 가설을 반박하는 이유를 설명한다. 또한 이론적 함의를 짚어보고, 이 책의 정책적 시사점이 무엇인지 논의한다.

2

이론

인센티브의 중요성

만연한 부패와 정부의 비효율성은 오늘날 전 세계에 많은 문제를 야기하고 있다. 이 장에서는 부패와 비효율을 최소화하기 위해 어떻게 정부를 조직해야 하는지에 대한 이론을 제시한다. 최근 학계는 정부의 질을 중요한 의제로 다루고 있다. 이를 통해 어떤 국가가 다른 국가보다 더 나은 정부 성과를 내는 이유와 관료제가 정부 성과의 핵심 요소임을 알게 되었다. 그럼에도 기존 비교 연구는 주로 정치적·경제적·문화적 설명에 초점을 맞춰왔다. 이제 관료제로 초점을 옮겨 관료제가 정부의 질의 핵심인 이유를 설명해야 한다.

관료제를 분석에서 제외하면 국가별 정부의 질 차이를 설명하는 유력한 관점이 사라진다. 1장에서 설명했듯이, 정치와 행정 관계를 조직하는 방식에 따라 달라지는 인센티브에 주의를 기울일 필요가 있다. 역사적으로 통치 엘리트들은 사회 전체를 희생하면서 자신의 지위를 이용하려는 유혹을 받아왔고, 실제로 그럴 기회를 가졌다(Miller, 2000; North, Wallis, and Weingast, 2009). 새로운 엘리트라도 똑같이 행동할 것이기 때문에 문제는 사라지지 않는다. 통치 엘리트들의 인센티브는 그들이 일하는 제도적 맥락에 의해 형성된다. 따라서 탐욕과 기회주의에 대한 인센티브를 약화시킬 수 있는 맥락을 만드는 것이 중요하다. 이 책의 주요 아이디어는 국가 기구, 즉 리바이어던이 공직자를 두 개의 그룹으로 나누면 두 그룹이 서로 다른 경력 인센티브를 갖기 때문에 공직자의 권력 남용과 기회주의가 줄어든다는 점이다. 결론적으로 정치인과 관료의 경력이 분리되면, 공직자들이 부패에 빠지지 않고, 정부 효과성을 높이려고 행동하게 된다.

정치인과 관료의 경력 분리는 공무원법 등을 통한 형식적·법적인 구분을 의미하지 않는다. 잘 알다시피, 그러한 법은 종종 무력화될 수 있기 때문이다(Grindle, 2012; Schuster, 2014). 대신, 공공 부문에서 일하는 사람, 관료와 정치인의 경력을 사실상 분리하는 것을 의미한다. 이러한 분리는 관료와 정치인의 채용과 승진이라는 신호를 통해 행정과 정치 영역에서 일하는 모든 사람에게 잘 알려져야 한다. 경력 분리 시스템에서는 정당에 충성하는 사람들인 정치인이 행정 영역을 장악하지 않고, 직업 공무원인 관료가 정치 영역을 장악하지 않는다.

정치인과 관료의 경력 분리 시스템의 대표적 사례는 영국인데, 영국에서는 관료제의 정치화(politicization of bureaucracy)뿐만 아니라 정치의 관료화(bureaucratization of politics)도 크게 제약된다(Rouban, 2012; Sausman and Locke, 2004). 19세기 후반, 공무원은 정치적 경력 쌓기를 포기하고, 정치인은 공무원의 채용과 해고에 관여하기를 포기하는 '장관·공무원 거래(Public Service Bargain, PSB)'[1]가 이뤄지면서(Hood, 2000; Schaffer, 1973), "현 정부에 충성하는, 비정치

1 섀퍼(Schaffer, 1973)가 영국 직업 공무원제(permanent bureaucracy)의 특징을 분석하기 위해 처음 제안한 개념으로, 19세기 중반부터 정치인 장관과 직업 공무원 사이에 명시적·암묵적으로 이뤄진 거래를 의미한다. 1854년 노스코트·트리벨리언(Northcote-Trevelyan) 보고서에 명시된 선출직 정치인과 고위 관료 간의 협상을 통해 관료들은 '당파성, 일부 정치적 권리와 정치 활동'을 포기하는 대가로 '종신 임용, 명예, 하루 6시간 근무'를 얻는 거래를 제안했다. 정치인 장관들은 '공무원들의 충성심, 복종, 헌신'을 얻는 대가로 '비당파적이고 능력에 기반한 임명'을 받아들여야 했다. 후드(Hood, 2000)는 이러한 장관·공무

적인 직업 공무원"이 탄생했다(Horton, 2011: 34). 그 이후로 영국과 아일랜드의 공무원은 정당의 당원이 될 수 없게 되었으며, 이와 비슷한 경력 분리가 네덜란드, 덴마크, 노르웨이 등에도 정착되었다(Van der Meer, Steen, and Wille, 2007).

이와 달리 멕시코와 브라질에서는 '전통적 장관·공무원 거래(PSB)'가 이뤄졌는데, 이것은 관료가 개인적으로 정치인 상관이나 집권당에 충성키로 하는 내용이다(Hood, 2002: 321). 일반적으로 라틴 아메리카 국가에서는 능력주의가 취약하다. 1991~1992년 아르헨티나에서 추진된 야심 찬 공무원 개혁조차도 "몇 년 후 이뤄진 대규모의 정치적 임명을 막지 못했다"(Ferraro, 2011: 172; Geddes, 1994; Zuvanic, Iacoviello, and Rodríguez-Gusta, 2010 참조). 이 경우 정치인과 관료의 경력은 분리되지 않고 같은 경력 시스템 안으로 통합된다. 공산주의 몰락 이후 동유럽 국가에서도 이러한 관료제의 정치화가 이뤄졌으며, 남유럽 국가에서는 주로 정치의 관료화 사례가 발견된다(Grzymala-Busse, 2007; Meyer-Sahling and Veen, 2012; Parrado, 2000; Rouban, 2012; Sotiropoulos, 2004).

정치인과 관료의 경력 분리는 좋은 정부를 만드는 데 기여하는데, 이는 공직자들이 서로 다른 책임성 통로(정치인은 유권자에게, 관료는 전문가 동료에게 책임을 진다)에 반응함으로써 내부적으로 상호 견제와 균형의 시스템이 작동하기 때문이다. 이는 부패와 낭비성 정부 지출을 막고 공무원의 미래 경력이 정치적 후원자가 아니라 업무 성과에 의해 결정되는 여건을 만듦으로써 정부 효과성을 높이는 데 기여한다. 또한, 정치인과 관료의 경력 분리 시스템은 혁신과 행정 개혁이 쉽게 일어나도록 하는데, 이로 인해 양질의 정부 제도를 가진 국가는 외부 충격을 받더라도 높은 정부 성과를 거둘 수 있다. 예컨대

원 거래(PSB)는 허구지만, 장관과 공무원들은 종종 그러한 암묵적 계약이 존재하는 것처럼 행동했다고 말했다. _옮긴이

1980~1990년대에 심각한 예산 압박을 받았던 네덜란드 및 북유럽 국가와 2008년 재정 위기를 겪었던 남유럽 국가를 비교해 보라. 성과가 높은 정부는 전략적 분권화, 성과 평가 도입, 민간의 효율성 프로그램 등 광범위한 행정 개혁을 통해 새로운 상황에 적응할 수 있었다. 반면 성과가 저조한 정부는 개혁이 필요할 때 개혁을 하지 못했고, 이는 이들 국가에서 정치인과 관료의 경력이 통합되어 있어 일선 공무원들이 조직의 현상 변경을 받아들이지 않았기 때문이다. 실제로 유로존(Eurozone) 주변국의 경우 가장 개혁이 필요한 것은 정부였지만, 역설적으로 가장 개혁이 지지부진한 것도 정부였다(Fernández-Villaverde, Garicano, and Santos, 2013).

우리는 기존의 두 가지 연구 전통으로부터 통찰력을 얻었다. 첫째, 비교 경제학과 정치학은 공통적으로 부패와 정부 효과성을 다뤄왔는데, 이들 연구는 정부 성과의 국가 간 차이를 이해할 수 있는 통찰력을 제공한다(Acemoglu and Robinson, 2012; North, Wallis, and Weingast, 2009; Rauch and Evans, 2000; Rothstein, 2011). 둘째, 막스 베버(Max Weber, 1978[1921]), 우드로 윌슨(Woodrow Wilson, 1887), 프랭크 굿나우(Frank Goodnow, 1900) 등 정치와 행정의 상호 작용에 대해 철저히 연구한 행정학자들에게서도 통찰을 얻었다(Aberbach, Putnam, and Rockman, 1981; Grindle, 2012; Hood and Lodge, 2006; Lewis, 2008; Miller, 2000; Peters and Pierre, 2004).

필자들은 비슷한 연구 주제를 다루면서 지금까지 서로 소통하지 않았던 이들 두 연구 전통의 대화를 시도한다. 이론적·방법론적 이유 때문에 이들 연구 전통의 대화가 단절되었겠지만, 필자는 이들 두 연구 전통으로부터 많은 것을 배웠다. 필자는 부패와 정부의 비효율성에 대한 비교 경제학의 질문 방식을 받아들여, 이 질문을 정치인과 관료 관계에 대한 행정학의 답변과 결합시킬 것이다.

필자의 기여는 이렇게 기존 연구 전통을 결합하는 것이지만, 어떤 면에서는 기존 연구와 차이가 있다. 부패와 정부 효과성에 관한 대부분의 비교 연구는 국가의 행정적 측면을 무시했기 때문에 현실을 오인하고, 편향된 결론을 내렸다. 또 국가의 행정적 측면을 무시하면 잘못된 정책적 시사점을 도출할 수 있다. 한편 행정학은 정치와 행정 관계를 제대로 짚었지만, 관료제의 규칙과 규제를 지나치게 강조함으로써 인센티브의 중요성을 놓쳤다. 특히 필자는 막스 베버의 유산(Weberian legacy)에 대한 행정학의 해석 방식에 이의를 제기한다(Lynn, 2001; Svara, 1998). 베버 해석에 근거한 폐쇄형 관료제 가설에 따르면, 폐쇄형 베버 관료제는 관료제를 정치적 영향력으로부터 보호함으로써 정부의 질에 긍정적인 영향을 미친다는 것이다. 이 가설은 이론적·경험적으로 특별히 관심을 끄는데, 2장 후반과 3장에서 자세히 다룰 것이다.

이제 필자 주장의 전제를 간략히 설명하겠다. 베버 관료제는 다차원적이다. 막스 베버는 관료제 조직을 다음과 같은 세 가지 관점으로 봤다. ① 절차(예컨대 표준화된 절차와 규정에 근거한 절차), ② 구조(예컨대 위계적 구조와 전문화된 구조), ③ 인사 시스템〔예컨대 능력주의 인사와 고용 보호(Barberis, 2011)〕. 이 가운데 필자는 에번스와 로치(Evans and Rauch, 1999)처럼 주로 인사 시스템에 초점을 맞춘다. 베버 관료제의 하위 범주에는 꼭 일치하지 않는 두 가지 차원이 존재한다(Olsen, 2005). 베버 관료제의 첫 번째 차원은 고용 보호와 관련된 것으로, 이 기준에 의해 폐쇄형 관료제와 개방형 관료제로 나눌 수 있다. 두 번째 차원은 정치인과 관료의 경력 분리와 관련된 것으로, 경력 분리 시스템과 경력 통합 시스템으로 구분된다. 무엇보다도 베버 관료제의 이 두 차원은 상호 독립적이다.

폐쇄형 관료제이면서 경력 분리 시스템(독일, 한국)이거나, 또는 폐쇄형 관료제이면서 경력 통합 시스템(스페인, 그리스)일 수 있다. 또 개방형 관료제이면서 경력 분리 시스템(스웨덴, 뉴질랜드)이거나 개방형 관료제이면서 경력 통합 시스템(멕시코, 슬로바키아)일 수 있다. 전반적으로 경험적 분석에 따르면 정치인과 관료의 경력 분리 시스템은 부패와 잘못된 행동에 영향을 미치는 중요 변수이고, 관료제의 폐쇄성 여부는 좋은 정부와 별 관계가 없었다.

다음 절에서는 비교 경제학과 비교 정치학의 연구 결과를 설명하고, 행정학의 성과를 짚은 뒤 이 책의 접근법이 주류 행정학과 어떻게 다른지 설명할 것이다. 이 책은 먼저 기존 연구 결과에 대해 일반적 수준으로 언급한 뒤 폐쇄형 베버 관료제(3장), 부패(4장), 정부 효과성(5장), 행정 개혁(6장) 등을 논의하면서 기존 연구 결과를 좀 더 자세하게 다룰 것이다. 이를 바탕으로 필자의 주장을 제시할 것인데, 먼저 이론의 구성 요소를 일반적으로 설명하고, 인과 관계 메커니즘을 세부적으로 설명할 것이다. 마지막으로, 필자 주장의 세 가지 경험적 함의를 확인하고, 실증 분석을 위한 연구 설계, 데이터, 방법 등을 설명할 것이다.

무엇이 좋은 정부를 만드는가? 기존 연구의 성과와 한계

정치 경제학자들은 '제도가 경제 성장을 촉진할까?'(Glaser et al., 2004), 또는 '국가는 왜 실패하는가?'(Acemoglu and Robinson, 2012)와 같이 제도와 경제 발전 간의 관계에 대해 근본적 질문을 던져왔다. 내생성 편의가 있을 수 있다는 점을 고려하더라도, 양질의 제도는 국가 번영의 핵심 요소이다. 사회 경제적 발전은 기존의 통념처럼 지리적·문화적·종교적 가치나 자연적·인적·사회적 자본이 축적된 결과라기보다는 좋은 제도[2]의 결과라고 할 수 있다. 또

2 경제적 번영에 있어 정부(좋은 정부이든, 나쁜 정부이든)의 중요성을 주장한 학자들은 신제도주의 경제학자들이었다(예컨대 Buchanan and Tullock, 1962; North, 1981; 1990; North and Thomas, 1973). 지난 20년 동안 경제 성장에 대한 이러한 제도주의적 시각을 뒷받침하는 실증 연구가 폭발적으로 증가했다(Acemoglu, Johnson, and Robinson, 2001;

한, 다양한 국가들의 운명을 이해하는 데 역사적 유산이 핵심인데, 이는 역사적 경험이 제도를 통해 전수되기 때문이다(Acemoglu, Johnson, and Robinson, 2005; Jones, 2013; La Porta et al., 1999; 2008). 요컨대, 정치 경제학자들은 정부의 질이 국가 번영을 이해하는 핵심 토대라는 점에 공감하고 있다(Rothstein, 2011).

지금까지 정부의 질과 좋은 정부라는 개념을 측정하기 위한 연구가 상당히 진행되었고, 최근에는 비교 연구를 위한 데이터가 폭발적으로 증가했다. 예를 들어, 세계은행(World Bank)의 거버넌스 지표, 국제국가위험가이드(International Country Risk Guide)의 정부의 질 지표, 국제투명성기구(Transparency International)의 부패 인식 지수는 점점 더 많은 국가와 시기를 대상으로 데이터를 축적하고 있다. 이 데이터들을 살펴보면 정부의 질과 경제 성장 사이에는 놀랍도록 높은 상관관계가 나타나며, 이를 통해 "정부의 질을 한 국가의 일반적 특징을 포착하는 개념으로 간주"해도 된다는 결론에 도달했다(Tabellini, 2008: 263). 그러나 필자는 여전히 정부의 어떤 특성으로 인해 어떤 국가는 항상 국제 순위의 상위권에 있는지(혹은 하위권에 있는지) 알지 못한다.

이러한 한계는 아마도 비교 경제학과 비교 정치학에서 정부 조직에 대해 충분히 연구하지 않았기 때문일 것이다. 기존 연구는 로스타인(Rothstein, 2009)이 정치의 '투입 측면'(정책 결정을 위한 사회적 선호의 집합)이라고 말한 부분에만 초점을 맞추고, 정치의 '산출 측면'(정책이 결과물로 전환되는 과정)은 소홀히

2005; Dollar and Kray, 2003; Hall and Jones, 1999; Knack and Keefer, 1995; De Long and Shleifer, 1993; Mauro, 1995). 이와 관련한 논쟁에서 대부분이 '제도가 지배한다'(Rodrik, Subramanian, and Trebbi, 2004)는 시각에 동의했지만, '제도가 지배하지 않는다'(Sachs, 2003a), 또는 '제도가 중요하지만 전부가 아니다'(Sachs, 2003b) 등과 같은 회의적 시각도 존재한다. '제도가 경제 성장을 촉진할까?'(Glaeser, La Porta, Lopez-de-Silanes, and Shleifer, 2004)라는 매우 영향력 있는 논문은 지금까지 구글 스칼라(Google Scholar)의 인용 기준으로 1888회 '인용'되었다.

다루는 한계를 가졌다. 예컨대 기존 연구는 정부 자원(세수), 정책 결정권자의 특성(민주적으로 선출되었는지 여부), 선거제의 특성(다수제/비례제), 정부 형태(대통령제/의원 내각제) 등에 집중해 왔다. 토르스텐 페르손(Torsten Persson)과 귀도 타벨리니(Guido Tabellini)의 『헌법의 경제적 효과(The Economic Effects of Constitutions)』(2003)와 같이 정치의 투입 측면에 초점을 맞춘 연구에 큰 진척이 있었지만, 이러한 연구는 정치에만 초점을 맞춤으로써 국가를 매우 단순화하는 경향이 있다. 즉, 국가 기구의 중요성을 간과함으로써 관료제를 제대로 다루지 않은 것이다. 이와 관련해 모(Moe, 1990: 214)는 20년 전, "관료제는 다른 무엇보다도 근대 정부의 특징이며, 민주적이든 독재적이든 근대 정부는 관료제적 정부"라고 말했다.

대런 아세모글루(Daron Acemoglu)와 제임스 로빈슨(James Robinson)은 『국가는 왜 실패하는가(Why Nations Fail)』(2012)라는 책의 서문에서 현대 이집트가 양질의 정부를 만들지 못한 이유를 설명한다. 저자들은 무바라크(Muhammad Hosni Mubarak)와 그 측근들의 지대 추구 행태에 대해서는 많이 언급하지만, 500만 명의 공무원이 일하는 이집트 국가가 어떻게 작동하는지에 대해서는 단 한 번도 언급하지 않았다. 500만 명의 공무원들이 이집트 정부의 성과에 아무 영향도 미치지 못했을 리가 없다. 기존 연구와 마찬가지로, 저자들은 암묵적으로 관료제가 통치자(특히 독재자)에게 자동적으로 반응할 것이라고 가정한다. 그렇다면 관료의 인센티브를 만들어내는 것은 무엇일까? 관료의 인센티브는 정치인 상관의 인센티브와 어느 정도 일치할까? 이러한 인센티브가 정부의 질의 차이를 설명하는 데 중요한 역할을 하지 않을까?

이처럼 주류 정치학은 관료제의 역할을 크게 고려하지 않았다며 프랜시스 후쿠야마(Francis Fukuyama, 2012.10.2)는 이렇게 말했다.

> 이상하게도 현대 미국 정치학에서 국가, 즉 행정부와 관료제의 기능을 연

구하려는 사람이 거의 없다. 한 세대 전, 제3의 민주화 물결이 시작된 이래로 비교 정치학 연구의 주요 관심사는 민주주의, 민주주의 이행, 인권, 인종 갈등, 폭력, 전환기 정의(transitional justice)[3] 등이었다. 대부분이 권력을 제한하거나 견제하는 정치 제도, 즉 민주적 책임성과 법의 지배에만 관심을 가졌다. 반면 권력을 축적하고 사용하는 제도, 즉 국가에 관심을 갖는 사람은 거의 없다.

이 책은 후쿠야마의 이러한 지적에 대한 응답이다. 이를 통해 이 책은 기존 연구가 소홀히 다뤘던 관료제를 비교 정치학의 연구 주제로 삼으려고 한다. 행정학자라면 누구나 알다시피, 관료제는 아무리 완벽하더라도 통치자가 버튼만 누르면 자동으로 일을 처리되는 기계가 아니다.[4] 또한 행정학자들은 정치인의 명령과 국가 기구의 결과 간 관계는 관료제가 어떻게 조직되어 있는지에 달려 있다는 점을 보여줬다(자세한 내용은 Dahlström, 2012 참조). 보다 구체적으로, 행정학 연구는 우리에게 정치인과 관료 간 관계의 본질을 탐구

3 전환기 정의는 권위주의나 전체주의 체제의 국가가 민주 체제로 전환하거나 내전이나 분쟁이 종식되고 새로운 체제가 들어설 경우, 과거 체제하에서 또는 내전이나 분쟁 중에 발생한 각종 인권 유린이나 전쟁 범죄 등을 어떻게 처리해 관련국 및 그 국민이 항구적인 평화 및 화해·통합으로 나갈 수 있을지에 대한 방안을 고민하기 위해 고안된 개념이다. 이 개념은 인권 침해 범죄에 대한 기소, 과거 위법 행위에 대한 진실 규명, 피해자에 대한 보상, 과거 위법 기관에 대한 개혁 등 다양한 조치를 포함한다. _옮긴이

4 이는 자신의 의사를 관철하려는 관료들에 의해 운신의 폭이 좁아졌던 많은 정치인의 경험을 통해 알 수 있다. 영국의 바버라 캐슬(Barbara Castle) 장관은 "공무원 권력: 공무원의 일처리 방법과 그것이 정치적 결정을 방해하는 방법"이라는 제목으로 ≪선데이 타임스(The Sunday Times)≫(1973.10.6)에 실은 기고문에서 이를 명확하게 설명했다. 동료 장관 리처드 크로스먼(Richard Crossman)은 1968년 5월 일기장에 분노에 사서 "공무원이 장악하고 자기들 원하는 대로 한다"고 썼다(Crossman, 1977: 78). 또는 스페인의 전 총리 펠리페 곤살레스(Felipe González, 1983~1996)는 유명한 다음의 말을 남겼다. "때때로 항공기를 제작하라고 명령했지만, 항공기는 제작되지 않았다"〔과거 동료였던 호안 프라츠(Joan Prats)와의 인터뷰, 2005년 5월 21일〕.

해야 할 필요성을 보여준다(Aberbach, Putnam, and Rockman, 1981; Grindle, 2012; Hood and Lodge, 2006; Lewis, 2008; Miller, 2000).

정책 입안자들도 정치인과 관료 관계의 중요성에 주목했다. 초기 유럽과 미국의 공공 부문 개혁가들은 더 나은 정부를 만들기 위해 정치인과 관료 관계를 개혁하려고 했다. 실제로 이들 개혁가들은 선거 제도 변화와 같은 투입 측면의 개혁보다 정치인과 관료 관계를 우선적으로 개혁하려고 했다. 예를 들어, 19세기와 20세기 초에는 부패와 다양한 공공 자원 오용이 영국, 미국, 유럽과 아메리카 국가의 통치 체제를 괴롭혔다. 중립적 공무원 제도를 만든 영국의 개혁가들(Northcote and Trevelyan, 1853)부터 도시 정부 관리 운동을 추진한 미국의 개혁가들〔리처드 차일즈(Richard Childs). East, 1965 참조〕까지 영향력 있는 개혁가들은 효율적이고 신뢰할 수 있는 행정이 되려면 전문성과 능력으로 선발된 국가 공무원(Goodnow, 1900; Wilson, 1887)이 필요하다고 생각했다. 정치인과 관료를 분리하려는 많은 개혁이 시행되었고, 비교적 좋은 결과를 거뒀다(Harling, 1995; Kelman, 1987; Rubenstein, 1983; Schultz and Maranto, 1998; Teaford, 1993; Van Riper, 1958). 당시 개혁의 기본 아이디어는 공무원 제도 개혁을 통해 정치인과 관료 사이의 지나치게 끈끈한 결합을 끊자는 것이었다. 필자의 제안은 당시의 개혁에서 영감을 받았다. 즉, 정치인과 관료의 경력을 분리함으로써 만들어진 인센티브 구조가 정부 성과에 긍정적인 영향을 미친다는 것이다.

필자는 행정학자들로부터 많은 영감을 받았지만, 그들의 몇 가지 단점을 보완하고자 한다. 첫째, 대부분의 행정학 연구는 폐쇄형 베버 관료제로의 회귀를 주장한다. 예컨대 기존 연구는 이러한 주장의 근거로 동아시아의 '호랑이'라고 불리는 국가 주도의 경제 기적을 일으킨 나라들에서 관료제가 수행한 훌륭한 역할을 제시한다(Evans, 1995; Pollitt and Bouckaert, 2011; Rauch and Evans, 2000; Suleiman, 2003; Wade, 1990). 그러나 베버 관료제의 어떤 부분이 중요했는지는 여전히 불분명하다. 문제는 올슨 등(Olsen, 2008; Hall, 1963 참조)이 강조했듯이, 동아시아 관료제는 서로 모순되는 많은 요소를 갖고 있다는 점이다. 대개 베버 관료제는 정치적 영향력으로부터 관료제를 보호하는 규칙과 규정을 의미한다. 이러한 관점에서 관료제의 폐쇄성은 긍정적 요소이다. 한편 베버 관료제는 관료제에서 일할 사람들의 조건, 즉 채용 시스템으로 드러나는 인사 정책을 의미하기도 한다.

필자가 행정학의 주류 견해에 동의하지 않는 두 번째 지점은 근시안적이고 기회주의적인 정치인과 공익의 보증인으로서 관료를 대립시킨 뒤 관료를 지나치게 신뢰한다는 점이다. 요컨대, 우리는 게리 밀러(Gary Miller, 2000: 289)가 표현한 것처럼 관료가 항상 "정치에 우선한다"고 생각하지 않는다. 밀러의 주장은 "200만 명의 연방 공무원 가운데 뇌물 받은 사람이, 연방 의원 435명 가운데 뇌물 받은 사람보다 적을 것"(Miller, 2000: 316)이라는 미국 연방 정부의 특수한 맥락에서는 타당할지 모르지만, 보편적 법칙은 아니다. 신흥국과 선진국의 수많은 사례는 불법적·합법적으로 "정치인뿐 아니라 관료도 세금 도둑질을 한다"는 점을 보여준다(The Economist, 2012). 그래서 필자는 선험적으로 관료가 정치인보다 더 낫다거나, 또는 공공 선택 이론(Niskanen, 1971; Tullock, 1965)처럼 관료가 더 나쁘다고 가정할 필요가 없다고 주장한다. 필자는 보다 실용적으로 접근할 것이다. 필자는 관료나 정치인 모두 그들이 활동하는 조직 구조에 따라 좋은 사람 또는 나쁜 사람이 될 수 있다고 본다.

여러 연구자들이 명시적·암묵적으로, 관료제의 폐쇄성과 정부 성과 사이에 역(逆)U자형 관계가 있다고 주장했다. 행정부가 고도로 정치화되어 자율적 관료가 전혀 없는 경우 부패하고 비효율적인 정부가 된다. 19세기 말, 미국의 태머니 홀 정당 머신(Tammany Hall party machines)[5] 또는 탈식민지 이후

5 태머니 홀 정당 머신은 18세기 후반부터 20세기 중반까지 미국 뉴욕(New York)시를 기

아프리카 사하라 이남 국가가 여기에 해당한다. 정반대의 경우, 즉 관료제가 극도로 자율적인 경우에는 또 다른 바람직하지 않은 상황이 발생한다. 후쿠야마(Fukuyama, 2013)는 그러한 예로 20세기 초반의 일본과 독일을 들면서 잘 조직되고 강력한(대부분 군부) 관료제가 지배하는 정치 체제의 위험성을 경고했다.

마찬가지로 그라이프(Greif, 2008; Greif, González de Lara, and Jha, 2008)는 통치자의 기회주의적 행동을 막을 수 있는 것은 헌법이 아니라 관료이기 때문에 좋은 정부는 '행정적 토대(administrative foundation)'를 갖는다고 주장했다. 그럼에도 그라이프(Grief, 2008)는 전적으로 관료가 지배하는 정치 체제는 견제되지 않는 통치자에 의해 좌우되는 정치 체제만큼이나 부정적이라고 지적했다. 즉, 관료 권력과 정부의 질 사이의 비선형적 곡선 관계(즉, 역U자형 관계)가 있다고 말한 것이다. 마지막으로, 크라우스 등(Krause, Lewis, and Douglas, 2006: 785)은 경험적 분석을 통해 정치인과 관료 사이에 '조직적 균형 잡기(organizational balancing)'가 이뤄진 국가가 최상의 정부 성과를 낸다는 것을 발견했다. 다음 절에서는 그러한 조직적 균형 잡기가 어떻게 정부 성과의 차이를 만들어내는지 설명할 것이다.

비교 행정학 연구는 각국 관료제의 유사점과 차이점을 정확히 짚어낸 많은 인상적인 연구를 통해 유럽과 OECD 국가의 관료제를 이해하는 데 도움을 줬다(Christensen and Lægreid, 2001; 2007; Hood, 2007; Page and Wright, 1999; Peters and Pierre, 2001; 2004; Pollitt and Bouckaert, 2011. 이에 대한 전체적 개요는

반으로 활동한 정치 조직이다. 1786년 자선 단체로 설립되어 이민자, 특히 아일랜드계를 주로 대변했고, 1960년대까지 뉴욕시와 뉴욕주의 정치에서 주도적 역할을 했다. 이 조직은 정치적 충성과 표를 대가로 지지자들에게 일자리와 혜택을 제공하는 역할을 했으며, 이렇게 공직을 얻은 사람들이 자주 횡령과 부패에 연루되는 등 광범위한 부패의 원인으로 비판받았다. 19세기 후반, 공직 개혁과 부패 통제를 위한 진보주의 운동이 확산되면서 이 조직의 영향력이 쇠퇴하기 시작했다. _옮긴이

Page, 2012 참조). 특히 미국에서는 관료제에 대한 정치적 통제 관련 연구가 많다(Calvert et al., 1987; Epstein and O'Halloran, 1994; Huber and Shipan, 2002; Lewis, 2008; McCubbins, Noll, and Weingast, 1987). 그러나 이들 연구는 미국 사례의 내적 복잡성이나 특수성을 강조하다 보니, 각국의 차이에 대한 일반적 명제를 이끌어내기에는 부족하다(Moe, 1997: 455). 따라서 이 책은 많은 국가들을 대상으로 한 광범위한 비교 연구를 수행할 것이고, 이 장의 마지막에서 비교 연구를 위한 연구 설계와 연구 방법을 제시할 것이다.

필자는 비교 정치 경제학 연구의 연구 문제와 연구 설계에서 영감을 받았다. 이 책의 실증 분석은 이들 연구가 제시한 변수들을 고려할 것이다. 그렇지만 이들 연구에는 관료제의 역할에 대한 이론과 실증 분석이 없다. 그래서 필자는 정치인과 관료의 관계가 어떻게 조직되는지가 얼마나 중요한지, 그것이 어떤 결과를 초래하는지에 대해 깊은 통찰을 제공하는 행정학 연구들을 먼저 검토할 것이다.

그러나 필자는 세 가지 측면에서 주류 행정학과 다르다. 첫째, 기존 연구는 베버 관료제가 무엇인지에 대한 합의된 정의가 없고, 관련 정의가 너무 광범위하다(Olsen, 2008). 반면 필자는 베버 관료제를 주로 채용과 경력 시스템에 한정해 좁게 정의한다. 둘째, 필자는 관료제의 규정과 규칙에 대해 주류 행정학만큼 크게 신뢰하지 않는다. 대신 공무원의 경력 전망에 따라 부패와 정부 효과성에 대한 그들의 인센티브가 달라진다는 점에 초점을 맞춘다. 마지막으로, 행정학에서 흔히 사용되는 것보다 더 광범위한 비교 연구 설계를 할 것이다.

따라서 다음 절에서는 왜 어떤 국가는 정부 성과가 더 좋은지에 대한 검증 가능한 명제를 제시하고, 그런 효과를 만드는 메커니즘이 무엇인지 설명할 것이다. 이를 통해 60여 년 전, 로버트 달(Robert Dahl)이 말한 행정학의 목표를 향해 한 걸음 나아가길 희망한다. 달은 이렇게 썼다(Dahl, 1947: 11).

국경과 특수한 역사적 경험을 초월하는 원리와 일반성을 발견할 수 있는 비교 연구를 하지 않으면 과학으로서의 행정학은 불가능하다.

나쁜 정부의 두 가지 증상과 이를 줄이는 방법

오랫동안 정치인과 관료의 관계를 어떻게 조직할지를 논의해 왔다. 최근 행정학은 이 관계를 잘못 조직화할 경우 어떤 결과가 초래되는지에 대해 중요한 통찰을 제공하고 있다. 그러나 이들 연구에는 한계가 있다. 핵심적 한계는 어떻게 문제를 정의할 것인가이다. 지금까지 우리는 높은 수준의 정부 제도가 어떤 문제를 해결하는지에 대해 모호하게 말해왔다. 따라서 다음 절에서는 나쁜 정부의 가장 중요한 두 가지 증상을 설명한 다음, 그러한 증상이 정치인과 관료의 경력을 분리하는 제도적 장치를 통해 어떻게 해결되는지 설명할 것이다.

나쁜 활동 방지하기

밀러(Miller, 1992; 2000; Miller and Hommond, 1994; Miller and Falaschetti, 2001; Miller and Knott, 2008)는 정치 경제학과 이 책의 중요한 가정에 대해 설명했다. 즉, 우리가 무엇을 하든, 통치자에게 아무리 많은 공식적 제약을 가하더라도 통치자는 항상 사회 후생을 희생하면서 자신과 자기 패거리의 이익을 위해 기회주의적으로 행동을 할 가능성이 있다는 것이다. 이는 알렉산더 해밀턴(Alexander Hamilton)과 제임스 매디슨(James Madison)이 고안한 정치적 입헌주의(political constitutionalism), 그리고 올슨(Olson, 1965; 1982; 2000)과 후쿠야마(Fukuyama, 2011)의 정치학에 기본적으로 깔린 생각이다. 후쿠야마의 『정치질서의 기원(The Origins of Political Order)』은 역사 이래로 응집력 있는 파벌이 어떻게 문명 전체를 무너뜨렸는지를 보여주는 사례로 해석할 수 있다. 종합하면, 통치 체제는 지대 추구 기회가 많은 영역인 동시에 사회 후생을 희생하면서 자신의 이익을 추구하려는 소규모 파벌에 의해 쉽게 장악될 수 있는 영역이다.

이러한 통찰에 근거해 일반적으로, 모든 정치 체제의 주요 과제는 정치인의 도덕적 해이를 제한하는 것이라고 할 수 있다(Miller, 2000; North, 1990; North and Weingast, 1989). 정치인은 특권적 지위에서 자신의 이익을 위해 체계적으로 사회적 효율성을 저해할 수 있다(Miller and Hammond, 1994). 왜냐하면 정치인들은 어떤 정책으로 인해 발생하는 모든 추가 재화, 잔여 이익이라고 부르는 것에 접근할 수 있고, 그 잔여 이익으로부터 이익을 얻을 수 있기 때문이다. 예컨대 공공시설 공사를 생각해보자. 공공시설 공사는 전체 사회 후생에 기여하겠지만, 그 외에도 공사가 이뤄지는 지역, 계약자, 하청 업체, 건설업체와 유지 보수 업체 노동자에게 혜택을 줄 수 있다. 이러한 공사를 결정할 때 정치인들은 측근에게 특혜를 주기 위해 조작할 수 있다. 20세기 초 미국과 같은 후견형 관료제(patronage bureaucracy)가 존재할 때, 그러한 특혜의 대가로 선거에서 표를 얻을 수 있다(Folke, Hirano, and Snyder, 2011). 그 결과, 정치 체제의 성격과 관련 없이, 모든 정치 체제에는 정책 결정 권한을 이용해 일부에게 특혜를 주려는 통치자의 이기심과 사회적 효율 사이에 항상 잠재적 불일치가 존재하게 된다.

밀러(Miller, 2000; Miller and Hammond, 1994)는 한 걸음 더 나아가 홀름스트룀(Holmstrom, 1982)의 불가능성 정리[6]에 근거해 우리가 정치인의 도덕적 해

---

6 불가능성 정리(impossibility theorem)는 경제학자 벵트 홀름스트룀(Bengt Holmström)에 의해 제시된 개념으로, 집단의 성과물에서 개별적 기여를 정확하게 측정할 수 없을 경우 완벽한 인센티브 체계를 만드는 것이 불가능하다는 점을 강조한다. 특히 여러 사람이 공동 프로젝트에 참여함으로써 개별적 성과를 팀 전체의 성과와 구분할 수 없는 상황에서 개인을 동기 부여하고 공정성을 보장하는 인센티브 체계를 설계하는 것이 불가능하다고 주장한다. 이 정리는 정보 비대칭(즉, 개별 기여가 완전히 관찰되지 않는 상황)이 존재할

이 문제를 알고 있더라도 이를 피할 수 없다고 주장했다. 왜냐하면 정치인이 잔여 이득을 취할 가능성을 확실하게 제거할 수 있는 인센티브 체제를 고안할 수 없기 때문이다. 부패는 대규모 잔여 이익을 창출하는 가장 명백한 사례 중 하나이며, 우리는 경험적 연구를 통해 부패가 얼마나 파괴적인지 알고 있다(Holmberg, Rothstein, and Nasiritousi, 2009). 따라서 부패는 나쁜 정부의 주요 증상 중 하나이다.

도덕적 해이는 모든 조직에 내재된 문제이므로 확실한 해결책이 없다. 따라서 통치자의 도덕적 해이를 확실하게 제한할 수 있는 의사 결정 과정을 만들어냄으로써 악영향을 최소화하는 것을 목표로 삼아야 한다. 바로 이 지점에서 정치인과 관료의 관계가 중요한 역할을 한다. 이러한 생각을 가장 잘 정리한 밀러(Miller, 2000; Miller and Whitford, 2016)는 잠재적으로 문제가 될 수 있는 결정을 자율적 관료 집단과 같은 외부 행위자에게 위임해야 한다고 주장했다. 핵 억지력에 대한 토머스 셸링(Thomas Schelling, 1960)의 획기적인 분석과 유사하게, 밀러는 도덕적 해이를 막으려면 "자신과 다른 선호를 가진 사람"에게 위임해야 한다고 주장했다(Miller, 2000: 299). 밀러는 관료들도 개인 이익을 위해 잔여 이득을 악용할 수 있지만 관료제의 특성 덕분에 관료에게 희망을 걸 수 있다고 주장했다. 관료제의 특성이란 관료들이 관료 집단에 합류할 때 서약하는 윤리 강령(code of ethics), 장기적 관점을 채택하도록 만드는 이연 보상 제도(deferred compensation scheme), 기회주의적 해고를 방지하는 정년 보장(secure tenure), 다양한 사회적 이해관계자를 공평하게 대우하게 하고 관료(정치인도 포함해서)의 권력 남용을 방지하는 표준 운영 절차

때 팀원 개인의 이해관계를 팀의 집단 목표와 완벽하게 일치시키는 인센티브 시스템을 설계하는 것이 불가능하며, 이는 팀 생산에서 비효율성을 낳는다고 주장한다. 홀름스트룀은 팀 생산과 인센티브 설계 등 계약 이론 분야에 기여한 공로로 2016년 노벨(Nobel) 경제학상을 받았다. _옮긴이

(standard operating procedure) 등이다. 그리고 정치인과 관료의 관계를 어떻게 조직화할지가 중요하다는 밀러(Miller, 2000)의 말은 맞지만, 그는 오로지 관료에 의한 정치인 감시에만 초점을 맞췄다. 반면 필자는 정치인에 의한 관료 감시 역시 중요하다고 생각한다. 따라서(상호 감시를 가능케 하는) 정치인과 관료의 경력 분리는 관료제를 정치적 영향력으로부터 보호하는 것보다 더 중요하다. 이는 사소한 차이처럼 보이지만, 상당히 다른 결과를 가져온다. 이에 대해서는 나중에 살펴보겠다.

좋은 활동 장려하기

좋은 정부는 고위층의 지위 남용을 막는 정부인 동시에 행정이 좋은 성과를 내도록 장려하는 정부이다. 이와 관련해 두 가지 문제가 있다. 첫 번째 문제는 공공 관리자와 일선 공무원의 인센티브를 어떻게 정부 효과성 향상에 맞출 수 있느냐는 것이다. 서로 다른 경력 시스템에서 비롯된 인센티브가 정부 효과성에 영향을 미치는 메커니즘에는 두 가지가 있다. 한 가지 메커니즘은 정치인과 관료 사이의 양방향 감시이다. 모든 정치 체제는 법의 테두리 안에서 낭비성 정부 지출이 있기 마련인데, 아무도 감히 권력에 대해 진실을 말하지 않는다면 그 비용은 필요 이상으로 높아질 것이다. 또 다른 메커니즘은 전문가적 관리인데, 이는 민간 부문과 공공 부문의 생산성에 긍정적인 영향을 미친다(Chong et al., 2014; Gennaioli et al., 2013; Teodoro, 2014). 예를 들어, 정치화된 시스템에서 공공 관리자는 공공 서비스 생산만을 유일한 목표로 삼지 않고 어느 정도는 정치적 고려에 영향을 받기 때문에 조직 관리가 훼손된다. 관리자의 전문가주의(professionalism)를 연구한 여러 학자들이 주장한 것처럼(Misner, 1963: 539; Teodoro, 2009: 187), '정치적 고려 사항'에 의해 영향을 받는다면 그는 진정한 전문가일 수 없다. 정치화는 일반 공무원의 인센티브에도 영향을 미친다. 공무원들이 자신의 미래 경력이 업무 능력이 아닌 정치적 고려에 달려 있다고 생각하면 공공재 생산은 어려움을 겪게 된다.

두 번째 문제는 어떻게 공무원들이 새로운 공공 부문 개혁에 기꺼이 헌신하도록 할 수 있느냐는 것이다. 상사와 부하 직원이 서로 협력해야 하는 모든 세부 사항을 계약서에 담아낼 수 없기 때문에(Falaschetti and Miller, 2001) 직원들이 다른 곳에서는 별 쓸모가 없는, 조직에 특화된(organization-specific) 노력과 투자를 하도록 설득하는 것은 매우 어려운 일이다(Williamson, 1985). 그럼에도 직원들이 "다른 곳에 취업하는 데 별 도움이 안 되는 기술과 루틴"을 더 많이 습득할수록 조직 목표를 달성할 가능성은 높아진다(Miller, 2000: 300). 이처럼 직원들에게 조직에 특화된 기술을 습득하도록 하는 것은 공공 부문에서 더욱 어려운데, 왜냐하면 국방, 안보, 정부 독점 복지 서비스 부문 등은 해당 기술을 갖고 있더라도 전직(轉職)에는 도움이 안 되기 때문이다.

새로 임명된 관료는 정책 전문성과 정책 결정 역량을 키우기 위해 노력해야 하는데, 이런 역량은 다른 이해관계자와의 관계가 중요하다. 문제는 이해관계자와의 관계에서는 적극적인 쪽이 불리해지는 홀드업(hold-up) 문제[7]가 있다는 점이다(Gailmard and Patty, 2007). 즉, 공무원은 공무원을 관두면 역량 증진을 위해 했던 투자를 회수하지 못할 수 있다. 이를 합리적으로 예상할 경우 공무원은 애초에 전문성을 쌓는 데 투자하지 않을 것이다. 관리자는 이런 공무원들이 전직에 별 도움이 안 되는, 조직에 특화된 기술에 투자하고, 현재

7 홀드업 문제는 계약 이론이나 거래 비용 경제학에서 중요하게 다뤄지는 개념으로, 양자 관계에서 처음에 적극적으로 행동하던 쪽이 점점 더 불리해져 결국 상대방에게 인질로 붙잡히는 현상을 의미한다. 이는 특정 관계에서는 가치를 갖지만, 그 관계를 벗어나면 가치를 온전히 인정받지 못하는 자산이나 투자를 했을 경우 상대방이 부당하거나 불공정한 요구를 하더라도 수용할 수밖에 없는 상황에 처하게 되는 현상을 의미한다. 예를 들어 중소기업이 대기업과 공급 계약을 맺고 해당 대기업에만 전적으로 납품하게 되었을 때, 이후 대기업이 횡포를 부리거나, 부당한 요구를 하더라도 어쩔 수 없이 수용해야 하는 상황에 적용될 수 있다. _옮긴이

직위에서 열심히 일하도록 설득해야 한다.

더 큰 문제는 공무원들이 그러한 투자를 하고 나면 관리자와의 협상에서 협상력이 약해진다는 점이다(Klein, Crawford, and Alchian, 1978). 6장에서 분석하게 될, 직급(position)이 아닌 성과에 대한 보상이 이 문제에 대한 해결책이 될 수 있다. 연구 결과에 따르면, 정액 급여(flat salary)에서 성과급으로 전환한 기업에서 생산성이 증가했다(Lazear, 1996). 반면 듀폰(Du Pont) 섬유사업부의 고전적 사례는 성과급을 도입해도 생산성에 변화가 없다는 점을 보여주는데, 이는 경영진이 사후에 노동자를 희생시키면서 인센티브 시스템을 조작할 것이라고 의심받기 때문이다(Hays, 1998; Miller, 1992). 예를 들어, 직원들이 하루에 20개를 만들 수 있다는 것을 관리자가 알게 되면, 관리자는 처음에 약속한 한 개당 10달러의 보상을 지키지 않고 오히려 삭감할 수 있다.

따라서 우리는 좋은 정부를 만들려면 어떤 효과를 최소화할지, 좋은 정부를 어떻게 만들 수 있을지에 대한 딜레마에 빠지게 된다(이 딜레마에 대한 중요한 분석은 Miller, 1992 참조). 기존 해결책은 공공 조직과 민간 조직에서 관리자의 재량을 확대하라는 것이다(Foss, Foss, and Vázquez, 2006: 797). 여기에 깔린 명시적 또는 암묵적인 이론적 틀은 주인·대리인 이론인데, 이 이론에 따르면 조직 문제는 주로 대리인(직원 또는 부하 직원) 때문에 생긴다. 따라서 주인(관리자, 상사)이 더 많은 권한을 가질수록 정보 우위를 가진 대리인으로 인해 발생하는 문제를 더 잘 억제할 수 있다는 것이다.

주인·대리인 이론의 사고방식은 공공 조직 연구에도 스며들어 있다(Miller, 1997). 행정학자들에 따르면, 공무원은 궁극적으로 정치인 상관의 대리인이며, 자신의 본성과 행동에 대해 정치인 상관보다 더 많이 알기 때문에 정부 관료제는 지속적으로 공무원의 태만(shirking)과 기회주의적 행동의 문제를 겪게 된다(Kettl, 1993; Moe, 1984). 그래서 많은 학자들은 소수에게 정치권력을 집중해야 한다고 주장한다. 정치인 상관이 여러 명으로 나뉘면 대리인(즉,

공무원)이 이득을 보기 때문이다. 예를 들어, 위임 이론(delegation theory)의 가장 일반적 가설은 정치인 상관이 많을수록 관료제 내 대리인에 대한 통제가 더 어려워진다는 것이다(Bendor, Glazer, and Hammond, 2001: 245). 그러나 이 책은 이와 정반대의 주장을 한다.

필자는 주인·대리인 이론의 관점과 달리, 왜 동기 부여(motivation)가 감시(surveillance)보다 우선되어야 하는지 논의할 것이다. 여러 연구자들이 지적했듯이, 통제에 집착하면 오히려 역효과를 낳아 '통제의 역설(control paradox)'(Miller, 2005: 99; Miller and Whitford, 2002; 2016) 또는 '신뢰의 역설(paradox of trust)'(Murnighan, Mal-hotra, and Weber, 2004: 293)이라는 문제에 빠진다. 직원을 너무 세밀하게 통제하면 직원들은 협력하는 대신 저항하거나 불신하게 된다. 실제로 심리학자들은 강도 높은 감시가 정상인에게도 편집증적인 사회 인식을 유발한다고 지적했다. 따라서 조직 내에서 상사와 부하 직원의 상호 이익에 주목하고, 이를 정부 관료제에 적용한 이론들도 발전해 왔다(Levi, 2005). 예컨대, 브렘과 게이츠(Brehm and Gates, 1997)는 조직의 효율성을 높이기 위해 상급자는 감독 행위에 대해 책임을 지고, 직원을 신뢰하고 직원으로부터 신뢰를 받는 식으로 전반적인 감시 수준을 낮춰야 한다고 주장했다. 즉, 공무원의 헌신을 이끌어내려면 채찍보다 당근이 중요하다.

조직학 연구에 따르면, 조직 상층부의 권력이 균형을 이룰 때 상호 신뢰가 형성될 가능성이 훨씬 높아진다. 전통적으로 조직 경제학은 법학, 경제학, 조직 이론을 많이 참조했지만, 정치학 연구의 통찰은 별로 참조하지 않았다. 하지만 최근 조직학 연구는 위계 조직의 딜레마(hierarchical dilemma)[8]를 이해하는 데 정치학의 통찰을 활용하고 있다. 의회가 국왕의 권력을 제한했던 영국

8 위계 조직의 딜레마는 수직적 명령 체계를 가진 조직에서 발생하는 다양한 딜레마, 즉 권한과 자율성, 의사소통 장벽, 의사 결정의 병목 현상, 혁신과 안정 간의 갈등, 내부 정치 현상 등을 의미한다. _옮긴이

명예혁명 사례에서 볼 수 있는 것처럼(North and Weingast, 1989; Root, 1989), 일부 학자들은 고용주의 약속을 직원들이 신뢰할 수 있도록 고용주의 권한을 제한해야 한다고 주장한다(Falaschetti and Miller, 2001; Foss, Foss, and Vázquez, 2006; Miller, 1992).

고용주의 권한을 제한하는 가장 확실한 방법은 고용주를 여러 그룹으로 나누는 것이다. 공공재의 공급과 관련한 밀러와 해먼드(Miller and Hammond, 1994: 22)의 연구에 따르면, 전권을 가진 통치자에게 의존하는 것보다 서로 다른 이해관계를 가진 복수의 의사 결정권자가 존재하는 정치 체제가 낫다. 이들의 연구에 따르면, 조직 상층부의 관계가 조직 전체의 심리적 또는 관계적 계약의 윤곽을 결정한다. 이는 상층부의 관계가 상층부의 인센티브뿐 아니라 국가 기구 전체의 인센티브를 규정하기 때문이다. 정치인과 관료의 경력을 분리해 명확히 두 가지의 책임성 통로를 만드는 것(즉, 정치인은 집권당에 책임지고, 관료는 동료에게 책임지도록 한다)은 공공 제도에서 가장 좋은(혹은 가장 덜 나쁜) 관계 설정일 것이다. 이렇게 되면 두 가지 중요한 결과가 나타난다. 즉, 공무원들은 보다 효과적으로 서비스를 제공하려는 동기를 갖게 되고, 행정 개혁을 위해 개인적 노력과 투자를 더 많이 하도록 동기 부여될 것이다.

정치인과 관료의 경력 분리는 왜 정부의 질을 높이는가?

부패를 줄이고 정부 효과성을 높이는 방법에 대한 행정학의 전통적 대답은 '베버 관료제의 특성'을 도입해서 공무원의 행동을 규율하고, 기회주의적 행동을 제한하라는 것이다(Miller, 2000: 289; Evans and Rauch, 1999; Rauch and Evans, 2000 참조). 이런 주장은 정부의 질을 높이기 위한 가장 중요한 메커니즘으로 관료의 행동을 규제하는 규칙을 강조한다. 이러한 규칙에는 법적 제약과 같은 공식적 규칙과 전문가적 규범과 같은 비공식적인 규칙이 있다.

이와 달리, 필자는 중요한 것은 규칙이 아니라, 관료와 정치인의 경력 전망에 따라 만들어지는 인센티브 시스템이라고 주장한다. 필자는 정치인과 관료의 인센티브가 분리되어 있는지 또는 통합되어 있는지에 초점을 맞추는데, 이는 행정학에서 이미 중요하게 다루어진 주제다(Pierre, 1995a; Pollitt and Bouckaert, 2011; Rouban, 2012). 첫째, 정치인과 관료의 경력이 분리되면 이들은 서로 다른 책임성의 통로에 반응할 것이기 때문에 내부적으로 상호 견제와 균형의 시스템이 작동한다. 이렇게 되면 정치인은 유권자에 대해 책임을 지고, 관료는 동료에게 책임을 지는 식으로 그들의 이해관계가 서로 달라지기 때문에 앞서 언급한 첫 번째 나쁜 증상(부패)이 감소하게 된다. 예컨대 부패한 정치인을 폭로하지 않는 것은 관료의 경력에 마이너스가 될 수 있고, 그 반대의 경우도 마찬가지이다. 따라서 서로를 감시하려는 인센티브가 존재하게 되고, 이러한 상호 감시를 예상하기 때문에 부패 거래에 관여하지 않게 된다. 둘째, 정치인과 관료의 경력 분리 시스템에서는 공무원 채용이 인맥이 아닌 성과에 따라 이루어지기 때문에 정부 효과성이 높아진다. 이는 공무원이 기회주의적 행동을 하지 않고, 높은 효과성을 추구하도록 하는 인센티브로 작용한다. 셋째, 조직학 연구에 따르면 공무원들이 효율성을 높이기 위해 추가 노력을 하도록 설득하려면 신뢰가 필요한데, 이는 소유주(즉, 정치인)와 관리자(즉, 고위 관료)의 관계가 어떻게 조직되어 있는지에 따라 달라진다(Miller, 1992). 공무원은 정치인보다는 공공 관리자를 더 신뢰하기 때문에 정치인과 관료의 경력을 분리하면 공무원들에게 비용이 많이 드는 헌신과 노력을 요구할 때 부딪히는 신뢰의 문제를 해결할 수 있다.

흥미롭게도 정치인과 관료의 경력 분리 정도는 국가마다 매우 다르며, OECD 가입 국가와 같이 비슷한 맥락 내에서도 차이가 있다. 예컨대 연구자들은 "고위 공무원의 집권당 가입을 의무화한 국가와 고위 공무원의 정당 가입을 금지한 국가" 사이의 차이에 주목했다(Hood, 2002: 310).

이러한 차이는 정치인과 관료의 인센티브에 결정적 영향을 미치기 때문에 언뜻 별 상관이 없어 보이지만, 나쁜 정부를 방지하고 좋은 정부를 장려하는 데 영향을 미친다. 예를 들어 고위 관료가 정치인 장관 덕분에 현재의 자리를 얻었고, 자신의 미래가 집권당의 운명과 연결되어 있다면 어떻게 부패에 저항하겠는가. 이런 상황에서 고위 관료는 특정 정책으로 인한 잔여 이익 취득을 감시할 인센티브나, 공동체 전체를 희생하면서 특정 지역에만 주어지는 특혜를 고발할 인센티브가 거의 없을 것이다. 그리고 이러한 인센티브 부재는 부서 내 계층 구조를 따라 아래로 퍼져 나갈 것이다. 즉, 고위 관료를 꿈꾸는 하급 관료는 고위 관료의 행동을 똑같이 따라 할 것이고, 이는 관료제의 위계를 따라 계속 아래로 퍼져 나갈 것이다. 이런 왜곡된 인센티브는 정치적으로 임명된 낙하산에게 분명히 영향을 미칠 뿐 아니라, 경쟁시험으로 선발된 사람이더라도 자신의 직업적 야망이 정치인의 손에 달려 있다면 영향을 받는다.

여기 곤란한 처지에 놓인 고위 관료가 있다고 가정해 보자. 이 고위 관료는 정치인 장관이 제안한 정책에 동의하지 않는다. 그런데 고위 관료의 경력은 장관의 손에 달려 있기 때문에 그는 장관의 제안에 이의를 제기할 인센티브가 없다. 장관에게 직언을 하거나, 장관 몰래 정당의 다른 관계자에게 진상을 알리거나, 시민, 언론 또는 정부를 견제하고 감시하는 공식 기관에 내부 고발하는 것은 경력 관리 측면에서 현명하지 못하다. 정치인 상관의 결정에 불복해 소송을 제기하는 것은, 그 결과와 상관없이 경력에 심각한 타격을 줄 수 있다. 만약 소송에서 지면, 관료로서의 평판은 타격을 입게 된다. 반대로 소송에서 이기면, 집권당이 타격을 입어 야당이 집권하게 되는데, 이는 필연적으로 자신의 관료 경력을 더욱 악화시킨다. 정치인과 관료의 경력이 통합되어 있는 경우라면, 열심히 일하고 탁월한 업무 능력을 발휘하는 것보다 어떤 일이 있더라도 정치인 상관에게 충성하는 것이 유리하다.

스페인의 사례는 정치인과 관료의 경력이 통합되면 어떻게 공무원의 내부 감시가 무력화되는지 잘 보여준다. 예컨대 총 240만 유로에 달하는 27건의 공공 계약이 정치적 인맥이 있는 일부 민간 계약 업체에 유리하도록 조작된 경위를 법정에서 증언한 어떤 공무원은 '수치스럽고 추악한 일'이라고 생각했지만, 가만히 있지 않으면 일자리가 위태로워질 것을 우려했다고 말했다〔Cadena SER(스페인 라디오), 2014.12.15〕.

마찬가지로 인구 11만 8000명의 산타 콜로마(Santa Coloma)시 정부의 많은 공무원들은 시 정부가 민간 기업과 수상한 거래를 하고, 2003~2009년 사이에 부채가 800만 유로에서 8500만 유로로 급증하는 동안 "모른 체하고 있었다". 한 여성 공무원이 용기를 내 내부 고발을 하자 시장이 이렇게 경고했다. "여기서 우리는 모두 같은 방향으로 노를 저어야 한다. 그런데 당신은 반대 방향으로 노를 젓고 있다"〔La Información(스페인 인터넷 매체), 2015.9.15〕. 이렇게 정치화된 환경에서 내부 고발자의 경력은 오래가지 못했다. 그녀는 산타 콜로마시 정부에서 해고되었을 뿐 아니라 능력이 있는데도 공공 부문에서 일자리를 구할 수 없었다. 심지어 주변 지역 지방 정부 컨설턴트로도 취업할 수 없었다. 한 동료는 그 이유를 이렇게 말했다. "당신은 굉장히 용기 있는 일을 했다. 하지만 당신의 이름이 적힌 청구서를 보내면 우리는 망한다"(La Información, 2015.9.15). 결국 그녀는 서점에 취직해야 했다. 그녀는 내부 고발을 하기 전에 이런 결과를 예상했다며 이렇게 말했다. "여러 사람들이 내게 '무언가를 보더라도 가만히 있으라. 그렇지 않으면 인생이 망가진다'라고 했다. 하지만 나는 고집을 꺾지 않았고, '결국 허드렛일을 하는 처지가 되겠지만, 입을 다물지는 않겠다'고 스스로 다짐했다"(La Información, 2015.9.15).

채용과 경력 경로는 사람들의 인센티브에 영향을 미친다. 막스 베버(Weber, 1998〔1948〕)는 근대 정부의 근간을 이루는 것은 통치자에 대한 충성심이 아니라, 직업에 대한 충성심이라는 점을 자세히 설명했다. 왜냐하면 정치인과 관료의 경력이 통합되면 정부는 톰슨(Thompson, 1965)이 말한, 일원적 지배 체제(monocratic system)가 되기 때문이다. 일원적 지배 체제란 정당성의 출처가 단 하나뿐인 조직을 말한다(Thompson, 1965). 이에 따른 결과는 두 가지인데, 필자가 관심을 갖는 증상과 직접적으로 연관되어 있다. 첫째, 집권당에 충성하는 관료는 일반적으로 자신의 미래 경력이 위험에 처했을 때, 집권당 정치인 상관이 제안한 정책에 이의를 제기하는 혁신적 정책(혁신은 정의상 불확실성을 내포하기 때문에 매우 위험한 것)을 감히 제안하지 못한다. 헤클로(Heclo, 1977)와 피터스(Peters, 2001)가 지적했듯이, 정책 혁신(policy innovation)은 정치 영역과 관료제 등 두 군데에서 시작된다. 그러나 정치인과 관료의 경력이 통합된 상황에서는 서로에게 도전할 엄두를 내지 못하기 때문에 혁신(넓은 의미에서 새로운 정책, 사회 문제에 대한 해결책, 효율성을 높이는 조직 개선책 등을 포함)은 드물어진다. 마찬가지로 관료의 경력이 정치인 상관의 운명과 연계되어 있는 정부에서는 관료가 장관의 생각이 의심스러워도 정책이나 조직 문제를 해결하기 위해 혁신할 인센티브가 거의 없다.

둘째, 일원적 지배 체제에서 주요 인센티브는 통치자가 제공하는 승진과 같은 보상이다(Thompson, 1965). 상관의 제안에 순응하면 보상이 주어지기 때문에 정치인과 관료의 경력 통합 시스템에서 관료 경력을 쌓는 가장 안전한 길은 순응하는 것이다. 또한 이런 환경에선 통치자가 정부 효과성을 훼손하더라도 공무원이 그의 비위를 맞추는 것이 합리적이다. 특히 공무원이 기관이나 국(局)의 최고위직에 오르면 이런 문제는 더욱 심해진다. 톰슨이 주장했듯이, "더 많은 성공을 거둘수록, 더 높은 자리에 올라갈수록 그를 판단하는 기준은 더욱 모호하고 주관적이 된다. 결국 유일하게 안전한 처신은 순응하는 것이다"(Thompson, 1965: 6). 다시 말해, 정부 부처의 고위직이나 관리직에 올라갈수록, 관료들은 자신의 경력을 위태롭게 하는 행동이나 발언을 하지 않게 된다.

예컨대 장관(1), 장관 비서(2), 국장(3), 사무차장(4)으로 이어지는 4단계의 계층 구조가 있다고 가정해 보자. 여기서 사무차장은 특정 정책에 만족하지 않는다. 그래서 그 정책에 반대하면 앞으로 승진이 어렵다는 것을 알기 때문에 자신의 선호를 밝히기가 매우 어려울 것이다. 사무차장은 행정부에서 오랜 경험과 사회화를 통해 집단의식(esprit de corps)을 가진 훈련된 공무원이지만, 그의 경력은 "위계적 권위[즉, 집권당]에 의해 분배되는 외부 보상에 의존"할 수밖에 없다(Thompson, 1965: 7). 요약하면, 정치인과 관료의 경력이 통합될수록 지대 추구 행위에 대한 감시가 약해지고, 일을 잘하고 혁신해서 성과를 내려는 동기는 약해지기 때문에 앞서 언급한 나쁜 정부의 두 가지 증상(부패와 비효율성)이 증가하게 된다.

또한 정치인과 관료의 경력 통합 시스템은 '관료제의 정치화'와 '정치의 관료화'의 결과물이라는 점을 유의해야 한다(Aberbach, Putnam, and Rockman, 1981: 16). 특히 정치의 관료화에는 행정 시스템을 설계할 때 거의 고려되지 않는 조직의 역설(organizational paradox)이라는 문제가 있다. 공무원이 정치에 적극적으로 참여하는 데 제약이 없고, 국가 최고위직까지 오를 수 있는 국가는 이러한 제도의 이점을 누리기는커녕, 관료들의 위험 회피 성향이 강화된다. 이런 조건에서 관료들은 정치적 야망을 위해 조직 목표 달성과 같은 내적 동기보다 조직 내부의 권력 분배와 지위 획득에만 몰두하게 된다.

이와 대조적으로, 정치인과 관료의 경력 분리 시스템에서는 평행한 두 가지 책임성 통로가 존재한다. 알레시나와 타벨리니(Alesina and Tabellini, 2007: 169~170)는 두 가지 책임성 통로가 존재하는 것을 이렇게 설명했다. "최고위 정치인과 최고위 관료의 주요 차이점은 그들이 책임을 지는 방식에 있다. 정치인은 선거 때 유권자에게 책임을 진다. 최고위 관료는 조직 목표를 어떻게 달성했는지에 대해 동료 또는 대중에게 책임을 진다." 따라서 관료의 경력은 현직 정치인의 경력과 독립적이다. 관료제 안팎에서 관료의 미래는 정치인 상관을 기쁘게 하는 것이 아니라 자신의 전문가적 지위에 달려 있다. 경력 분리 시스템에서 직업 관료들은 정치인들의 부패한 행동을 목격하고, 그들과 장단을 맞춰봤자 얻을 것이 많지 않다. 예를 들어, 특정 정책을 구상하면서 딜레마에 빠졌을 때(즉, 도로가 X 마을을 통과해야 할지, Y 마을을 통과해야 할지를 결정할 때), 관료들은 자신의 경력이 정치인 후원자의 재선 여부가 아니라 동료 공무원들의 판단에 달려 있기 때문에 그 정치인의 지지자들에게 보상할 이유가 전혀 없다. 오히려 부패 행위를 폭로하지 않으면 많은 것을 잃게 된다. 부패를 알고도 폭로하지 않으면 자신의 경력에 심각한 타격을 입는다. 기본적으로 능력주의 관료제에서는 선출직 공무원이나 정치적으로 임명된 낙하산들도 부패를 발견했을 때 이와 비슷한 입장이 된다. 결과적으로 정치인과 관료의 경력을 분리하면 양자 모두 상대방의 부패 행위를 폭로할 가능성이 높아진다. 즉, 다른 책임성의 통로가 만들어짐으로써 내부 고발자가 상대편의 부패에 적극적으로 대처하게 된다. 따라서 정치인과 관료의 경력이 명확히 구분될 때, 정치인은 관료를 감시하고, 관료는 정치인을 감시하는 쌍방향의 효율적인 감시 메커니즘이 작동하게 된다.

정치인과 관료의 경력 분리 시스템에서는 앞서 언급한 조직의 역설과 반대되는 상황이 나타난다. 관료들은 고위 정치직에 오를 수 있는 기회가 제한되기 때문에 열심히 일해서 직업적 보상을 받으려는 내적 동기가 강해진다. 관료들은 오디세우스(Odysseus)처럼, 정치적 야망을 돛대에 묶고 세이렌(Seiren)의 노래를 들을 것이다.[9] 예를 들어, 앞의 사무차관은 장관이 선호하는 정책에 반대하는 것을 무릅쓰면서라도 유망하고, 도전적인 대안을 찾으려고 노력할 것이다. 요약하면, 정치인과 관료의 경력 분리 시스템에서는 양자 모두 정

9 트로이를 정복하고 고향으로 돌아가던 오디세우스가 요정 세이렌의 유혹에 홀려 바다로 뛰어들지 않기 위해 자기 몸을 돛대에 묶었듯이, 관료들도 정치적 유혹에 빠지지 않기 위해 정치적 야망을 절제한다는 의미이다. _옮긴이

부의 위법을 감시하고, 권력 획득보다는 직업적 성취를 우선시할 것이다.

스페인의 과거와 현재 사례는 정치인과 관료의 경력 통합 시스템의 문제점과 그 개혁이 얼마나 힘든지 보여준다. 실제로 거의 200년 전에 개혁적 정치인들이 놀랍게도 스페인 공공 부문의 낮은 성과를 경력 통합 시스템과 연관 짓는 발언을 했다. 1838년 의회에서 한 의원은 스페인 공공 부문의 가장 큰 문제는 "공무원이 자신의 의무를 다했지만, 자신의 운명에 대해 확신하지 못하는 것"이라고 말했다(Lapuente, 2007: 42에서 재인용). 그리고 1840년에 또 다른 의원은 공무원들의 동기 부여가 부족하다며 이렇게 말했다. "지방 공무원들은 무엇에 관심을 가질까요? 그들은 어떤 개혁을 하려고 할까요? 어떤 음모, 배신 또는 누군가 장관과 가깝다는 이유로 자신이 해고될 것임을 알게 된다면, 그들은 무슨 일을 하려고 할까요?"(Lapuente, 2007: 42) 19세기 스페인에서 가장 개혁적인 정치가 중 한 명인 브라보 무리요(Bravo Murillo) 총리는 관료제의 정치화를 확실히 제거하는 법령을 제정했다. 비록 이 조치는 후임자에 의해 뒤집혔지만, 그는 법령 제정 이유를 "공무원들이 직업적 안정을 갖지 못하면 공무 집행이 불가능하기 때문"(Nieto, 1976: 234에서 재인용)이라고 설명했다. 거의 2세기가 지난 지금, 스페인의 '가장 유명한 경제학자'이자 중도 정당 시우다다노스(Ciudadanos)의 지도자 중 한 명인 루이스 가리카노(Luis Garicano)는 공공 부문의 효율성을 개선하기 위한 가장 중요한 개혁 대상은 "후견주의 정치(patronage politics)와 정실주의(cronyism)"라고 말했다(The Wall Street Journal, 2015.12.11). 가리카노가 보기에 정당들이 정부를 구성하면서 지방 병원장 임명까지 챙기기는 등 "마치 군대처럼 정부를 장악하면" 국가 관리가 엉망이 되고, 부패와 세금을 낭비하는 애물단지 사업이 난무할 것이다(The Wall Street Journal, 2015.12.11).

따라서 정치인과 관료의 경력이 통합되면 정치적 차원의 도덕적 해이가 심화되어 기회주의적이고 지대 추구적인 행동이 증가해 공공 서비스의 효율성이 떨어질 것이고, 이를 개혁하려는 노력은 위축될 것이다. 즉, 정치인과 관료의 책임성 통로가 하나인 국가에서는 정치인과 관료가 한패가 되어서 매디슨이 '파벌(faction)'이라고 불렀고(Madison, 1787), 아세모글루와 로빈슨이 '착취적' 엘리트(extractive elite)라고 불렀던(Acemoglu and Robinson, 2012: 95) 패거리가 될 것이다(Miller and Whitford, 2016). 반대로 정치인과 관료의 경력이 분리된 국가에서는 정치인과 관료가 서로 감시하고 정부 효과성을 높이려는 인센티브가 있기 때문에 부패가 감소하고, 정부 효과성이 높아지며, 효율성을 높이는 행정 개혁이 증가할 것이다.

베버주의 제도와 현실 세계에서 정치인과 관료의 경력 분리

앞에서 필자는 정치인과 관료의 경력 분리가 긍정적 결과를 낳는 이유를 설명하고, 긍정적 결과를 낳을 가능성이 있는 또 다른 대안으로 폐쇄형 베버 관료제, 즉 정치적 영향력으로부터 보호되는 관료제가 있다고 설명했다. 필자의 관점(정치인과 관료의 경력 분리)과 폐쇄형 베버 관료제 관점 사이의 차이는 이론적 차이일 뿐 실제로는 별것 아닌 것처럼 보일 수 있다. 그러나 두 관점은 매우 다른 제도적 함의를 갖는다. 이 절에서는 몇 가지 경험적 사례를 통해 두 관점이 어떻게 다른지 보여줄 것이다. 기존 행정학 연구를 바탕으로 전 세계 관료제를 두 가지 차원에 따라 분류할 것이다.

비교 연구자들은 행정 구조의 고착성(stickiness)에 주목했다. 예컨대, 가장 많이 논의된 주제는 행정 전통(Christensen and Lægreid, 2011; Yesilkagit, 2010)이나 문화(Verhoest, 2010)가 관료제 개혁에 미치는 영향에 관한 것이다. 또한 연구자들은 새로운 유형의 행정으로 세계적 수렴 현상(OECD, 1995) 또는 '유럽형 행정 국가(European adminstration state)'(Olsen, 2003)의 출현에 주목했다.

앞서 언급했듯이 베버형 관료제를 측정하기 위한 조작적 정의는 인사 정책(staff policy)에만 초점을 맞춘다고 하더라도 어려운 일이다. 최근 몇 년 동안 많은 비교 연구가 등장했다. 학자들은 명칭은 다르지만 대체로 관료제를 두 가지 모델로 구분했다. 경력 기반 관료제 대(對) 직위 기반 관료제, 폐쇄형 관료제 대 개방형 관료제, 베버 관료제 대 탈관료적(post-bureaucratic) 관료제, 법치 국가(Rechtsstaat) 관료제 대 공익 중심(public interest) 관료제, 대륙형 관료제 대 영미형 관료제 등이다(Auer et al., 1996; Bekke and Van der Meer, 2000; Bossaert et al., 2001; Massey, 2011; OECD, 2008; Peters and Pierre, 2004; Raadschelders, Toonen, and Van der Meer, 2007; 2015). 이들 구분의 차이를 이해하는 데 있어 핵심 변수는 법률 시스템이다. 경력 기반, 베버주의, 법치 국가, 대륙형 관료제 등은 대륙법(civil law) 또는 로마법 전통의 국가에 널리 퍼져 있다. 반면 직위 기반, 공익 중심, 영미형 관료제는 대부분 보통법(common law) 전통에 속한다(Horton, 2011). 그러나 이러한 구분은 매우 일반적이며, 같은 법률 전통 내 차이가 다른 법률 전통 간 차이만큼 중요하다(Demmke and Moilanen, 2010).

이 책은 기존 비교 연구에서 사용된 두 가지 변수를 이용해 다른 식으로 관료제를 구분할 것이다. 먼저 관료제 구분의 첫 번째 차원은 정치인과 관료의 경력 분리 여부이다. 두 번째 차원은 관료제가 폐쇄형인지, 개방형인지이다. 행정학자들은 공무원의 경력을 외부 경쟁으로부터 보호하고 종신 임용을 보장하는 포괄적인 특별 고용법(special employment laws)이 어느 정도 적용되는지가 중요하다고 강조해 왔다. 이러한 관료제는 경력 기반 관료제(OECD, 2008), 폐쇄형 관료제(Auer et al., 1996), 조직 중심 관료제〔organizational oriented (Silberman, 1993)〕 또는 '고전적 행정 모델(classic administration model)'(Heady, 1996)로 불리는데, 베버의 법적·관료적 행정(legal-bureaucratic administration)과 유사하다. 이 모델은 또한 '공법(public law)' 또는 법치 국가와 관련이 있다(Pierre, 2011). 이와 대조되는 관료제 모델은 공직이 공공 부문 내·외부의 경쟁에 '개방'되어 있고(OECD, 2008: 27), 공무원이 특별 고용법의 보호를 덜 받으면서 "민간 부문에서 적용되는 보다 유연한 관행과 절차"의 적용을 받는 모델이다(Demmke and Moilanen, 2010: 10). 피터스(Peters, 2002)와 피에레(Pierre, 2011)가 상충 관계가 있다고 말한 것처럼, 폐쇄형 베버 관료제 모델은 관리보다는 법을 강조한다. 필자는 이 두 번째 차원을 폐쇄형 베버 관료제 대 개방형 관료제라고 부른다.

〈표 2-1〉에는 이 두 가지 차원을 기반으로 분류된 관료제 유형이 제시되어 있다. 가로축은 개방형/폐쇄형 차원이고, 세로축은 정치인·관료 경력의 분리/통합 차원이다. 이를 통해 관료제의 네 가지 '이념형(ideal type)'이 만들어진다. 이념형은 현실 세계의 복잡성을 포착하지는 못하지만 실제로 구별되는 두 차원을 드러내는 데는 유용하다(Barberis, 2011). 올슨(Olsen, 2005: 4)은 "현실은 기껏해야 이념형에 근접할 뿐이며, 행정은 완전히 발현된 관료제가 절대 아니다"라고 말했다. 그래서 이런 이념형들(후견형, 조합형, 관리형, 자율형 관료제)을 베버는 '순수 유형(pure type)'이라고 불렀다. 베버는 "순수 유형은 결국 경계 사례에 불과하다. 그것은 특별하고 필수적인 분석적 가치를 갖는다. 그리고 순수 유형은 항상 혼재된 형태로 나타나는 역사적 현실의 차이를 덮어둔다"고 말했다(Weber, 1978: 1002).

왼쪽 열은 개방형 관료제로, 공무원의 채용과 승진에서 빈자리가 생겼을 때 지원자의 이력서 심사, 면접 등 민간 부문에서 일반적으로 사용되는 인사 관행과 규정을 따르는 행정을 의미한다. 개방형 관료제의 유연성은 고도로 정치화된 행정에서 발견할 수 있는데, 예컨대 19세기 서구 국가에서 정치인이 마음대로 공무원을 고용하고 해고하는 엽관제(spoil system), 또는 21세기 신흥국의 후견제 등이 여기에 해당한다. 또한 현재 북유럽 및 앵글로 색슨(Anglo-Saxon) 국가에서 많은 직책에 대해 관례적으로 시행되는 유연한 인사 절차도 여기에 해당한다. 개방형 관료제에서는 법보다는 관리('좋은' 목적이든

표 2-1 관료제의 두 가지 차원

	개방형	폐쇄형
경력 통합	① 후견형 관료제 미국의 태머니 홀 정당 머신, 19세기 '장관·공무원 거래(PSB)' 이전의 영국과 서유럽 국가, 그리고 현재 신흥국	② 조합형 관료제 높은 수준으로 행정의 정치화와 정치의 관료화가 이뤄지는 나라들(프랑스, 스페인, 이탈리아, 일본 등)
경력 분리	③ 관리형 관료제 인사 시스템은 민간 기업과 비슷하지만, 정치인과 관료의 경력 경로가 명확히 분리된 나라들(호주, 캐나다, 뉴질랜드, 스웨덴 등)	④ 자율형 관료제 폐쇄형 관료제이면서 행정의 정치화와 정치의 관료화를 모두 제한하는 나라들(독일, 한국 등)

주: 가로축은 개방형 대 폐쇄형 차원이고, 세로축은 정치인과 관료의 경력이 분리 또는 통합되어 있는지 차원이다. 이 표는 네 가지 유형의 관료제를 보여준다.

'나쁜' 목적이든)가, 규칙보다는 인센티브가 우선시된다. 이는 오른쪽 열의 폐쇄형 관료제와 대조를 이루는데, 폐쇄형 관료제에서는 강력한 인센티브보다 엄격한 공무원 규칙이, 관리보다 법이 우선시된다. 이는 대부분의 채용이 공식 시험을 기반으로 하는 '고전적 행정 시스템', 엄격히 규제되는 행정에 해당한다(Heady, 2001: 192).

경제학의 '선별(screening)과 신호(signaling) 이론'에 따르면, 채용을 할 때 개방형 관료제와 폐쇄형 관료제는 질적으로 다르다(Riley, 2001: 474). 개방형 관료제에서는 대부분의 공무원이 이력서와 면접 등의 선별 과정을 통해 선발된다. 반면 폐쇄형 관료제의 직원 채용은 신호를 통해 이뤄진다. 지원자는 경쟁시험, 즉 엄격하게 공식화된 일련의 경쟁시험을 통해 자기 능력 수준에 대한 신호를 보낸다. 이런 사례로 프랑스의 콩쿠르(concours)와 스페인의 오포시시오네스(oposiciones)를 꼽을 수 있다. 커트라인 이상의 순위에 오른 경쟁자들은 특정 직위에 임용되는 것이 아니라, 행정 기관의 아래 직급으로 임용된다.

폐쇄형 관료제 국가의 중요한 특징은 최고 권력 기관(프랑스의 그랑 코르 데

레타(grand corps de l'Etat) 또는 스페인의 그란데스 쿠에르포스 델 에스타도(Grandes Cuerpos del Estado)]부터 일선 행정 기관까지 일사분란하게 구조화되어 있다는 점이다. 이는 공교육과 의료 등 복지 서비스 분야의 대다수 직위에 대한 채용과 승진 역시 중앙 정부 관료처럼 엄격한 규제와 신호 메커니즘에 따라 이뤄진다는 것을 의미한다. 폐쇄형 관료제에서는 업무와 무관하게 공공 인력의 절대 다수가 공무원 신분을 갖는다. 따라서 공무원은 일반 노동법을 적용받는 민간 부문 근로자와 달리 특별 고용법의 적용을 받는다.

이와 대조적으로 개방형 관료제 국가는 공무원 특별 고용법이 없거나, 폐지했다. 예컨대 스웨덴은 1970년대, 공공 부문의 인사 정책에 대한 규제를 완화해 민간 부문과 유사하게 만들었다(Sjölund, 1989). 이를 통해 관료의 역할은 민간 부문의 관리자와 같은 것으로 바뀌었고, 공식적으로 공무원 지위를 가진 직책은 극소수에 불과하다(Petersson and Söderlind, 1993; Pierre, 1993). 뉴질랜드도 1980년대에 비슷한 개혁을 거쳤는데, 많은 인사 권한이 분권화되고 종신 공무원 계약이 성과 기반 계약으로 대체되었다(Halligan, 2001). 그러나 개방형 관료제라고 해도 모든 직위가 민간 부문과 같은 것은 아니며, 영국의 패스트 스트림(Fast Stream) 직급과 같은 일부 자리에는 경쟁시험이 남아 있다. 그러나 이러한 채용 절차는 특정 직위에 국한되며, 프랑스의 콩쿠르나 스페인의 오포시시오네스처럼 절차적 규정과 형식주의가 심하지 않다. 대신 미국 대학의 박사 과정 입학시험과 같이 젊은 인재를 발굴하기 위한 채용 절차에 더 가깝다.

〈표 2-1〉의 가로축에 표시된 관료제의 차이점은 비교 연구에서 공무원 제도를 구분한 것과 일치한다. 개방형 관료제에서는 공공 부문의 대부분 직위가 개방되어 있어 폭넓은 경쟁이 이뤄지는 데 비해, 폐쇄형 관료제에서 직위는 행정 기관의 구성원을 제외한 모든 사람에게 폐쇄되어 있다. 이에 따라 기존 연구는 공무원제를 개방형과 폐쇄형으로 구분한다(Auer at al., 1996; Bekke and Van der Meer, 2000). 또한 실버먼(Silberman, 1993)은 관료제를 구조화하는 방식에 따라 '조직 중심(organizational orientation)' 관료제와 '전문가 중심(professional orientation)' 관료제로 구분했다.

조직 중심 관료제는 조직에 대한 '개인의 헌신에 높은 가치'를 두는 것으로(Silberman, 1993: 10), 폐쇄형 관료제에 가깝다. 전문가 중심 관료제는 개방형 관료제에 가까운데, 여기서는 변호사, 경제학자 또는 기술자 등 개인의 훈련 수준이 행정 기관 멤버십 자격보다 더 중요하다(Silberman, 1993: 12). 실버먼은 전문가 중심 관료제의 사례로 미국, 영국, 캐나다, 스위스를 꼽았다(Silberman, 1993: 74). 여기서는 "외부 채용, 부서 간 이동, 광범위한 수직 이동, 공공 조직과 민간 조직 간 이동" 등 모든 수준에서 "유연성"이 높다. 이는 조직 중심 관료제의 경직성과 뚜렷하게 대조된다. 실버먼은 조직 중심 관료제의 사례로 일본, 프랑스, 독일, 스페인, 이탈리아를 꼽았는데, 여기서는 "입직 단계가 매우 획일적"이고 "경력이 조직에 의해 결정된다"(Silberman, 1993: 11).

<표 2-1>의 세로축은 정치인과 관료 경력의 분리/통합 정도이다. 필자는 이에 대한 정교한 연구(Pierre, 1995a; Pollitt and Bouckaert, 2011)를 바탕으로 관료제의 정치화와 정치의 관료화 모두에 대해 문제를 제기한다(Aberbach, Putnam, and Rockman, 1981). 이 두 가지 경향은 서로 밀접하게 연관되어 있다. 그러나 관료제에 정치적 임명을 줄임으로써 관료제의 정치화 문제를 해결하려는 개혁은 오히려 공무원을 과잉보호함으로써 일본이나 스페인처럼 공무원의 정계 진출과 그에 따른 정치의 관료화 위험을 증가시킬 수 있다. 정치인과 관료의 경력 분리는 관료 조직에 정치적 임명을 없애거나 최소화하는 것, 그리고 훈련된 관료가 정치에 진출하지 않거나 최소화하는 것, 두 가지 모두를 의미한다. 즉, 국가 기구 안에서 정치적 임명이 많아서는 안 되고, 관료가 정치적 직위를 갖는 경우가 많아서도 안 된다.

<표 2-1>의 ①은 후견형 관료제이다(이에 대한 최근 논의는 Grindle, 2012;

Kitschelt and Wilkinson, 2007; Kopecký and Mair, 2012; Piattoni, 2001 참조). 그린들(Grindle, 2012: 19)을 따라 여기서는 "후견의 미시적 기초", 즉 "정부 직위에 대한 재량적 임명이 있다"는 점만을 언급한다. 후견형 시스템은 정당 또는 여러 정파를 중심으로 결집된 정치 상층부 사이의 광범위한 비공식 계약 피라미드로 구성되는데, 여기서 공공 부문 직위는 개인적 또는 정치적 충성심에 따라 분배된다. 따라서 원칙적으로 후견은 결과가 아닌 구조적 특성으로 이해되어야 한다. 그린들이 지적했듯이, "후견형 시스템과 무능함이 연결된다는 것은 가정이 아니라 경험적 사실"이다(Grindle, 2012: 23). 마찬가지로 후견과 부패를 구분하는 것이 중요한데(Kopecký and Mair, 2012: 8), 후견은 많은 맥락에서 합법적이고 부패가 아니며, 공개적이고 정당한 것으로 간주되기 때문이다.

이 책은 반대하지만, 많은 학자들은 특정 상황에서 후견제가 긍정적 효과가 있다고 주장한다. 예를 들어, 그린들에 따르면, 멕시코에서 후견제는 정부가 기본 활동을 수행하고 정책 변화를 촉진하는 데 중요한 역할을 했다(Grindle, 1977). 특히 전쟁과 같이 공무원의 특별한 헌신이 필요할 때, 후견제가 더 나을 수 있다. 일부 행정학자에 따르면, 미국의 링컨(Abraham Lincoln)과 영국의 처칠(Winston Churchill)이 전쟁에서 이길 수 있었던 이유 중 하나는 정실 임명을 늘리고, 직업 공무원 직위를 줄인 덕분이다(Fry, 2000; Nelson, 1982).

반면 탈식민지 국가에서 후견제의 해로운 결과에 주목하는 학자도 있다. 극단적 사례로, 자이르의 모부투 세세 세코(Mobutu Sese Seko, 1965~1997년 재임) 대통령은 모든 국가 기관의 고위직 임명을 자기 마음대로 결정했다(Acemoglu et al., 2004; Young and Turner, 1985). 모부투는 정기적으로 인사를 단행하면서 불확실성과 취약성을 만들어냈다(Leslie, 1987). 모부투는 후견제를 통해 많은 지지자와 잠재적 지지자의 충성심을 끌어냄으로써 권력을 유지할 수 있었다. 이로 인해 정부 성과는 20세기 후반 세계에서 가장 열악한 국가 중 하나가 되었다. 후견제의 해로운 영향에 대한 또 다른 사례는 트루히요(Rafael Trujillo,

1930~1961년 재임)의 도미니카 공화국이다. 트루히요가 국가 조직을 통제하는 주요 방법은 공직자들을 끊임없이 교체하는 것이었다. 이는 후견형 행정의 가장 극단적인 사례일 것이다.

트루히요는 모든 정부 공무원의 서명을 받고, 최신 상태로 업데이트한 사직서를 파일로 만들어 보관했다. 공무원들은 종종 직장에 도착해서 트루히요가 날짜를 기입해 자신들의 사직서를 제출했다는 사실을 알게 되었다(Acemoglu et al., 2004; Wiarda, 1968). 이 밖에도 미국의 태머니 홀 정당 머신, 영국의 오랜 부패 관행(Old Corruption),[10] 전후 이탈리아와 그리스의 후견주의 네트워크(clientelistic network) 등 후견제의 부정적 영향을 보여주는 사례는 많다.

<표 2-1>의 ②는 조합형(corporatist) 관료제이다. 이 유형은 주류 베버주의 관점에 따르면 정부 성과가 좋아야 하지만, 필자는 반대로 성과가 낮을 것으로 예측한다. 이 유형은 정부 부서를 개편할 수 있는 정치인의 재량권이 제한되는 폐쇄형 공무원 시스템이다. 인사 정책은 원칙적으로 공무원으로 이뤄진 자율적인 행정 단위가 통제한다(Bekke and Van der Meer, 2000). 또한 관료의 정치 활동에 제한이 없고 공식 규칙을 우회하는 것이 언제나 가능하기 때문에, 높은 수준의 관료제의 정치화와 정치의 관료화가 이뤄진다(Dierickx, 2004; Parrado, 2004; Sotiropoulos, 2004). 실제로 정치에 관심이 있는 사람은

10 '오랜 부패 관행'은 주로 18세기 후반과 19세기 초에 영국 정치, 사회, 공공 생활 내에 만연했던 체계적 부패를 묘사하기 윌리엄 코빗(William Cobbett, 1763~1835)이 사용한 용어이다. 이 시기에는 정부 계약과 직위 수여가 공공의 이익이나 자격보다는 개인적인 연결, 뇌물, 그리고 특혜에 기반을 두고 이뤄졌다. 정부 사무의 투명성과 책임감이 부족했으며, 부패한 선거구 — 선거인이 매우 적이 쉽게 조직될 수 있는 선거구 — 의 지배를 통해 의회 선거를 통제했던 귀족과 토지 소유 귀족들이 상당한 영향력을 행사했던 것이 특징이다. 이를 통해 전통적 토지 귀족들이 보상하거나 영입할 가치가 있는 사람들에게 부조금, 명예 직책, 수당을 부여함으로써 토지 귀족과 중간 계급의 일부를 연결하는 역할을 했다. 이 관행은 1832년, 1867년, 그리고 1884년의 개혁 법안들을 통해 선거권을 점진적으로 확대하고 많은 부패한 선거구를 폐지하는 조치들로 인해 점차 사라졌다. _옮긴이

먼저 공무원이 될 것을 권장받고, 일단 행정부에 입직하면 처음에는 순수 행정직에서 시작해 나중에 행정·정치 혼합직으로, 마지막에는 순수 정치직으로 승진한다. 정치인과 관료의 경력이 분리되지 않기 때문에 대부분의 의원과 장관이 여러 행정 기관의 고위직 출신이다. 프랑스는 이러한 정치인·관료 경력 통합 모델의 선구자로서, 정치 엘리트(제5공화국 대통령 대부분)는 대개 국립행정학교(Ecole Nationale d'Administration)에서 훈련받은 공무원 출신이다. 일본과 스페인도 마찬가지인데, 높은 수준의 베버형 관료제이지만, 정치인과 관료의 경력 통합 정도가 높다(Dahlström and Lapuente, 2011). 예를 들어, 스페인의 마리아노 라호이(Mariano Rajoy) 총리가 임명한 첫 번째 내각(2011년 12월)에서 열네 명의 장관 중 총리 자신을 포함한 열한 명이 훈련된 공무원 출신이었다.

〈표 2-1〉의 ③은 관리형(managerial) 관료제이다. 이 유형에는 호주, 캐나다, 뉴질랜드, 그리고 부패 통제 또는 정부 성과 등 거의 모든 정부의 질 순위에서 최상위인 스웨덴이 포함된다(세계은행의 거버넌스 지표 참조). 이들 국가는 효율성 제고를 위한 행정 개혁을 통해 혁신하곤 한다(OECD, 2004). 그런데 ②의 조합형 관료제가 폐쇄형 베버 관료제 가설과 맞지 않듯이, 이 유형에 속한 국가의 혁신적 모습도 폐쇄형 베버 관료제 가설에 부합하지 않는다. 이 가설에 따르면, 관리형 관료제 국가는 공무원 보호가 약하고 스웨덴처럼 특별한 보호 장치가 없기 때문에 많은 문제점이 드러나야 하고, 조합형 관료제 국가는 별다른 문제점이 발견되지 않아야 한다(Pollitt and Bouckaert, 2011). 그러나 폐쇄형 베버 관료제의 옹호자들은 강력히 규율되는 폐쇄형 베버 관료제를 가진 스페인, 이탈리아, 그리스를 관리형 관료제에 속하는 스웨덴, 뉴질랜드와 비교했을 때, 후자가 더 잘 작동한다는 사실에 놀랄 것이다. 이 책은 관리형 관료제가 더 잘 작동하는 이유를 제시할 것이다.

여기서 강조하고 싶은 점은 공무원과 정치인의 경력이 분리되어 있으면 공무원에게 높은 수준의 재량권을 주는 유연성이 있더라도 기회주의적 행동에 빠지지 않는다는 것이다. 즉, 관료의 경력이 정치인에게 의존하지 않기 때문에 관료가 직위를 이용해 부정을 저지른 정치인을 보호할 인센티브가 없다. 대신 관료는 자신의 미래 경력이 성과에 달려 있기 때문에 열심히 일하고 필요할 경우 조직에 특화된 기술을 익히기 위해 헌신할 인센티브가 있다.

〈표 2-1〉의 ④는 자율형(autonomous) 관료제로, 다소 폐쇄적인 관료제이면서 정치인과 관료의 경력 분리가 비교적 명확한 관료제이다. 독일이 이 유형에 속하는데, 독일은 행정부 최고위층이 정치화되어 있지만, 정치적 피임명직은 유권자에게, 대다수 관료는 전문성에 책임을 지는, 두 가지의 분리된 책임성 통로를 갖고 있다(Fleischer, 2011). 행정사 연구자들이 지적했듯이, 독일이 강한 규제와 상대적으로 높은 수준의 정치인·관료 경력 분리를 결합시킬 수 있었던 것은 오랜 역사적 뿌리를 가지고 있다. 독일의 전신인 프로이센은 근대 유럽 역사에서 최초로 능력주의 임용제를 정교화하고, 실행한 나라이다(Fischer and Lundgreen, 1975). 채용 규정은 처음부터 매우 엄격했다. 특히 프로이센에서 가장 먼저 능력주의 임용제를 확립한 것은 사법부였는데, 1775년에는 모든 응시자가 두 번의 시험을 통과하도록 했다(Finer, 1932).

또한 역설적이게도, 프로이센의 호엔촐레른(Hohenzollern) 왕조의 절대주의 통치하에서 공무원이 행정부에 의해 자의적으로 해고되지 않도록 보호하는 몇 가지 규정이 제정되었다. 독일에서 관료에 대한 높은 수준의 보호를 보여주는 사례는 1759년 독일 연방대법원(Reichskammergericht)의 판결이다. 이 판결은 선례가 되어 이후 수 세기 동안 막대한 영향력을 행사했는데, 연방대법원은 공무원의 해임은 행정부가 결정할 수 없고, 오직 사법부의 판결에 의해서만 가능하다고 판결했다(Nieto, 1976). 관료제의 정치인 상관의 손을 묶는 데 있어서 이보다 더 강력한 것은 상상하기 어렵다.

이 절에서는 관료제의 폐쇄성이 높은 국가가 반드시 정치인과 관료의 경력 분리가 이뤄진 것은 아니며, 그 반대의 경우도 마찬가지라는 점을 설명했다. 또한 공무원에 대한 규제 수준으로는 설명할 수 없지만, 정치인과 관료의 경력 분리/통합으로 설명할 수 있는 많은 다양한 사례가 있음을 지적했다. 따라서 정치인과 관료의 경력 분리/통합과 정부 성과 사이의 관계를 보다 체계적으로 분석할 필요가 있다.

연구 전략

앞에서 정치인과 관료의 경력 분리가 왜 좋은 사회에 관심 있는 모든 사람이 바라는 결과를 가져오는지 설명했다. 또 앞서 설명한 이론의 세 가지 경험적 함의를 설명했다. 필자가 말한 이론의 세 가지 경험적 함의는 정치인과 관료의 경력이 분리된 국가는 ① 덜 부패하고, ② 정부 효과성이 더 높고, ③ 행정 개혁이 더 성공적이라는 점이다.

또한 필자가 제안한 것과 비슷한 효과를 내는 관료제 조직 방식의 대안, 즉 폐쇄형 베버 관료제 가설에 대해 말했는데, 이 가설은 특별히 주목할 필요가 있다. 우리가 제안한 것과 동일한 긍정적 효과를 가져올 수 있는 관료제 조직의 대안은 정치적 영향력으로부터 관료제를 확실히 보호하는 것이다. 이러한 폐쇄형 베버 관료제에서 관료들은 종신 고용되며, 특별 고용법으로 보호된다.

필자의 분석 결과를 설명할 때, 정치 체제 유형, 경제 발전과 같은 대안적 설명이 제시되겠지만, 폐쇄형 베버 관료제 가설은 특별히 주목할 필요가 있다. 앞서 설명한 이론의 경험적 함의를 보여주기 전에 폐쇄형 베버 관료제가 기대한 만큼의 결과를 가져오지 못한다는 점을 보여줄 것이다. 이후 필자 이론의 경험적 함의(부패, 정부 효과성, 행정 개혁)를 각 장별로 보여줄 것이다.

연구 방법

이 책의 실증 분석은 100개 이상의 국가에 대한 광범위한 비교에 근거하고 있다. 이러한 비교 연구가 가능한 것은 많은 국가의 행정 특징을 측정한 독특한 데이터가 있기 때문이다(데이터에 대해서는 뒤에서 자세히 설명한다). 필자의 연구 방법은 매우 간단하다. 각 장에서 세 단계의 분석을 한다. 첫 단계에서는 정치인과 관료의 경력 분리와 부패, 정부 효과성, 행정 개혁 사이에 강력하고 긍정적인 상관관계가 있음을 보여준다. 둘째 단계에서는 회귀 분석을 실시한다. 즉, 부패, 정부 효과성, 행정 개혁에 관한 기존 연구에서 제시된 경제적·정치적·문화적 요인을 통제 변수에 포함시킨 뒤 다수 국가를 대상으로 한 OLS 회귀 분석을 실시한다. 셋째 단계에서는 이러한 분석 결과의 강건성 정도와 내생성 편의 여부를 검증한다. 내생성 편의는 분석 결과의 타당성에 심각한 도전이 될 수 있다. 그래서 세 번째 단계에서 정치인과 관료의 경력 분리 제도가 세 가지 종속 변수(부패, 정부 효과성, 행정 개혁)에 시간적으로 선행한다는 점을 증명할 것이다. 즉, 정치인과 관료의 경력 분리가 부패, 정부 효과성, 행정 개혁의 결과가 아니라 이것들의 원인임을 보여줄 것이다. 이를 보여주는 방법은 두 가지이다. 첫째, 내생성 편의 여부를 도구 변수법을 활용한 2단계 회귀 분석으로 검증할 것인데, 도구 변수는 장기 관점에서 정치인과 관료의 경력 분리와 관련된 외생 변수이어야 한다. 이런 도구 변수로 1800년 당시, 국가 행정의 관료제화 수준(Charron, Dahlström, and Lapuente, 2012)을 사용했다.

둘째, 덴마크, 스페인, 스웨덴, 미국, 영국 등에서 이뤄진 부패 척결, 정부 효과성 강화, 행정 개혁 추진 등의 역사적 경험을 살펴보고, 이들 국가의 역사적 경험이 우리의 이론과 일치한다는 점을 보여줄 것이다.

양적 분석 외에 여러 가지 역사적 사례와 현대의 사례를 제시하고, 분석할 것이다. 특히 스페인과 스웨덴의 사례에 초점을 맞추는데, 이들 나라는 정치인과 관료의 관계를 조직하는 서로 다른 방식을 보여주기 때문이다. 이외에 아르헨티나, 브라질, 도미니카 공화국, 프랑스, 독일, 그리스, 이탈리아, 일본, 영국, 미국, 베네수엘라 등 여러 국가에 대해서도 어느 정도 논의할 것이다.

정부의 질 전문가 서베이

경제학과 비교해 행정학의 비교 연구가 드문 이유는 비교 데이터가 없기 때문이다. 유일한 예외는 많은 국가들의 관료제 구조를 측정한 에번스와 로치(Evans and Rauch, 1999; Rauch and Evans, 2000)의 선구적 연구일 것이다. 그러나 이 연구에서 활용된 데이터는 35개 개발 도상국만을 대상으로, 1970~1990년 기간에만 초점을 맞췄다는 점에서 한계가 있다. 또한 다른 부분은 제쳐두고 이들 국가의 경제 발전에만 초점을 맞췄다. 이 연구는 자율적 관료제(autonomous bureaucracy)에 힘입어 놀라운 경제 성장률을 기록한 특정 국가군의 관료제 구조에 대해 중요한 통찰력을 제공하지만, 이 연구 결과가 나머지 국가들에도 적용될지는 알 수 없다.

필자가 사용하는 데이터는 스웨덴 예테보리 대학교(University of Gothenburg) 정치학과의 정부의 질 연구소(Quality of Government Institute)가 수집한 정부의 질 전문가 서베이(이하 'QoG 전문가 서베이') 데이터이다(Teorell, Dahlström, and Dahlberg, 2011). QoG 전문가 서베이의 목적은 전 세계 국가들의 행정 구조와 행정 행태를 측정하는 것이다. 이 데이터는 총 135개국의 행정 전문가 1053명의 평가를 담고 있다. 높은 수준의 자격을 갖춘 이들 전문가들은 행정에 대한 학문적 전문성을 가졌고(72%는 박사 학위 소지자), 자신이 평가한 국가에 거주하고 있다(92%). QoG 전문가 서베이의 질문지 설계를 위해 에번스와 로치(Evans and Rauch, 1999; Rauch and Evans, 2000)의 관료제 측정 관련 개념을 주로 참고했지만, 신공공관리(New Public Management, NPM)와 행정의 불편부당성(administrative impartiality) 같은 관점도 참고했다(Pollitt and Bouckaert, 2011;

표 2-2 QoG 전문가 서베이 문항

지표	설문지 문항	척도 (7점일수록 높은 동의)	전문가주의 지표 포함 여부	폐쇄형 베버 관료제 지표 포함 여부
능력주의 임용	공무원을 임용할 때, 지원자의 기술과 능력에 따라 임용하는가?	1~7점	○	×
정치적 임용	공무원을 임용할 때, 지원자의 정치적 연줄에 따라 임용하는가?	1~7점	○	×
정치권의 고위 관료직 관여	정치권이 고위 공무원의 임용과 해임에 관여하는가?	1~7점	○	×
고위 관료직 내부 승진	고위 공무원은 내부에서 발탁되는가?	1~7점	○	×
공직 임용의 공식화	공무원 임용을 위한 공식 시험이 존재하는가?	1~7점	×	×
종신 임용	공무원의 임기가 보장되는가?	1~7점	×	○
공무원 특별 고용법	민간 부문과 달리, 공무원을 규율하는 별도 법률이 존재하는가?	1~7점	×	○
공무원 임금 수준	고위 공무원의 임금이 비슷한 능력과 권한을 가진 민간 부문 관리직 임금과 비슷한가?	1~7점	×	×
공공 부문 성과급제 보급	공무원의 임금이 성과와 연동되어 있는가?	1~7점	×	×

주: 서베이 문항은 QoG 전문가 서베이에서 쓰인 것이다. 전체 서베이 문항은 Dahlberg et al.(2013)을, 데이터는 Teorell, Dahlström, and Dahlberg(2011)을 참조.

Rothstein and Teorell, 2008).

질문지를 받은 전문가들은 능력주의 임용(meritocratic recruitment), 내부 승진, 경력 안정성, 급여, 불편부당성, NPM 개혁, 효과성/효율성, 관료적 대표성(bureaucratic representation) 등 각국 행정의 구조와 기능과 관련된 다양한 주제에 대해 답변했다. 예를 들어, X 국가의 공무원 채용에서 지원자의 기술과 능력이 얼마나 중요한지에 대해 1점('거의 그렇지 않다')에서 7점('거의 항상 그렇다')까지 7점 척도로 측정된다. 질문 목록은 <표 2-2>에 나와 있다(전체 질문을 포함한 QoG 전문가 서베이에 대한 자세한 설명은 Dahlberg et al., 2013 참조).

표 2-3 QoG 전문가 서베이에 참여한 국가별 인원

설문 참여 전문가 수	국가 수
1~2	28
3~6	42
7~11	32
12~28	33
합계	135

주: 표는 QoG 전문가 서베이에 참여한 국가별 전문가의 수를 요약한 것이다. 설문에 참여한 전문가 수가 3명 미만인 28개 국가는 분석에서 제외했다.
자료: Dahlberg et al., 2013.

데이터는 2008년 9월~2009년 5월까지 1차, 2010년 3월~11월까지 2차, 2010년 말~2011년까지 세 차례에 걸쳐 수집되었다. 이 책에서는 이들 세 시점 자료를 모두 합친 통합 데이터(pooled dataset)를 사용한다. 국가별 응답자 수는 최소 1명, 최대 28명이며, 평균 7.8명이다(<표 2-3>). 그러나 데이터의 품질을 높이기 위해 응답자가 최소 3명인 107개 국가만 포함했다. 에번스와 로치(Evans and Rauch, 1999)의 데이터의 경우 국가별 응답자 수는 2~3명이었다.

정치인과 관료의 경력 분리에 대한 측정 지표는 QoG 전문가 서베이에서 가져왔다. 앞서 언급했듯이, 직원의 경력 진밍에 대한 신호는 채용 과정에서 가장 분명히 나타난다. 따라서 필자는 공무원에게 보내는 신호를 포착하는 지표를 찾았고, 결과적으로 공공 부문의 능력주의 임용 정도를 측정하는 지표를 활용했다. 그러나 측정 지표의 강건성을 확보하기 위해 추가적으로 네 가지 지표를 합쳐 만든 '관료의 전문가주의 정도', '공공 부문의 정치화 정도' 지표도 사용할 것이다. 합성 지표를 구성하는 네 가지 지표는 QoG 전문가 서베이에서 가져왔는데, 이들 네 가지 지표는 이전 연구에서 하나의 개념적 차원을 구성한다는 점을 확인했다(Dahlström, Lapuente, and Teorell, 2012b).

즉, 주성분 요인 분석을 통해 네 가지 지표(능력주의 임용, 정치적 임용, 정치권의 고위 관료직 관여, 고위 관료직 내부 승진)가 동일한 요인에 속함을 확인했다.

네 가지 지표에 동일한 가중치를 부여해 합성 지표를 만들었다.

또한 QoG 전문가 서베이에서 관료제의 폐쇄성 정도에 대한 두 가지 지표를 가져왔다. 첫 번째 지표는 종신 임용이고, 두 번째 지표는 공무원 특별 고용법이다. 이 두 가지 지표는 관료제가 얼마나 폐쇄적인지, 즉 제도적으로 관료제가 정치로부터 얼마나 절연되었는지를 나타낸다. 이들 두 가지 지표는 연구 질문(research question)에 따라 개별적으로, 또는 동일한 가중치를 부여해 만든 합성 지표로, 또는 서로에게 상호 작용을 하는 식으로 사용된다. 선행 연구(Dahlström, Lapuente, and Teorell, 2012b)에 따르면 공식 시험 시스템은 유럽과 북미의 경우 관료제의 폐쇄성 차원을 나타내지만, 라틴 아메리카, 아프리카, 동남아시아의 경우에는 그렇지 않다. 이런 차이 때문에 신중하게 지표를 선택해야 한다. 공식 시험 시스템은 각국이 운영하는 후견제의 위험 수준에 따라 다르게 기능한다는 점(Sundell, 2014)을 고려하면, 더욱 그렇다.

그러나 QoG 전문가 서베이가 각국의 관료제 구조에 대한 가장 광범위한 데이터라고 하더라도 궁극적으로 서베이에 응답한 전문가의 정직성과 지식에 의존하기 때문에 결과의 타당성, 응답자의 편향에 의문을 제기할 수밖에 없다. 그래서 일부 연구자들(Dahlström, Lapuente, and Teorell, 2012b; Rothstein and Teorell, 2012)이 QoG 전문가 서베이의 세 가지 지표를 다른 기관의 비슷한 지표와 비교했는데, 양자의 지표 간 상관관계가 높음을 확인했다. 비교 대상이 된 지표는 국제국가위험가이드의 관료제의 질 데이터, OECD의 인간관계 데이터, 그리고 에번스와 로치(Evans and Rauch, 1999)의 데이터 등이다.

또한 일부 연구자(Dahlberg at al., 2013; Dahlström, Lapuente, and Teorell, 2012b)는 응답자의 인식이 관찰 가능한 어떤 개인적 특성에 영향을 받을 수 있기 때문에 전문가의 응답에 체계적인 편향이 존재하는지 점검했다. 즉, 어떤 국가의 측정값은 실제의 관료제 구조가 아니라 응답자가 어떻게 구성되었는지에 따라 바뀔 수 있는 것이다. 응답한 전문가의 개인적 특성에 대한 여섯 가지 데이터(성별, 학력, 출생 연도, 출생지, 거주지, 공무원 여부)가 있었다. 그래서 이들 특성을 독립 변수로 넣고 설문지의 모든 항목(종속 변수)에 대한 회귀 분석을 실시하거나(Dahlberg at al., 2013), 동일하게 전문가주의 지표(종속 변수)에 대한 회귀 분석을 실시했다(Dahlström, Lapuente, and Teorell, 2012b). 이때 평가 대상(즉, 특정 국가의 관료제)을 통제함으로써 동일 국가 전문가들 간의 편차를 확인했는데, 대부분의 경우 응답자 간에 체계적인 편향은 없는 것으로 나타났다. 그러나 공무원 응답자는 민간인 응답자보다 정부의 관료제 구조를 긍정적으로 평가하는 경향이 있었다.

또 해당 국가에 거주하지 않으면서 평가하는 응답자는 거주하는 응답자보다 해당 국가의 관료제를 부정적으로 평가했다. 서베이 데이터에는 이러한 체계적 차이가 존재했지만, 그것의 절대적 규모는 그다지 크지 않았다. 이러한 전문가 특성을 통제했을 때와 통제하지 않았을 때의 국가별 측정값의 차이는 크지 않았다(전문가 특성을 통제했을 때와 통제하지 않았을 때의 국가별 측정값의 상관관계 계수는 0.99). 이처럼 데이터에 약간의 편향이 존재하지만, 대체적으로 데이터의 타당성을 의심할 정도는 아니었다.

부패, 정부 효과성, 행정 개혁

종속 변수(부패, 정부 효과성, 행정 개혁)는 여러 출처의 지표를 사용했다. 첫째, 부패는 최신 버전의 세계은행 거버넌스 지표(2013)의 부패 통제(Control of Corruption) 지표를 사용했다. 이 지표는 응답자의 인식을 기반으로 만들어지는데, 여러 연구에서 활용된다. 부패 통제 지표는 "공권력이 사적 이익을 위해 행사되는 정도에 대한 인식을 측정"한다(Kaufmann, Kraay, and Mastruzzi, 2010: 3). 이 지표는 약 30개의 서로 다른 데이터를 합성한 것인데, 지푯값의 범위는 -2.5(부패 통제 낮음)부터 +2.5(부패 통제 높음)까지이다(지표 구성 방법은 Kaufmann, Kraay, and Mastruzzi, 2010 참조). 이 밖에 국제투명성기구(2013)의 부패 인식 지수와 국제국가위험가이드(2013)의 부패 지표를 사용했다.

둘째, 정부 효과성 지표는 두 가지를 사용했다. 첫 번째 지표는 세계경제포럼(World Economic Forum)의 글로벌 경쟁력 보고서〔Global Competitive Report (Schwab, 2012)〕에 있는 낭비성 정부 지출 지표(Wastefulness of Government Spending)를 사용했다. 이 지표는 세계경제포럼이 재계에서 실시하는 연례 경영진 의견 조사에서 가져온 것으로, 140개국의 1만 4000명 이상의 경영진이 참여했다(데이터 수집에 대해서는 Browne, Geiger, and Gutknecht, 2012 참조). 두 번째 지표는 베르텔스만재단(Bertelsmann Stiftung)에서 제공하는 베르텔스만 혁신 지수(Bertelsmann Transformation Index, BTI)이다. BTI는 무엇보다, 128개 개발 도상국과 전환기 국가의 정치적 관리 측면을 평가하는데, 이 가운데 필자는 '경영 관리 성과(management performance)' 지표를 사용한다(BTI, 2012). 이들 지표의 강건함을 평가하기 위해 이들 지표와 다른 지표들을 비교했다. 다른 지표는 세계은행의 정부 효과성 지표와 기존 연구에서 활용한 지표(Djankov et al., 2003; Chong et al., 2014) 등이다.

마지막으로 행정 개혁 지표의 경우 대규모 국가 데이터에 기반한 지표가 없다. 그러나 1970년대 후반 이래로 각국 정부는 강도 높은 행정 개혁을 추진했으며, 그 가운데 상당수는 일반적으로 신공공관리 개혁이었다. 그러나 각국의 NPM 개혁은 그 형태, 정도, 깊이에 있어 천차만별이다(이에 대해서는 Christensen and Lægreid, 2011; Peters and Pierre, 2001; Pollitt and Bouckaert, 2011 참조). 뉴질랜드, 영국, 핀란드와 같은 국가에서는 세계화, 예산 제약, 관리주의 담론의 득세 등으로 인해 광범위한 NPM 행정 개혁이 추진되었다. 반면 이탈리아, 프랑스와 같은 국가에서는 그런 식의 행정 개혁이 거의 없었다. 이런 국가 간 차이는 필자의 세 번째 가설, 즉 "정치인·관료의 경력 분리 시스템은 행정 개혁을 촉진한다"는 가설을 검증하는 데 유리하다.

NPM 개혁은 포괄적인 개념이기 때문에 이 책에서는 NPM 개혁 중 공공 부문 성과급제(PRP) 도입에만 초점을 맞췄다. 이를 위해 QoG 전문가 서베이에서 공공 부문 성과급제 도입 정도에 대한 질문 문항을 사용했다. 이 질문 문항은 7점 척도로 측정되며, 각국 전문가에게 제시된 질문 문항은 〈표 2-2〉에서 확인할 수 있다. 그런데 동일한 서베이에서 독립 변수와 종속 변수를 동시에 가져왔을 때 생길 수 있는 문제를 피하기 위해 OECD(2004)가 제공하는 25개 국가의 성과급제 도입 정도 지표를 추가로 사용했다.

통제 변수

실증 분석 모델에는 기존 연구에서 사용된 다양한 통제 변수를 포함했다. 어떤 통제 변수를 포함할지는 종속 변수(부패, 정부 효과성, 행정 개혁)에 따라 달라지기 때문에 각 종속 변수를 다루는 장(章)에서 어떤 통제 변수를 포함했는지를 관련 이론과 함께 설명할 것이다.

3

폐쇄형 베버 관료제

의심스러운 약속

부패와 정부 효과성의 원인에 대해 점점 많이 알게 되었지만, 경제학과 정치학 분야의 비교 연구는 관료제에 대해 충분한 관심을 기울이지 않았다(예를 들어 Acemoglu and Robinson, 2012 참조). 예외적으로 에번스와 로치(Evans and Rauch, 1999; 2000), 밀러(Miller, 2000) 등이 관료제에 관심을 가졌는데, 이들은 폐쇄형 베버 관료제가 관료들을 정치와 시장의 영향력으로부터 보호함으로써 행정을 효율화한다고 주장했다. 필자가 이들 학자들에게 영감을 받는 것은 사실이지만, 2장에서 설명했듯이 필자의 주장은 중요한 측면에서 그들과 다르다. 필자는 인사 정책의 개방성/폐쇄성 차원(〈표 2-1〉의 가로축) 대신 정치인·관료 경력의 통합/분리 차원(〈표 2-1〉의 세로축)에 초점을 맞춘다.

이 책의 목적은 부패를 억제하고 관료제의 효과성을 달성하는 데 있어서 관료제 요소의 중요성을 밝히는 것이며, 이 장에서는 먼저 폐쇄형 베버 관료제 가설을 검증할 것이다. 행정학자들은 정치인의 간섭으로부터 절연된 관료제를 만들면 부패가 억제되고 효율적 행정이 가능하다고 주장해 왔다. 이를 위한 제도로 종신 고용을 보장하고, 민간 부문과 달리 공무원만을 위한 특별한 법적 보호 등이 필요하다고 주장했다. 즉, 효율적인 정부를 달성하는 수단은 공식 규칙이라는 것이다. 일부 행정학자들은 이러한 제도가 정부의 부정행위를 예방한다고 주장했다(이에 대해 Olsen, 2005; 2008; Pollitt and Bouckaert, 2011 참조). 그러나 이러한 폐쇄형 베버 관료제 가설은 실증적으로 검증되지 않았기 때문에 이 장에서 검증하려고 한다.

폐쇄형 베버 관료제 가설은 필자 주장과 경쟁하기 때문에 최대한 폭넓게 검증하려고 한다. 먼저 폐쇄형 베버 관료제 가설에 내포된 메커니즘을 논의하고, 이를 측정할 수 있는 적절한 지표를 찾아낼 것이다. 이어 2장에서 언급한 관료제의 두 가지 차원인 규제와 경력 인센티브를 비교한 뒤 100여 개국을 대상으로 국가 간 비교 분석을 실시할 것이다. 다음으로 폐쇄형 베버 관료제 지표와 세 가지 종속 변수, 즉 부패, 정부 효과성, 행정 개혁 간의 상관관계를 살펴본다. 이어 통제 변수를 포함시켜 회귀 분석을 실시할 것이다. 특히 폐쇄형 베버 관료제 가설이 몇 가지 제도가 동시에 충족된 경우 또는 선진국일 경우에만 효과가 나타날 가능성을 배제하기 위해 다양한 분석 모델을 사용하고, 강건성 검증도 실시할 것이다.

이러한 분석을 통해 최종적으로 얻은 결론은 폐쇄형 베버 관료제 가설은 틀렸다는 것이다. 아무리 좋은 조건을 부과해도 관료제의 규칙을 강조하는 베버형 관료제는 정부의 질과 관련된 모든 측면에서 긍정적 결과를 낳지 못했다. 마지막으로, 나폴레옹 행정 전통에 속하는 유럽 국가들을 면밀히 분석한 뒤 폐쇄형 베버 관료제가 기대한 효과를 낳지 못하고, 오히려 부정적 효과를 내는 이유를 설명할 것이다.

폐쇄형 관료제의 두 가지 장점

2장에서는 이상적 베버 관료제와 관련된 두 가지 차원, 즉 관료제 규칙(bureaucratic rule)과 관료의 정치적 인센티브에 따라 전 세계 행정을 분류했다. 이 장에서는 관료제 규칙이 정부의 질을 높이는 데 어떤 역할을 하는지 살펴보고, 관료제 규칙이 긍정적 효과를 갖는다고 주장하는 이론적 근거를 간략히 살펴본다. 특히 "채용, 해고, 급여 및 수당, 승진, 고충 처리에 관한 규칙" (Moe, 1984: 764) 등 폐쇄형 관료제에서 정식화된 규범에 초점을 맞출 것이다.

많은 연구자들이 공무원 규칙이 왜 더 좋은 정부를 만드는 데 필수적인지 설명해 왔다. 이러한 규칙은 시장 경쟁이나 정치인의 변덕스런 권력 행사 등의 외압으로부터 공무원을 보호하는 기능을 한다. 여기에는 중요한 두 가지 메커니즘이 있는데, 서로 연결된 이들 메커니즘은 개념적·경험적으로 구분 가능하다. 첫째, 폐쇄형 베버 관료제는 사회화(socialization)를 통해 공무원 집단의 집단의식을 만들어낸다. 행정 기관에서 경력을 쌓았거나 쌓을 예정인 고위 공무원들 사이의 강한 공복 의식(sens de public service)은 불편부당성과 법의 지배(rule of law)를 존중하도록 만든다(Vandenabeele, Scheepers, and Hondeghem, 2006; Horton, 2011). 공무원의 특수한 지위, 즉 그들만의 폐쇄성 또는 직업의식〔Berufsbeamtentum(Meyer and Hammerschmid, 2006)〕은 공공 서비스 정신 또는 공무원 윤리〔Beamtenethos(Du Gay, 2000)〕를 만들어내고, 이는 다시 고위 공무원들이 다양한 사회 집단의 상반된 선호를 고려해서(Horton, 2011), 공정하게 법을 집행하도록 만든다(Ziller, 2003). 특히, 마이어와 해머슈미드(Meyer and hammerschmid, 2006: 102)는 폐쇄형 관료제와 관련된 가치로 합법성, 정확성, 중립성, 형평성, 객관성, 충성심, 안전성, 비밀성, 계속성, 안정성 등을 제시했다.

두 번째 메커니즘은 관료제의 폐쇄성이 종신 임기를 보장함으로써 공무원에게 (선거 주기를 넘어서는) 좀 더 장기적 안목을 갖도록 한다는 점이다. 공무원 인사 관리에서 공무원 보호 규정은 공무원이 전문성을 쌓도록 만드는 핵심 인센티브로 작용한다(Gailmard and Patty, 2007). 이러한 규정이 공공 부문의 비효율성을 초래한다는 일반적 견해와 달리, 엄격한 공무원 보호 규정은 공무원들이 시간과 노력을 투자하지 않으려는 분야에 적절한 전문성을 쌓도록 만드는 인센티브가 된다. 즉, 공무원 보호 규정은 나쁜 성과에 대한 처벌이 두렵지 않은 공무원들에게는 '인센티브를 약화'(Gailmard and Patty, 2012: 11) 시키겠지만, 다른 한편으로 공무원에게 장기적 안목을 제공하기 때문에 정책 전문성을 쌓기 위해 헌신하면 그에 따른 보상이 주어질 것이라는 확신을 심어줄 수 있다.

에번스와 로치(Evans and Rauch, 1999; Rauch and Evans, 2000)는 첫 번째 메커니즘(사회화를 통한 집단의식)을 이론적·실증적으로 잘 설명했다. 이들이 베버 관료제 특성(Weberianness)이라고 부르는 지표는 35개 개발 도상국의 높은 경제 성장과 낮은 부패 등 바람직한 사회적 결과와 상관관계가 있었다. 이러한 상관관계는 공무원이 정치적 간섭으로부터 보호되면 그들 사이에 강력한 규범이 형성되기 때문이라고 설명된다. 이러한 공유된 규범에 대한 사회화는 공무원들로 하여금 성문화된 규칙을 지키도록 만들며, "전체의 목표에 대한 헌신과 '집단의식'을 발달시킨다"(Rauch and Evans, 2000: 52). 규범이 마련되면 공무원들은 가우스(Gaus, 1936: 40)가 권한 남용을 방지하는 '내부 견제(inner check)'라고 부른 메커니즘에 따라 행동하게 될 것이다. '공무원 동료(confrères in office)'와의 동일시를 통해 공무원 정체성이 확립되면 "부패로 인한 무형의 비용을 내부화하게" 된다(Evans and Rauch, 1999: 752).

미국 산림청(US Forest Service) 사례는 집단 규범에 의한 사회화가 어떤 것인지 잘 보여준다(Kaufman, 1960; Miller, 2000). 산림 관리원들(forest rangers)은 지리적으로 분산되어 있지만, 그들의 전문가주의적 규범은 그들이 조직 목표를 추구하도록 동기 부여하고, 대규모 벌채와 같은 근시안적 정책에 반대하도록 만들었다.

프랑스 등 나폴레옹 행정 전통에 속하는, '강력한 국가 전통'을 가진 국가의 연구자들은 강력한 규칙에 의해 외부 영향으로부터 절연된 관료제를 긍정적으로 평가해 왔다(Meininger, 2000: 189). 나폴레옹 법 전통(Napoleonic legalism)의 엄격한 규칙 안에 있는 관료제는 역사적으로 정치권력에 대한 균형추 역할을 한다는 좋은 평가를 받아왔다(Kickert, 2011). 이들 나라에서 관료제 규칙을 제정하는 것은 권위주의적 통치자가 기본적인 재산권을 보호할 의지가 있음을 드러내는 방법이었다. 이들은 매우 상세한 법률을 만듦으로써 외국인 투자자들에게 자신의 정권이 법의 지배를 받는다는 신호를 보냈다(Prats, 1984). 스페인의 프랑코 정권(Francisco Franco, 1939~1975년 재임)은 이에 대한 좋은 예이다. 프랑코는 대부분의 정책 결정권을 관료 집단에게 위임했고, 공무원들은 매우 포괄적인 법률을 제정함으로써 일상적 국가 운영의 예측 가능성을 보장했다(Lapuente, 2007).

결과적으로, 비교적 최근 권위주의적 통치를 경험한 국가에서 폐쇄형 관료제는 민간 부문과 같은 유연한 계약이 제한되기 때문에 부패에 대한 안전장치로 여겨진다. 엄격하고 고도로 규제된 행정 절차는 "원래 정치적 간섭으로부터 행정을 보호하고 청렴성을 확보하기 위한 것"이었다(OECD, 2012: 29). 그래서 연구자들은 남유럽 국가에서 개방형 관료제 시스템을 도입하고, 공무원을 보호하는 특별법과 정년 보장을 폐지하는 것은 공무원의 미래에 대한 불확실성을 초래한다고 비판해 왔다(Cádiz Deleito, 1987).

이러한 비판은 에번스와 로치(Evans and Rauch, 1999: 752)가 언급한, 두 번째 메커니즘(종신 고용을 통한 장기 안목 형성)과 연결된다. 이들은 "성과를 내고, 조직 규범을 지키면 승진할 것이라는 기대감이 부패 행동을 안 하도록 하는 인센티브로 작용했다"고 말했다. 이 메커니즘은 사회화보다는 장기 안목과 고용 안정성(job security)에 근거해 작동한다. 밀러(Miller, 2000)는 고용 안정성이 폐쇄형 베버 관료제 구조와 효율적인 좋은 정부를 잇는 핵심 고리인 이유를 설명했다. 액설로드(Axelrod, 1984)의 유명한 '미래의 그림자(the shadow of the future)'[1]라는 표현을 빌려 그는 공무원의 정년 보장은 "미래의 그림자"를 늘릴 뿐 아니라 "기존 법을 왜곡하거나, 무효화하려는 목적으로 은밀하게 가해지는 정치적 외압"으로부터 관료들을 보호한다고 말했다(Miller, 2000: 317~318). 밀러 등(Miller, 2000; Miller and Whitford, 2016)에 따르면, 폐쇄형 관료제 시스템은 공무원들을 정치적 이해관계로부터 절연시키며, 공무원들은 지위가 보장될 때에만 정치인이나 고위직에 당당히 맞서 그들의 잘못을 신고할 수 있다. 따라서 관료제 규칙은 관료에게 용기를 주며, 그러한 용기는 좋은 정부를 만드는 데 필수적이다.

한편 폐쇄형 베버 관료제 가설의 지지자들에 따르면, 장기 경력을 보장하는 것은 나쁜 행동을 예방하고, 공무원과 경제 주체들 사이에서 좋은 행동을 촉진한다. 우선, 정년을 보장받은 공무원은 "공직 외부의 시장에서는 자신의 가치를 높이는 데 아무 도움이 되지 않지만, 공직의 장기적 생산성을 높일 수 있는" 인적 자본에 고비용의 자산 특수적 투자(asset-specific investment)[2]를 한다(Miller, 2000: 318).

민간 부문으로의 이직 가능성이 낮은 기술에 지속적으로 투자해야 하는 공무원을 생각해보자. 정년이 보장되지 않는다면, 주 변호사, 세무사, 법 집행관과 같은 공무원들은 자신의 일에 필요한 인적 자본 투자에 과감히 나서지 않을 것이다. 이는 혁신적인 사업 아이디어를 가진 젊은 사업가가 나중에

1 '미래의 그림자'라는 개념은 게임 이론에서 어떤 사람과 장기간에 걸쳐 상호 작용한다면 죄수의 딜레마 상황과는 다른 식으로 행동할 것임을 의미하는 개념이다. 현재의 결정이나 협상에 관련된 당사자들 사이에 미래에 상호 작용이 지속적으로 발생할 것이라고 기대하거나 예상할 경우 당사자들은 그들의 행동의 장기적 결과를 고려하기 때문에 현재의 행동과 전략을 수정해 다른 식으로 행동하게 된다는 것을 의미한다. _옮긴이

2 자산 특수성(asset specificity)은 특정 관계에서는 가치를 지니지만 그 관계를 벗어나면 가치를 온전히 인정받지 못하는 자산이나 투자를 의미한다. 자산 특수적 투자를 했을 경우 상대방에게 종속되기 때문에 상대방의 부당한 요구를 거절하지 못하는 홀드업 문제가 발생할 수 있다. 이 개념은 2009년 노벨상을 받은 올리버 윌리엄슨(Oliver Williamson)의 거래 비용 경제학의 핵심 개념이다. _옮긴이

기회주의적인 정치인에 의해 빼길 수 있는 투자에 나서지 않는 것과 같다. 따라서 폐쇄형 베버 관료제에 따르면, 관료제 규제를 통해(용기 있는 공무원을 양성함으로써) 사회 구성원들이 "정치적 지대 추구에 따른 파괴적 결과로부터" 피해를 입지 않도록 보호해야 한다(Miller, 2000: 319).

폐쇄형 베버 관료제 가설에 대한 검증 전략

다음 두 절에서는 폐쇄형 베버 관료제의 효과를 실증적으로 검증할 것이다. 폐쇄형 베버 관료제 가설은 필자 주장에 대한 경쟁 가설이기 때문에 최대한 폐쇄형 베버 관료제 가설에 유리한 실증 분석 결과가 나올 수 있도록 검증했다. 필자는 폐쇄형 베버 관료제와 연관된 구조적 특징이 부패 수준, 정부 효과성, 행정 개혁 범위에 유의미한 영향을 미치는지 검증할 것이다. 베버적 관료제 규칙을 가진 정부는 덜 부패하고, 더 효과적이며, 더 개혁적일까?

필자는 폐쇄형 베버 관료제 가설에 대한 분석을 두 부분으로 나누었다. 먼저 다수의 관측치(large-N)로 양적 분석을 한 다음, 소위 나폴레옹 행정 전통(Painter and Peters, 2010)에 속하는 고도로 규제된 베버 관료제를 가진 국가들에 대한 질적 분석(사례 분석)을 했다. 광범위한 국가 간 비교는 폐쇄형 베버 관료제의 효과가 통계적 관점에서 나타나는지 검증하는 것이다. 결과적으로 폐쇄형 베버 관료제 지표와 정부의 질 관련 지표 사이에는 유의미한 상관관계가 없었다. 나폴레옹 행정 전통을 가진 국가의 사례는 흔히 생각하는 것처럼, 폐쇄형 베버 관료제가 인과적으로 좋은 정부의 성과로 연결되지 않고, 때때로 의도하지 않은 결과를 낳는다는 것을 보여준다.

약 100개 국가를 대상으로 한 다수 표본 분석은 5단계로 진행된다. 첫 단계는 2장에서 제시한 관료제의 두 가지 차원에 따라 전 세계 관료제를 분류하는 것이다. 규칙과 경력 인센티브라는 두 가지 차원이 전 세계 관료제를 실제로 의미 있게 설명하는지 살펴볼 것이다. 각 국가들은 이 두 가지 차원에 따른 네 가지 유형 중 하나에 속한다. 즉, 각국의 행정은 어느 정도는 후견형 관료제, 조합형 관료제, 관리형 관료제, 자율형 관료제로 분류할 수 있다. 이를 통해 필자가 제안한 차원(정치인과 관료의 경력 분리 차원)이 기존 연구가 제안한 차원(관료제의 폐쇄성 차원)과 동일하지 않다는 것을 입증할 수 있다.

분석의 두 번째 단계는 폐쇄형 베버 관료제 지표와 정부의 질 관련 세 개 지표(즉, 부패, 정부 효과성, 그리고 행정 개혁의 대리 변수로서 공공 부문 성과급제 도입) 사이의 상관관계를 살펴보면서 설명하는 것이다. 그런데 폐쇄형 베버 관료제 가설 검증에 유리한 조건에서도 폐쇄형 베버 관료제가 정부 성과에 미치는 긍정적 효과는 나타나지 않았다.

세 번째 단계에서는 정부의 질 관련 연구에서 제시된 문화적·정치적·경제적 요인을 통제 변수로 포함한 회귀 분석을 실시했다. 통제 변수는 프로테스탄트 비율, 민주주의 지속 기간, 1인당 GDP(로그) 등이다. 이들 통제 변수는 기존의 국가 간 연구에서 부패, 정부 효과성, 정부 성과, 행정 개혁에 영향을 미치는 요인으로 추정된 것들이다(Treisman, 2007). 필자는 경쟁 가설(폐쇄형 베버 관료제 가설)을 가능한 한 유리한 조건에서 검증하기 위해 몇 가지 통제 변수에만 초점을 맞췄다. 이러한 조건에서도 예상한 효과가 나타나지 않는다면, 폐쇄형 베버 관료제 가설은 확실히 의심스러운 것이다.

네 번째 단계에서는 폐쇄형 베버 관료제 가설에 대한 검증 모형을 바꿔보는데, 왜냐하면 베버 관료제가 상호 보완적인 제도들로 구성되어 있어 이들 여러 제도들의 효과가 합산되어서 예측한 효과가 나타날 수 있기 때문이다. 따라서 두 가지 지표를 한 개의 지표로 합성한 뒤 다시 앞의 회귀 분석을 할 것이다. 또 두 지표 사이에 상호 작용 효과가 있는지도 검증할 것이다.

분석의 마지막 단계에서는 분석 결과의 강건성을 점검하는데, 분석의 강건성을 훼손하는 가장 중요한 문제는 부패와 폐쇄형 베버 관료제 사이에 어떤 것이 원인이고, 결과인지 알 수 없는 순환 관계가 있을지 모른다는 점이다. 즉, 높은 수준의 후견제(또는 관료제의 다른 역기능)가 있는 나라일수록 폐쇄형 베버 관료제가 필요할 수 있다. 이런 자기 선택 메커니즘에 의해 폐쇄형 베버 관료제의 긍정적 효과가 억제되었을 수 있다. 그래서 쉬운 일은 아니지만, 폐쇄형 베버 관료제와는 관련이 있지만, 부패와는 관련이 없고 이 책의 가설(정치인과 관료의 경력 분리)과도 관련이 없는 도구 변수를 사용해 자기 선택 문제를 극복해 보려고 했다(Sovey and Green, 2011). 그러나 그런 조건을 충족하는 도구 변수를 찾을 수 없었다. 대신 순델(Sundell, 2014)을 참고해 후견제의 위험성을 통제함으로써 폐쇄형 베버 관료제와 부패 사이의 잠재적 상관관계를 찾으려고 했다. 또한 폐쇄형 베버 관료제의 효과가 일부 국가에서는 나타나고, 다른 국가에서는 안 나타나는 것인지 파악하기 위해 전체 표본을 지역별로 나누어 지역 효과를 통제했다. 마지막으로 분석 결과의 강건성을 확인하기 위해 종속 변수를 다른 변수로 바꿔봤다.

폐쇄형 베버 관료제를 측정하기 위해 주로 QoG 전문가 서베이를 활용했다(Teorell, Dahlström, and Dahlberg, 2011. 데이터에 대한 자세한 설명은 2장 참조). 앞서 언급한 폐쇄형 베버 관료제의 메커니즘과 관련해서는 두 가지 질문 항목을 사용했다. 집단의식과 관련된 메커니즘은 공공 부문에서 종신 임용이 얼마나 일반적인지로 측정했고, 공무원 보호와 관련된 메커니즘은 공무원이 특별 고용법에 의해 어느 정도 보호되는지로 측정했다(정확한 질문 문항은 2장의 <표 2-2> 참조).

종속 변수로는 여러 지표를 사용했다. 부패 수준과 정부 효과성의 경우 세계은행의 거버넌스 지표(2013)를 사용했다. 행정 개혁은 QoG 전문가 서베이에 있는 공공 부문 성과급제 도입 지표를 사용했다. 이 밖에 종속 변수를 대체할 다른 지표로 국제투명성기구(2013)와 국제국가위험가이드(2013)의 부패 지수, 베르텔스만재단(2012)과 세계경제포럼(Schwab, 2012)의 정부 효과성

표 3-1 기술 통계

변수	국가 수	평균	표준 편차	최솟값	최댓값
공무원 특별 고용법	107	5.7	0.73	3.5	7
종신 임용	107	4.7	1.1	1.67	6.8
폐쇄형 베버 관료제 지표	107	5.2	0.81	2.8	6.8
부패 통제	191	-0.06	0.99	-1.7	2.4
정부 효과성	191	-0.058	0.99	-2.2	2.2
공공 부문 성과급제 보급률	107	2.96	0.94	1.2	5.6
1인당 GDP(로그)	179	8.74	1.26	5.72	11.12
민주주의 지속 기간	171	18.16	21.60	0	70
프로테스탄트 비율	193	13.11	21.29	0	97.8
OECD 가입 여부	107	0.27	0.45	0	1
EU27	107	0.23	0.43	0	1
HT 지역*	195		2.6	1	10
후견제 위험성 지표	137	0.54	0.29	0	1

주: 요약된 모든 변수는 QoG 표준 데이터 세트(Teorell et al., 2013) 또는 QoG 전문가 서베이(Teorell, Dahlström, and Dahlberg, 2011)에서 이용할 수 있다.

* 이 용어는 QoG 표준 데이터 세트에서 세계 지역을 지리적 근접성과 민주화 수준을 기준으로 다음의 열 개 지역으로 분류한 것을 의미한다(데이터 세트에서 변수명 'ht_region'). ① 동유럽 및 구소련(중앙아시아 포함), ② 라틴 아메리카(쿠바, 아이티, 도미니카 공화국 포함), ③ 북아프리카 및 중동(이스라엘, 튀르키예, 키프로스 포함), ④ 사하라 이남 아프리카, ⑤ 서유럽 및 북미(오스트레일리아 및 뉴질랜드 포함), ⑥ 동아시아(일본 및 몽골 포함), ⑦ 동남아시아, ⑧ 남아시아, ⑨ 태평양 지역(오스트레일리아 및 뉴질랜드 제외), ⑩ 카리브해 지역(벨리즈, 가이아나, 수리남 포함/쿠바, 아이티, 도미니카 공화국 제외).

지표, OECD(2004)의 성과급 지표를 사용했다. 통제 변수는 세 가지이다. 첫째, 문화적 요인으로, 1980년 기준 프로테스탄트 인구 비율(La Porta et al., 1999), 둘째, 정치적 요인으로, 민주주의 지속 기간(Treisman, 2007), 셋째, 경제 발전과 관련해 1인당 GDP(로그)를 사용했다(United Nations Statistics Division, 2013).

마지막으로 순델을 참고해 후견제 위험성을 측정했다(Sundell, 2014). 그는 후견제와 상관관계가 높은 네 가지 요인으로 후견제 위험성 지표를 만들었다. 네 가지 요인은 다음과 같다. ① 민족적 파편화(ethnical fractionalization), 즉 파편화가 심할수록 후견제가 성행한다(Alesina et al., 1999). ② 교육 수준,

즉 교육 수준이 낮을수록 후견제가 성행한다(Hollyer, 2011), ③ 언론 독립성, 즉 언론의 독립성이 높을수록 후견제가 약화된다. ④ 사법부의 독립성, 즉 사법부가 독립적일수록 후견제가 약화된다. 국제국가위험가이드(2013)의 부패 지수를 제외한 모든 변수는 QoG 데이터 세트에서 가져왔다(Teorell et al., 2013). 〈표 3-1〉에 모든 변수가 요약되어 있다.

이러한 국가 간 비교 분석이 끝나면, 폐쇄형 베버 관료제와 정부 성과를 연결하는 인과적 메커니즘을 분석한다. 폐쇄형 베버 관료제 가설은 왜 현실에서 나타나지 않을까? 필자는 관료제 규칙을 강조하는 국가, 즉 나폴레옹 행정 전통에 속하는 프랑스, 스페인, 이탈리아, 포르투갈, 그리스 등의 경험을 통해 관료제 규칙이 권력 남용을 방지하려면 정치인과 관료의 경력 분리와 결합되어야 한다는 점을 보여주는 사례들을 제시할 것이다.

폐쇄형 베버 관료제 가설은 현실에 부합할까?

2장에서 언급했듯이, 이론적으로 공공 부문의 정치인·관료 경력 분리는 정치적 영향력으로부터 관료를 보호하는 규칙과 아무 관련이 없고, 서로 다른 차원을 구성한다. 이러한 주장은 국가별 사례와 행정학의 기존 분류에 의해 뒷받침된다(Auer at al., 1996; Bekke and Van der Meer, 2000; Heady, 1996; Silberman, 1993). 이 절에서는 관료제의 이러한 두 가지 차원이 각국의 행정을 어느 정도 반영하는지 국가 데이터를 통해 실증적으로 검증할 것이다. 이를 위해 첫째, 정치인·관료 경력 분리의 지표로 QoG 전문가 서베이에서 능력주의 임용 정도를 측정한 문항을 활용했다. 둘째, 관료제 규칙 정도를 측정하기 위해 QoG 전문가 서베이에 있는 두 가지 질문 문항을 합산한 지수를 만들었다. 이 두 질문 문항은 폐쇄형 베버 관료제 가설의 두 가지 인과 메커니즘, 즉 공공 부문에서 종신 임용이 얼마나 일반적인지(집단의식 메커니즘 지표)와 공무원을 위한 특별 고용법이 있는지(공무원 보호 메커니즘 지표)를 측정한 것이다.

먼저 일부 부유한 국가를 살펴보는데, 왜냐하면 폐쇄형 베버 관료제 개념이 유럽 국가에서 개발되었고, 주로 유럽과 미국을 대상으로 연구되었기 때문이다(Weber, 1978〔1921〕; Wilson, 1887). 또한 이들 국가는 행정학자들이 가장 많이 연구한 국가이기도 하기 때문이다(Peters and Pierre, 2012 참조). 따라서 분석을 이들 부유한 국가로 한정하는 것은 기존 연구와 비교가 가능하다는 점에서 의미가 있다.

〈그림 3-1〉은 29개 OECD 국가를 대상으로 분석한 것이다. X축은 폐쇄형 베버 관료제 지수(Weberian index)를 7점 척도로 측정한 것이고, Y축은 공공 부문의 능력주의 임용 수준(경력 인센티브 지표)을 7점 척도로 측정한 것이다. 이들 두 가지 변수는 음의 상관관계(-0.25)를 보이는데, 통계적으로 유의하지는 않다. 결과적으로 29개 OECD 국가는 2차원 공간에 분산되어 있는데, 2장에서 논의한 네 가지 관료제 범주로 나뉜다. 구분선을 그어야 할 지점이 사전적으로 정해지지 않기 때문에 편의상 각 변수의 평균값을 구분선으로 삼았다. 주의할 점은 각국의 관료제를 네 가지 범주로 완전히 구분할 수 있다는 의미가 아니라는 점이며, 이들 간 경계는 실제로 모호하다.

흥미로운 점은 2장의 이론적 범주화가 데이터에 비교적 잘 맞는다는 것인데, 알려진 다양한 사례에도 잘 들어맞는다. 또한 그래프는 두 가지 차원 사이에 상당한 편차가 있음을 보여준다.

왼쪽 상단의 첫 번째 셀은 관리형 관료제 유형으로, 관료제 규칙이 상대적으로 적어 폐쇄형 베버 관료제 정도가 낮으며, 높은 수준의 정치인·관료 경력 분리를 가진 국가들이다. 여기에는 광범위한 공공 부문 개혁으로 유명한 뉴질랜드(Halligan, 2001), 행정 개혁과 정부 성과의 선두 주자로 알려진 네덜란드, 북유럽 국가들이 포함된다. 이들 국가는 정치인과 관료 경력 분리가 명확하다(Grønnegård Christensen, 2004; Pollitt and Bouckaert, 2011: 241, 272, 287).

그림 3-1 OECD 국가 관료제의 차원

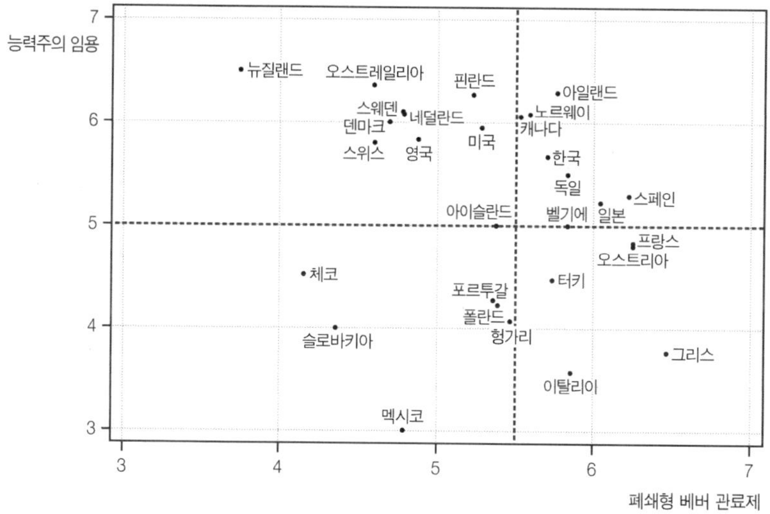

주: 분석 대상은 29개 OECD 회원국. X축은 폐쇄형 베버 관료제 지표를 7점 척도로, Y축은 능력주의 임용을 7점 척도로 표시했다. 데이터는 QoG 전문가 서베이(Teorell, Dahlström, and Dahlberg, 2011)를 이용했다. 관리형 관료제(좌측 상단), 자율형 관료제(우측 상단), 후견형 관료제(좌측 하단), 조합형 관료제(우측 하단)로 구분된다.

오른쪽 상단의 셀은 자율형 관료제 유형으로, 즉 정치인·관료 경력 분리가 명확하고, 폐쇄형 관료제를 가진 국가들이다. 여기에는 관료제의 자율성으로 유명한 한국(Dahlström and Lapuente, 2010), 독일(Schroter, 2004) 등이 포함된다. 또한 노르웨이, 아일랜드, 스페인 등 다양한 행정 전통에 속한 국가들이 이 범주에 속한다.

왼쪽 아래 셀은 후견형 관료제 유형 국가들이다. 정치인·관료 경력 분리가 약한 멕시코의 경우 정권이 바뀔 때마다 수천 명의 공무원이 자리를 옮긴다. 이는 관료의 경력이 정당의 운명에 따라 좌우되기 때문이다. 후견주의는 멕시코 정치인들이 생존을 위해 선택한 정치 전략이다. 그린들은 "멕시코 정치인들은 정치 시스템을 굴리려면 행정 체계의 정치적 기반을 유지해야 한다는 점을 잘 안다. 공직은 이런 목적을 위한 전리품"이라고 말했다(Grindle, 2012: 172).

마지막으로 오른쪽 아래 셀은 조합형 관료제 유형이다. 이 유형은 폐쇄적 관료제 규칙과 상대적으로 높은 수준의 정치인·관료 경력 통합이 결합되어 있다. 이 국가들은 전통적으로 폐쇄형 관료제 범주에 속하지만(Auer et al., 1996; Bekke and Van der Meer, 2000), 동시에 행정직에 대한 정치적 임명과 관료의 정치권 진출 등 정치인·관료의 경력 분리 수준이 낮다. 조합형 관료제 유형은 이탈리아와 그리스가 대표적이고, 프랑스와 같은 나폴레옹 행정 전통 국가들도 높은 수준의 정치화와 폐쇄적 관료제 구조의 조합이라는 특징을 갖고 있다.

〈그림 3-2〉은 대상 국가를 107개 국가로 확대한 것이다. 여기서 능력주의 임용과 폐쇄형 베버 관료제 사이의 상관관계는 훨씬 약화되었지만, 어쨌든 두 변수의 상관 계수는 양의 방향(0.15)이다. 〈그림 3-1〉의 구분선을 유지하면서 네 가지 셀로 나눌 경우 후견형 관료제(왼쪽 아래 셀)에 속하는 국가 수가 늘어난다. 이것은 각국 관료제의 특징을 잘 보여주는데, 대부분의 라틴 아메리카(Grindle, 2012: ch. 4), 아프리카(Hyden, 2010), 탈공산주의 국가(Meyer-Sahling, 2010)는 상당한 수준의 후견형 관료제로 분류된다. 노스 등(North, Wallis, and Weingast, 2009: 2)은 대부분의 현대 국가에서 '사적 관계'가 사회 조직의 핵심 '기초'라고 지적했는데, 이는 〈그림 3-2〉에서 보듯이, 각국 관료제의 능력주의 임용이 취약하다는 사실과 일맥상통한다.

지금까지의 간단한 분석을 통해 관료제에는 두 가지 차원이 존재하고, 정치인·관료의 경력 분리 차원과 폐쇄형 베버 관료제 차원은 서로 다르다는 사실을 확인했다. 그러나 이러한 분석만으로는 같은 차원 내의 구분선이 어디인지, 실제로 그런 구분선이 명확히 존재하는지에 대해 알기 어렵다.

이번에는 폐쇄형 베버 관료제 가설과 관련된 지표들과 정부의 질 관련 세 가지 종속 변수 간의 상관관계를 분석해 보자. 독립 변수(폐쇄형 베버 관료제)

그림 3-2 107개국 관료제의 차원

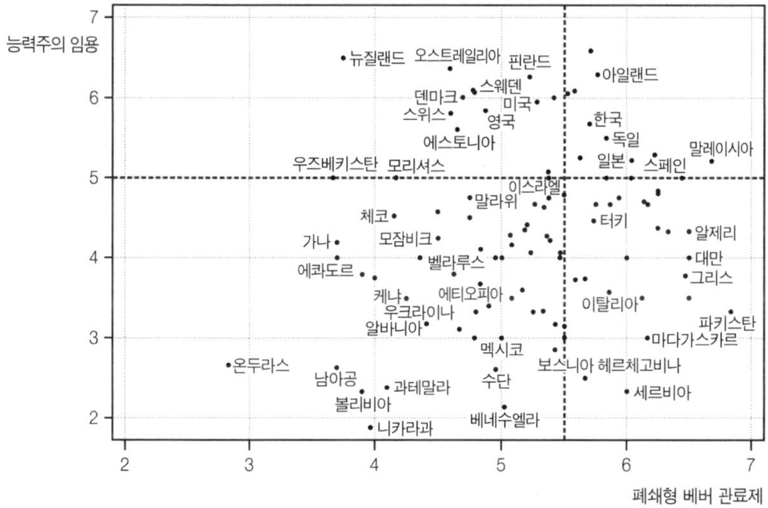

주: 분석 대상은 세계 107개국. X축은 폐쇄형 베버 관료제 지표를 7점 척도로, Y축은 능력주의 임용을 7점 척도로 표시했다. 데이터는 QoG 전문가 서베이(Teorell, Dahlström, and Dahlberg, 2011)를 이용했다. 관리형 관료제(좌측 상단), 자율형 관료제(우측 상단), 후견형 관료제(좌측 하단), 조합형 관료제(우측 하단)로 구분된다.

는 QoG 전문가 서베이의 두 가지 질문 항목을 각각 사용할 것이고, 종속 변수는 부패, 정부 효과성, 공공 부문 성과급제 지표를 사용할 것이다. 폐쇄형 베버 관료제의 두 가지 지표와 부패 간의 상관관계는 <그림 3-3>과 <그림 3-4>에 나타나 있다. <그림 3-3>은 세계은행의 부패 통제 지표와 공무원 대상 특별 고용법 여부 사이의 상관관계를 보여주는데, 공무원 특별 고용법 여부는 공무원 고용 안정 제도화 정도를 보여준다.

<그림 3-4>는 X축이 공무원의 종신 임용으로 바뀌었다. 종신 임용은 공무원이 공동의 규범 또는 집단의식을 발전시킬 기회와 동기를 나타내는 지표이다. 즉, 공무원의 경력이 길고, 안정적일수록 공무원들은 동료들과 교류하면서 행정 기관의 가치와 규범을 습득할 기회와 동기가 많아진다. <그림

그림 3-3 특별 고용법과 부패 통제

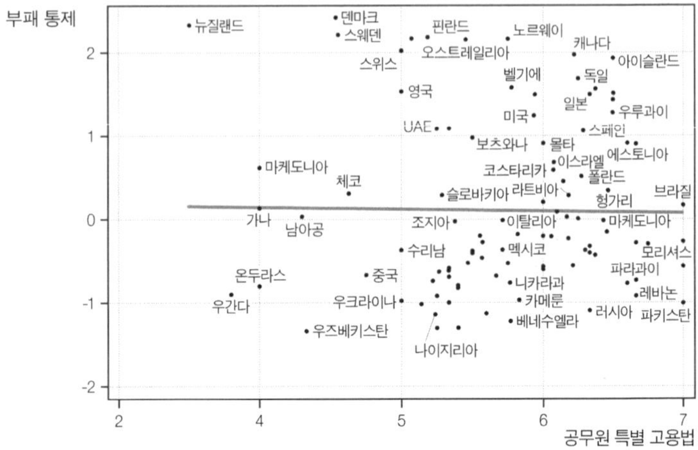

주: Y축은 부패 수준[-2.5(매우 부패) ~ +2.5(매우 청렴)]으로, 세계은행의 거버넌스 지표(2011)의 부패통제 지표에서 가져왔다. X축은 공무원이 특별 고용법으로 보호되는 정도를 7점 척도로 측정한 것으로, QoG 전문가 서베이(Teorell, Dahlström, and Dahlberg, 2011)와 QoG 표준 데이터 세트(Teorell et al., 2013)에서 가져왔다

그림 3-4 공공 부문 종신 임용과 부패 통제

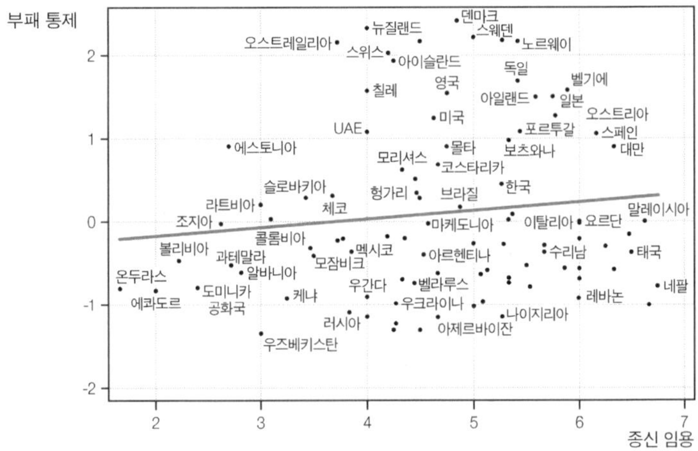

주: Y축은 부패 수준[-2.5(매우 부패) ~ +2.5(매우 청렴)]으로, 세계은행의 거버넌스 지표(2011)의 부패통제 지표에서 가져왔다. X축은 공무원의 종신 고용 보장 정도를 7점 척도로 측정한 것으로, QoG 전문가 서베이(Teorell, Dahlström, and Dahlberg, 2011)와 QoG 표준 데이터 세트(Teorell et al., 2013)에서 가져왔다.

그림 3-5 특별 고용법과 정부 효과성

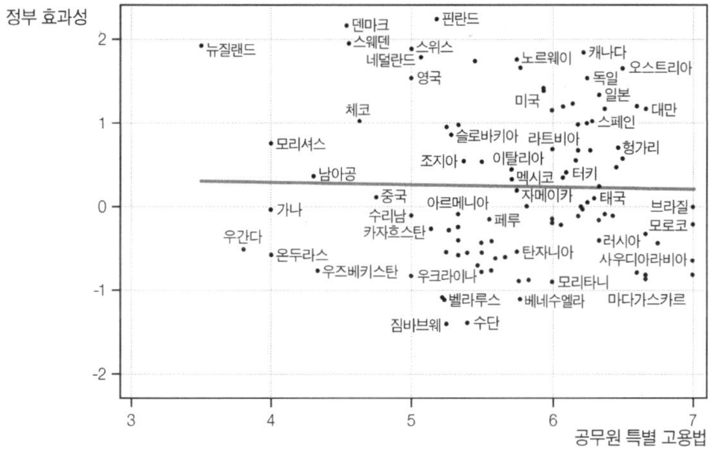

주: Y축은 정부 효과성(-2.5 ~ +2.5)을 측정한 것으로, 세계은행의 거버넌스 지표(2011)의 정부 효과성 지표에서 가져왔다. X축은 공무원이 특별 고용법으로 보호되는 정도를 7점 척도로 측정한 것으로, QoG 전문가 서베이(Teorell, Dahlström, and Dahlberg, 2011)와 QoG 표준 데이터 세트(Teorell et al., 2013)에서 가져왔다.

그림 3-6 공공 부문 종신 임용과 정부 효과성

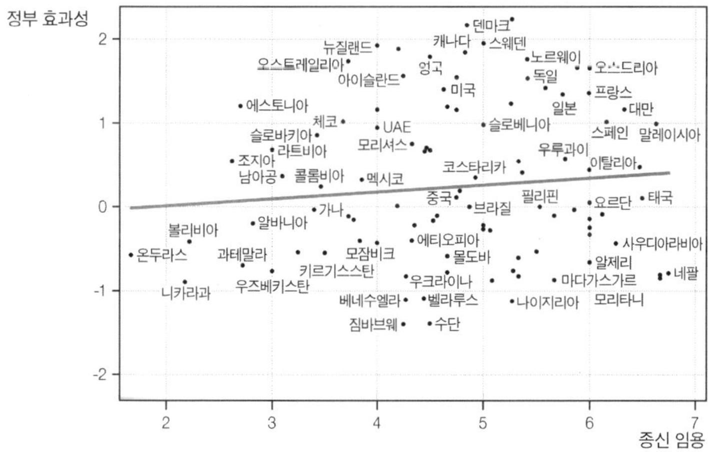

주: Y축은 정부 효과성(-2.5 ~ +2.5)을 측정한 것으로, 세계은행의 거버넌스 지표(2011)의 정부 효과성 지표에서 가져왔다. X축은 공무원의 종신 고용 보장 정도를 7점 척도로 측정한 것으로, QoG 전문가 서베이(Teorell, Dahlström, and Dahlberg, 2011)와 QoG 표준 데이터 세트(Teorell et al., 2013)에서 가져왔다.

그림 3-7 특별 고용법과 공공 부문 성과급제

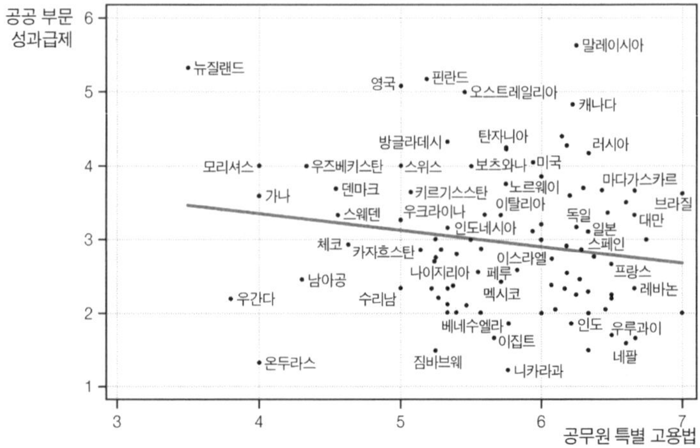

주: Y축은 공공 부문 성과급제 도입 정도를, X축은 공무원이 특별 고용법으로 보호되는 정도를 7점 척도로 측정한 것이다. 107개국에 대한 데이터는 QoG 전문가 서베이(Teorell, Dahlström, and Dahlberg, 2011)와 QoG 표준 데이터 세트(Teorell et al., 2013)에서 가져왔다.

그림 3-8 종신 임용과 공공 부문 성과급제

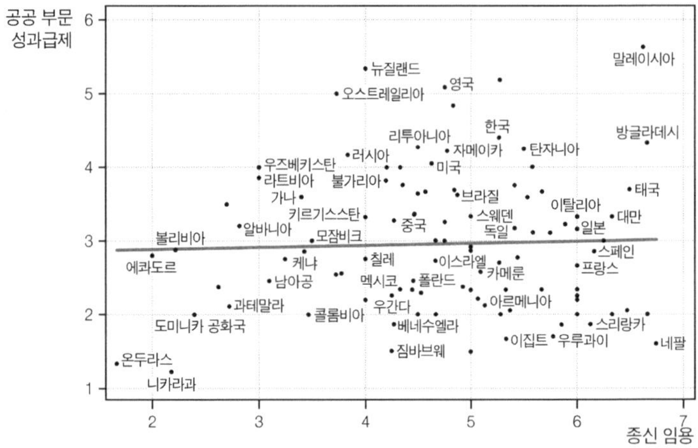

주: Y축은 공공 부문 성과급제 도입 정도를, X축은 공무원의 종신 고용 보장 정도를 7점 척도로 측정한 것이다. 107개국에 대한 데이터는 QoG 전문가 서베이(Teorell, Dahlström, and Dahlberg, 2011)와 QoG 표준 데이터 세트(Teorell et al., 2013)에서 가져왔다.

3-3>과 <그림 3-4>에서 볼 수 있듯이, 폐쇄형 베버 관료제와 부패 통제 사이에는 유의미한 상관관계가 없다. 즉, 공무원의 고용이 평생 보장된다고 해서, 또 공무원의 신분을 보장하는 특별 고용법이 있다고 해서 한 나라의 행정이 덜 부패하는 것은 아니라는 것이다.

다음의 <그림 3-5>와 <그림 3-6>은 X축의 두 지표는 동일하고, Y축은 세계은행의 정부 효과성 지표로 바꾼 것이다. 역시 두 변수 간의 상관관계는 거의 나타나지 않았다(각각 -0.02, 0.10). 이는 폐쇄형 베버 관료제 가설과 달리, 공무원 특별 고용법과 종신 임용을 통한 관료제 보호가 정부 효과성과 상관관계가 없음을 의미한다.

마지막으로 <그림 3-7>과 <그림 3-8>은 공무원 특별 고용법, 종신 임용(X축)과 공공 부문 성과급제 사이의 상관관계를 보여준다. 이번에도 폐쇄형 베버 관료제는 효율성 제고를 위한 행정 개혁(이 경우는 공공 부문 성과급제 도입 정도)에 영향을 미치지 않았다.

그런데 지금까지의 상관관계 분석은 너무 단순하기 때문에 정부의 질과 관련된 기존 연구에서 언급된 통제 변수를 포함한 회귀 분석을 실시했다. <표 3-2>의 회귀 분석에는 기존 연구에서 유의미한 변수로 알려진, 문화적 요인(프로테스탄트 비율), 정치적 요인(민주주의 지속 기간), 경제적 요인(1인당 GDP의 자연로그) 등 세 가지 통제 변수가 포함되었다(Treisman, 2007). <표 3-2>의 열은 문화적·정치적·경제적 요인을 포함했을 때, 폐쇄형 베버 관료제 가설의 회귀 분석 결과를 보여준다.

<표 3-2>의 열 1과 2는 부패 통제에 대한 폐쇄형 베버 관료제 가설의 회귀 계수를, 열 3과 4는 정부 효과성에 대한 회귀 계수를, 열 5와 6은 행정 개혁(공공 부문 성과급제 도입 정도)에 대한 회귀 계수를 보여준다.

통제 변수들은 대체로 기대했던 효과를 보인 반면, 특별 고용법과 종신 임용 지표가 유의미한 효과를 보이지 않는다는 점이 눈에 띈다. 폐쇄형 베버 관

표 3-2 부패 통제, 정부 효과성, 공공 부문 성과급제에 대한 공무원 특별 고용법 및 종신 임용의 효과

	① 부패 통제	② 부패 통제	③ 정부 효과성	④ 정부 효과성	⑤ 공공 부문 성과급제	⑥ 공공 부문 성과급제
공무원 특별 고용법	0.0067 (0.075)		-0.052 (0.065)		-0.21* (0.12)	
종신 임용		0.052 (0.046)		0.025 (0.040)		0.0169 (0.075)
1인당 GDP (로그)	0.45*** (0.061)	0.045*** (0.060)	0.50*** (0.053)	0.49*** (0.052)	0.22** (0.099)	0.18* (0.098)
민주주의 지속 기간	0.012*** (0.0030)	0.012*** (0.0030)	0.0087*** (0.0026)	0.0088*** (0.0026)	0.00081 (0.0049)	0.0019 (0.0049)
프로테스탄트 비율	0.014*** (0.0028)	0.014*** (0.0028)	0.0092*** (0.0024)	0.0097*** (0.0024)	0.0092** (0.0045)	0.011** (0.0045)
상수	-4.47*** (0.60)	-4.64*** (0.54)	-4.34*** (0.52)	-4.66*** (0.47)	2.05** (0.96)	1.10 (0.88)
국가 수	101	101	101	101	101	101
R^2	0.75	0.75	0.76	0.76	0.20	0.18
adj. R^2	0.74	0.74	0.76	0.75	0.17	0.14

주: 괄호 안은 표준 오차. 모델 ①, ②의 종속 변수는 부패 통제 지표[세계은행 거버넌스 지표(2011)], 모델 ③, ④의 종속 변수는 정부 효과성 지표[세계은행 거버넌스 지표(2011)], 모델 ⑤, ⑥의 종속 변수는 공공 부문 성과급제 도입 정도[QoG 전문가 서베이(2011)]이다.
* p<0.10, ** p<0.05, *** p<0.01.

료제와 관련된 이들 지표들이 정부 성과와 관련된 다양한 지표에 통계적으로 유의미한 어떤 영향도 미치지 않았다. 더군다나 열 5에서 특별 고용법의 효과는 통계적으로 유의미했지만($p<0.10$), 그 효과의 방향은 정반대였다. 즉, 공무원 특별 고용법이 효율성을 높이는 행정 개혁을 촉진할 것으로 기대했는데, 분석 결과는 반대였다. 이런 이상한 결과에 대해서는 다음 절의 나폴레옹 행정 전통 국가의 역사적 경험을 통해 살펴볼 것이다.

그런데 지금까지의 분석 결과에 대해 다음의 네 가지 반론이 가능할 것이다. 반론은 ① (기대했던) 인과 효과가 나타나려면 여러 제도가 동시에 갖춰져

야 한다는 점, ② 후견형 관료제를 가진 나라들이 폐쇄형 베버 관료제를 도입했다면, 기대했던 상관관계가 나타나지 않을 수 있다는 점, ③ 행정 전통이나 경제 발전 수준에 따라 국가마다 다른 효과가 나타날 수 있다는 점, ④ 정부 성과 지표의 문제로 인해 결과가 편향될 수 있다는 점 등이다.

첫 번째 반론에 대해서는 폐쇄형 베버 관료제의 두 지표(특별 고용법과 종신 임용) 사이의 상호 작용항(interaction)을 만들어 양자의 상호 작용을 분석해 봤다. 그 결과는 <표 3-3>에 제시되어 있다. <표 3-3>에서 종속 변수는 부패 통제(열 1), 정부 효과성(열 2), 공공 부문 성과급제 도입(열 3)이다. 이들 세 개 열의 결과는 <표 3-2>와 비슷하다.

그런 다음 열 4-6은 특별 고용법 지표와 종신 임용 지표 사이의 상호 작용항을 포함한 결과이다. 종속 변수가 부패 통제(열 4)와 정부 효과성(열 5)일 때의 분석 결과는 앞서와 비슷하다. 반면 종속 변수가 공공 부문 성과급제 도입(열 6)일 때는 분석 결과가 흥미롭게 바뀐다. 종신 임용 변수는 통계적으로 유의미하게 유의 수준 10%에서 공공 부문 성과급제 보급에 양(+)의 영향을 미치지만, 상호 작용항의 효과는 음(-)으로 나타났다. 이는 종신 임용이 공공 부문 성과급제 도입에 긍정적 영향을 미치지만, 이러한 효과는 공무원 특별 고용법이 활용되지 않는 경우에만 그렇다는 것을 의미한다. 종신 임용의 긍정적 효과는 특별 고용법 지표의 값이 높을수록 감소하는데, 특별 고용법 지표의 값이 7점 척도의 6이면, 종신 임용의 긍정적 효과는 0에 가까워지고, 통계적 유의성은 거의 사라진다.

두 번째 반론과 세 번째 반론에 응답하기 위해 새로운 회귀 분석 모델을 만들어 검토했다. <표 3-4>는 <표 3-2>의 회귀 분석 모델에 후견제 위험성 지표 변수를 포함한 것이다. 그러나 이 경우에도 폐쇄형 베버 관료제 가설에 유리한 분석 결과는 나오지 않았다. 특별 고용법이 공공 부문 성과급제 도입에 미친 영향을 제외하고, 폐쇄형 베버 관료제 지표가 부패, 정부 효과성, 행

표 3-3 부패 통제, 정부 효과성, 공공 부문 성과급제에 대한 폐쇄형 베버 관료제 지표 및 상호 작용의 효과

	① 부패 통제	② 정부 효과성	③ 공공 부문 성과급제	④ 부패 통제	⑤ 정부 효과성	⑥ 공공 부문 성과급제
폐쇄형 베버 관료제 지수	0.057 (0.067)	0.0059 (0.058)	-0.067 (0.11)			
공무원 특별 고용법				-0.041 (0.30)	-0.030 (0.26)	0.51 (0.48)
종신 임용				0.053 (0.38)	0.12 (0.33)	1.01* (0.61)
상호 작용항 (공무원 특별 고용법 × 종신 임용)				0.0014 (0.066)	-0.012 (0.057)	-0.18* (0.10)
1인당 GDP (로그)	0.45*** (0.060)	0.45*** (0.053)	0.19* (0.098)	0.46*** (0.063)	0.50*** (0.054)	0.20** (0.099)
민주주의 지속 기간	0.012*** (0.0030)	0.0089*** (0.0026)	0.0020 (0.0049)	0.011*** (0.0031)	0.0083*** (0.0027)	0.0013 (0.0049)
프로테스탄트 비율	0.014*** (0.0028)	0.0095*** (0.0024)	0.010** (0.0046)	0.014*** (0.0029)	0.0092*** (0.0025)	0.0077* (0.0046)
상수	-4.67*** (0.57)	-4.58*** (0.50)	1.43 (0.94)	-4.50*** (1.68)	-4.68*** (1.46)	-2.22 (2.66)
국가 수	101	101	101	101	101	101
R^2	0.75	0.76	0.18	0.75	0.77	0.23
adj. R^2	0.74	0.75	0.14	0.73	0.75	0.19

주: 괄호 안은 표준 오차. 모델 ①,②의 종속 변수는 부패 통제 지표〔세계은행 거버넌스 지표(2011)〕, 모델 ③, ④의 종속 변수는 정부 효과성 지표〔세계은행 거버넌스 지표(2011)〕, 모델 ⑤, ⑥의 종속 변수는 공공 부문 성과급제 도입 정도〔QoG 전문가 서베이(2011)〕이다.

* $p<0.10$, ** $p<0.05$, *** $p<0.01$.

정 개혁에 대해 통계적으로 유의미한 영향을 미치지 못했다. 반면, 후견제 위험성 지표는 예상대로 통계적으로 유의하게 종속 변수에 대해 음(-)의 영향을 미쳤다.

이와 함께 분석 대상 표본을 OECD 국가와 비OECD 국가, EU27 국가와 비EU27 국가로 나눠 동일한 분석(<표 3-2>, <표 3-3>, <표 3-4>)을 다시

표 3-4 부패 통제, 정부 효과성, 공공 부문 성과급제에 대한 특별 고용법 및 종신 임용의 효과

	① 부패 통제	② 부패 통제	③ 정부 효과성	④ 정부 효과성	⑤ 공공 부문 성과급제	⑥ 공공 부문 성과급제
공무원 특별 고용법	0.047 (0.074)		-0.092 (0.058)		-0.26** (0.13)	
종신 임용		0.063 (0.045)		0.049 (0.036)		0.034 (0.080)
1인당 GDP (로그)	0.33*** (0.084)	0.32*** (0.082)	0.37*** (0.066)	0.36*** (0.065)	0.12 (0.14)	0.070 (0.15)
민주주의 지속 기간	0.0079** (0.0030)	0.0078*** (0.0029)	0.0045* (0.0024(	0.0049** (0.0023)	-0.0029 (0.0052)	-0.0011 (0.0052)
프로테스탄트 비율	0.012*** (0.0028)	0.013*** (0.0028)	0.0076*** (0.0024)	0.0087*** (0.0024)	0.0076 (0.0045)	0.0097** (0.0045)
후견제 위험성 지표	-1.026*** (0.311)	-1.000*** (0.308)	-1.014*** (0.244)	-0.989*** (0.245)	-0.931* (0.533)	-0.894 (0.547)
상수	-2.391*** (0.905)	-2.878*** (0.864)	-2.298*** (0.710)	-2.916*** (0.686)	3.794** (1.551)	2.508 (1.532)
국가 수	90	90	90	90	90	90
R^2	0.79	0.79	0.83	0.83	0.26	0.22
adj. R^2	0.77	0.78	0.82	0.82	0.22	0.18

주: 괄호 안은 표준 오차. 모델 ①, ②의 종속 변수는 부패 통제 지표〔세계은행 거버넌스 지표(2011)〕, 모델 ③, ④의 종속 변수는 정부 효과성 지표〔세계은행 거버넌스 지표(2011)〕, 모델 ⑤, ⑥의 종속 변수는 공공 부문 성과급제 도입 정도〔QoG 전문가 서베이(2011)〕이다.
* $p < 0.10$, ** $p < 0.05$, *** $p < 0.01$.

실시하면서 지역적 특성을 통제했다(이 책에는 분석 결과를 제시하지 않지만, 별도 요청하면 제공할 수 있다).

이처럼 전체 표본을 하위 표본으로 분할했을 때, 두 가지 흥미로운 결과가 나왔다. 첫째, 민주주의 지속 기간의 통계적 유의성이 일부 모델에서 사라졌다. 둘째, 더 흥미롭게도, 일부 하위 표본에서 정부 효과성과 공공 부문 성과급제 도입에 대한 폐쇄형 베버 관료제와 관련된 두 독립 변수의 효과가 통계적으로 유의하게 음(-)의 방향으로 바뀌었다. 이러한 결과를 과장하지 않더라도, 어쨌든 폐쇄형 베버 관료제 가설과 반대되는 결과임은 분명하다.

또한 1980년 프로테스탄트 비율(La Porta et al., 1999)을 통제 변수에 포함시켰는데, 일반적으로 부패 연구에서 이 변수를 사용하기 때문이다. 그런데 이 변수가 너무 과거 변수라는 반론이 있을 수 있기 때문에 이 변수를 종교 데이터 아카이브(www.thearda.com/)의 2020년 데이터로 대체했는데, 분석 결과는 〈표 3-2〉와 달라지지 않았다.

마지막으로 종속 변수를 다른 변수로 바꿔서 회귀 분석을 다시 실시해 봤다. 부패는 국제투명성기구(2013)와 국제국가위험가이드(2013) 지표로, 정부 효과성은 베르텔스만재단(2012)과 세계경제포럼(Schwab, 2012)의 지표로, 공공 부문 성과급제 도입은 OECD(2004)의 지표로 대체해 봤다. 그러나 이렇게 종속 변수 지표를 바꿔도 분석 결과는 기존과 달라지지 않았다. 다만 유일하게 국제투명성기구(2013)의 부패 지표를 종속 변수로 사용했을 때, 부패 통제에 대한 종신 임용의 효과가 통계적으로 유의하게 나타났다($p<0.05$). 그러나 종신 임용의 효과는 일부 통제 변수를 제외하거나, 지역을 통제할 경우 사라지는 등 불안정했다. 따라서 이 효과는 안정적인 경험적 결과라기보다는 통계적 조작의 결과로 보인다.

지금까지의 분석을 통해 내린 결론은 폐쇄형 베버 관료제 지표가 부패, 정부 효과성, 행정 개혁에 미치는 효과는 놀라울 정도로 약하다는 것이다. 이는 폐쇄형 베버 관료제 가설이 현실과 맞지 않는다는 것을 의미한다.

다음 절에서는 전통적으로 폐쇄형 관료제를 가진 국가들, 즉 나폴레옹 행정 전통에 속한 국가들을 자세히 살펴볼 것이다. 나폴레옹 행정 전통에 속한 국가들의 사례는 왜 수많은 관료제 규칙을 가진 시스템이 양질의 정부를 만드는 데 실패하는지 보여준다.

나폴레옹 행정 전통과 폐쇄형 베버 관료제의 위험성

이번에는 폐쇄형 베버 관료제와 낮은 부패, 또는 공공 부문의 혁신과 효과성 사이에 통계적 상관관계가 나타나지 않았던 이유를 질적 증거를 가지고 설명하려고 한다. 필자는 나폴레옹 행정 전통에 속하는 국가들, 즉 프랑스, 벨기에, 이탈리아, 포르투갈, 그리스, 스페인 등의 행정에 초점을 맞출 것이다. 나폴레옹적이라는 이름이 붙은 것은 관련 제도의 특징이 나폴레옹에 의해 정립되었고, 19세기 초 프랑스에서 다른 유럽 국가로 퍼져 나갔기 때문이다(Wunder, 1995). 이들 국가들은 관료제의 폐쇄성 지표에서 높은 점수를 기록했으며, 폐쇄형 관료제 유형으로 평가된다(OECD, 2008; Ongaro, 2011; Painter and Peters, 2010). 포르투갈 등 일부 국가의 행정 개혁으로 인해 이 유형에 속한 국가들의 특성이 좀 더 다양해졌지만, 여전히 동질성이 높은 국가군으로 평가할 수 있다(Demmke, 2010: 8). 많은 연구들이 나폴레옹 행정 전통 국가들의 유사성을 강조하고 있다(Bezes and Parrado, 2013; Kickert, 2007; Painter and Peters, 2010; Peters, 2008).

나폴레옹 행정 전통 내에서 프랑스 모델과 남유럽 모델 사이에 차이가 있지만, 이들 국가들은 강력한 행정력과 행정의 정치화라는 공통점을 갖고 있다(Ongaro, 2010; Painter and Peters, 2010; Rouban, 2012). 한편 프랑스의 법치 국가(Etat de droit), 이탈리아의 법치 국가(Stato di diritto), 스페인의 법치 국가(Estado de Derecho) 등과 같이 엄격한 법과 규정이 전통적으로 이들 국가의 행정을 구속해 왔다. 나폴레옹 모델의 기본적 특징은 "직업 공무원의 지배"(Ongaro, 2010: 177)이며, 채용 및 승진 시스템을 개혁하려는 시도는 대부분 실패했다(Lapuente, 2007; Spanou, 2008). 이들 국가는 "관료 생활을 지배하는 강력한 법적 규정"(Bezes and Lodge, 2007: 123)과 "모든 공무원의 직업 생활을 조직하는 법령"〔프랑스의 공무원 신분 규정(Statut General des Fonctionnaries), 스페인의 공무원 규정(Estatuto de la Función Pública)]을 갖고 있다. 행정학자들은 이들 국가에 높은 수준의 법적 형식주의(legal formalism)가 존재하며, 공공 부문의 운영에 있어 관리보다 법이 우선한다는 점을 지적해 왔다(Painter and Peters, 2010; Panozzo, 2000; Pierre, 2011).

한편, 이들 국가의 법률주의는 역사적 기원을 갖고 어느 정도 '구조화'된 정치화와 짝을 이루고 있다(Rouban, 2004: 83; Charron, Dahlström, and Lapuente, 2012). 온가로(Ongaro, 2010: 176)는 "5개국(프랑스, 그리스, 이탈리아, 포르투갈, 스페인)에서 후견주의적 관계는 시스템 자체에 뿌리를 내리고 있다"고 말했다. 스페인의 경우 정치화는 정치적 임명(Cejudo, 2006), 장관 내각제[ministerial cabinet (Parrado, 2004)], 현대판 엽관제(Alba, 2001) 등으로 인해 강화되었다(Bezes and Parrado, 2013). 영국은 19세기 후반 국가 확장기에 정치인과 관료의 잠재적 갈등이 중립적인 공무원 제도를 만드는 것으로 해결되었다. 이와 달리 나폴레옹 행정 전통 국가들에서는 다른 전략이 선택되었고, 행정부의 정치화가 정치인·관료 관계의 지배적 규범이 되었다(Rugge, 2003). 그 결과 나폴레옹 행정 전통 국가들은 "베버 관료제 이전의 후견형 관료제가 지속"되었다(Ongaro, 2011: 111).

이 책의 핵심 주장, 즉 관료와 정치인의 경력은 다른 유럽 국가에 비해 나폴레옹 행정 전통 국가에서 더욱 통합되어 있다(Rouban, 2004). 피터스(Peters, 2008: 124)에 따르면, "나폴레옹 행정 전통은 다른 행정 전통과 비교했을 때, 정치와 행정 사이에 장벽이 거의 없다". 일부 연구자들은 이들 국가에서 최근 정치와 행정의 '투과성 증대'(Ongaro, 2010: 179) 또는 '상호 침투'(Rouban, 2004: 83) 현상을 감지하기도 한다. 관료들을 정치적 영향력으로부터 보호하기 위해 법적 경계가 존재하는데, "행정과 정치 사이의 경계가 약화"되었다는 점은 언뜻 이상해 보인다(Rouban, 2004: 99). 정치인과 관료를 분리하는 엄격한 규칙과 두 집단의 경력이 현저하게 얽혀 있는 관행이 병존하는 것은 두 가지 이유 때문이다.

첫째, 장관들은 행정 기구에 막강한 영향력을 행사하는 고문들이 있는 전략적으로 중요한 장관 내각에, 또는 부처의 공식 계층(예: 차관, 장관 비서실장, 국장, 부국장 등) 내에서 장관 아래 네 개 계층까지 재량껏 정치적 임명을 할 수 있다는 점이다. 이러한 정치화는 최근 수십 년 동안 일부 국가에서 더욱 심해졌다. 예컨대, 벨기에 공무원을 대상으로 한 설문 조사에서 공무원들은 "정치화 현상을 개탄"하고 "상황이 점점 더 나빠지고 있다"고 답했다(Dierickx, 2004: 185). 마찬가지로 그리스에서는 훨씬 큰 규모로, 정권이 바뀔 때마다 새 정부의 공직 사회 침투 현상이 발견되고 있다(Lyrintzis, 1984; Sotiropoulos, 1999; 2004; Spanou, 1996).

둘째, 정치적 피임명직과 정치적 직위의 상당수가 훈련된 공무원으로 채워진다는 점이다. 루방(Rouban, 2004: 83)은 프랑스에 대해 "공무원이 정치의 중심에 있으며, 정치 영역에 공무원이 어떤 다른 직역보다 많다"고 설명했다. 또 스페인 정부에서는 공무원이 모든 부처의 고위직에 정치적으로 임명되는 경우의 70% 이상을 차지한다(Parrado, 2004: 252). 유명 정치인, 특히 장관도 공무원 출신인 경우가 많은데, 프랑스에서는 이 비율이 평균 52%이다(Rouban, 2004: 84). 최근 스페인의 마리아노 라호이 총리가 이끄는 정부에서는 열네 명의 장관 중 라호이 총리를 포함한 열한 명이 공무원 출신이었다. 요컨대, 나폴레옹 행정 전통 국가에서는 관료와 정치인의 경력이 통합되어 있을 뿐 아니라 "공무원 경력이 정치 경력을 쌓는 데 필수적"이다(Rouban, 2004: 84). 스페인의 경우 공무원 경력은 성공적인 정치 경력을 위한 필수 요건이며, 또한 정부의 규제나 지원이 꼭 필요한 기업에서 전문 경력을 쌓으려는 경우에도 큰 도움이 된다(Molinas, 2013). 일반적으로 말해, 나폴레옹 행정 전통 국가에서 "관료는 현역 정치인으로서, 또는 내각 또는 정치 지도자와 연관된 비슷한 구조에서 피임명자로서 정치 경력을 쌓는다. 실제로 많은 정치인들이 훈련된 국가 공무원으로 경력을 시작한 뒤 정계에 진출했다"(Peters, 2008: 124).

나폴레옹 국가 체제의 확고한 법률주의는 2장에서 논의한 파벌의 형성을 막지 못하고, 오히려 파벌을 촉진하는 결과를 낳았다. 그래서 나폴레옹 행정 전통 국가들에는 프랑스의 그랑 코르 또는 스페인의 그란데스 쿠에르포스 등과 같은 '독점적 행정 계급(exclusive administrative class)'이 존재하며, 이들은 공직과 정치를 왔다 갔다 한다(Painter and Peters, 2010: 34). 프랑스에서 그랑 코르 구성원은 "국립행정학교 출신이고, 이 중 일부는 엘리트 직위에 올라서"(Peters, 2008: 125), '정치적 브로커'의 역할을 한다(Rouban, 2004: 85). 20세기 후반 스페인에서는 엘리트 공무원이 "정치적 상관의 지명을 통제할 수 있기" 때문에 밀스(Mills, 1956)의 권력 엘리트 기준에 부합하는 것으로 보인다(Parrado, 2004: 253). 그리고 1970년대 후반 민주화 이후 스페인 의회는 "고위직 공무원 출신들로 가득 찼다"(Parrado, 2012: 121). 소티로풀로스(Sotiropoulos, 2004: 258)는 그리스 공무원에 대해 '무고한 방관자'나 '희생자'가 아니라 특권적 지위를 이용해 추가 수입, 연금 등을 얻는 진정한 '주인공'이라고 날카롭게 비판했다.

프랑코 치하의 스페인(특히 1959~1975년)은 관료들의 정부(government of bureaucrats)였다(Crespo and Fernando, 2003: 335; Nieto, 1976: 574; Parrado, 2000). 당시 프랑코 정권에서는 부담스러운 규제와 행정 절차를 수반하는 법률을 관료가 직접 만들었다는 점에서 관료제에 대한 베버의 예언(또는 악몽)이 완벽히 실현되었다(Villoria, 1999: 103). 스페인 관료들은 프랑스 관료들의 전통적인 권력 외에 핵심 권력, 즉 자체 자금 조달 능력까지 갖고 있었다. 이 권한은 민주화 이후 서서히 사라졌다(Beltrán, 2001). 프랑코의 스페인에서는 일단 공무원이 되면 '재산 창고(plaza en propiedad)'를 얻게 되는데, 이는 법적으로 영구적인 직위를 얻었다는 것을 의미한다. 또 전권을 가진 관료 집단은 국가 행정을 자신의 재산처럼 다뤘다(Parrado, 2000: 255). 관료 집단의 자율성이 너무 강해서 국가 행정 전체가 그들의 사유 재산처럼 다뤄졌다(Baena, 1999; Suay,

1987).

스페인은 행정 기관이 정치인으로부터 자율적 독립성을 누리는 '봉건 국가 사회(feudal state society)'(De la Oliva and Gutiérrez-Reñón, 1968: 18) 또는 '공무원 연합 국가(confederation of corps)'(De la Oliva and Gutiérrez-Reñón, 1968: 146) 같았다. 프랑코 치하의 이러한 특성 중 일부는 오늘날까지 남아 있다(Parrado, 2000; Lapuente, 2007). 예컨대, 1980년대에 공무원 집단을 약화시키려는 시도가 있었지만, "그들의 힘은 전혀 위축되지 않았다"(Bezes and Parrado, 2013: 37). 따라서 스페인의 최상위층은 '국가 귀족(state nobility)' (Bagues and Esteve-Volart, 2008), 또는 '카스트(la casta)'(Montero, 2009) 또는 '착취적 엘리트'(Molinas, 2013)라고 부를 수 있는 정치·관료 엘리트로 채워져 있다.

또한, 나폴레옹 행정 전통에서 법률상의 관료 규정과 사실상의 업무 처리 방식 사이에는 현격한 차이가 있다. 법률주의가 확고하지만, 실제로는 '모순적'이다. 즉, 규칙은 정교한 절차에 따라 '준수'되지만, 실제로는 부패 등 비공식적으로 조정되는 과정을 통해 결과가 나온다"(Painter and Peters, 2010: 34). 벨기에의 경우 인사 정책은 "공식적으로는 능력주의 관료제 규칙에 따라야 하지만" 실제로는 정치인 상관들이 "가능한 많이 '자기 사람'을 임명하고 승진"시킨다(Dierickx, 2004: 184~185). 이런 법률상의 규정과 사실상의 규범 사이의 간극은 그리스에서 가장 극명하게 드러나는데, 그리스에서는 "공식적으로는 모든 절차가 표준화되고 능력주의적이지만, 비공식적으로는 정치적 영향력이 상당히 광범위하다"(Sotiropoulos, 2004: 260). 그리스 공무원들도 이런 현실을 인정한다. 1995년 그리스 공무원을 대상으로 한 설문 조사에서 응답자의 거의 절반이 자신의 직위가 직접적 후견(30%) 또는 시험과 후견의 조합(18%) 덕분이라는 점을 인정했다. 더욱 우려스러운 점은 공무원의 16%만이 '객관적인 기준'에 따라 승진이 이뤄진다고 생각했고, 압도적 다수는 정치적 영향력에 의해 승진이 이뤄진다고 말했다는 점이다(Sotiropoulos, 2004).

채용이 고도로 형식화된 시스템에서 어떻게 정치적 임명이 허용될 수 있을까? 여기에는 몇 가지 방법이 있다. 첫째, 공무원이 되는 대체 경로가 존재한다는 점이다. 공무원 입직 절차가 엄격할수록 일자리 수요에 대응하는 임시변통적 메커니즘이 생겨나게 된다. 예를 들어, 이탈리아와 프랑스에서는 많은 지원자가 공무원 임시직으로 일단 입사하고, 임시직의 수가 증가하면 고용 계약을 변경하는 법을 만들어 수천 명의 임시직을 정규직 공무원으로 바꾼다. '무늬만 능력 채용(titularization)'으로 알려진 이러한 과정을 통해 공식적인 능력주의 임용 시스템을 우회하는 경우가 종종 발생한다. 이탈리아에서는 어떤 기간 동안에는 '무늬만 능력 채용'으로 채용된 공무원의 수가 정규 시험을 통해 채용된 공무원보다 많았다(Cassese, 1993: 325).

둘째, 법적 규칙이 효과적인지 경험적으로 명확하지 않다. 예컨대, 공공기관의 공석을 채울 때 공정한 절차를 보장하기 위해 고안된 지침이 아니라 선발 위원회의 손을 묶기 위해 고안된 지침이 있다. 채용 공고 등 행정 기관의 공고문을 보면 특정 직책에 요구되는 특성이 이상하게도 매우 상세하게 나열되어 있는 경우가 있다. 이는 특정 지원자에게 유리하도록 하기 위한 것이다. 물론 특정 요건이 특정인을 위한 것임을 법원에서 입증하는 것은 매우 어렵다. 그럼에도 연구자와 시민 단체 등에 따르면, 스페인 공무원 채용 공고에 '승마를 할 수 있어야 한다'거나 '도자기 공장 관리자 경험이 있어야 한다' 등의 기괴한 조건, 도저히 직무 능력이라고 할 수 없는 것들이 나열되어 있다(Iglesias, 2007: 124). 즉, 스페인은 폐쇄형 공무원 제도의 규제된 입직 절차를 갖고 있지만, 연고주의와 정치화로부터 자유롭지 않으며, 오히려 능력주의를 왜곡하는 기상천외한 우회로가 있는 것으로 보인다. 더구나 촘촘하게 규제되는 공식화된 절차가 있다는 사실은 낙하산 공무원으로 채워진 임시 기관을 만들려는 정치인들에게 오히려 완벽한 알리바이가 된다. 예를 들어, 1990년대 마르베야(Marbella) 지방 정부의 신임 시장인 헤수스 길(Jesús Gil)은 지방 정부를 사기업과 유사하게 만들겠다는 공약으로 당선된 뒤 광범위한 정치화와 부패를 만들어냈다(Dahlström, Lapuente, and Teorell, 2012a).

높은 정치화는 고위직에게 지속적인 '퇴출'의 위협이 있음을 의미한다(Rouban, 2004: 83). 예를 들어, 1996년 스페인에서 보수 세력이 집권했을 때, 중앙 정부의 270개 고위직의 89%가 바뀌었는데, 이는 정부 효과성을 낮추는 요인이 된다(Parrado, 2004: 227). 그리스에서는 정치화가 "정책 실행이 아니라 표를 얻기 위한 수단"으로 활용되고, 정당 체제까지 양극화되어 있기 때문에 공무원의 이직은 수치화하기 어려울 정도로 광범위하다(Sotiropoulos, 2004: 257). 정치화 수준이 그리스보다는 훨씬 낮지만, 나폴레옹 행정 전통 국가들도 비슷하며, 특히 프랑스에서는 공무원을 대상으로 한 설문 조사에서 "정치화가 우려스러울 정도로 증가했다"는 결과가 나왔다(Rouban, 2004: 92). 정치화에 따른 이러한 이직은 공무원의 불안정성을 야기하며, 이는 이들의 시간 전망(time horizon)이 정치화가 약한 다른 나라 공무원보다 단기화된다는 것을 의미한다. 동시에 이들 국가는 아래로부터의 정치화도 심각하기 때문에 장관 아래 2~3계층의 자리에 단기 시계를 가진 낙하산 X명을 임명하면, 그들 아래 4~6계층의 자리에도 Y명을 임명해야 한다.

결국 나폴레옹 행정 전통 국가에서는 많은 공무원들이 생존과 승진 가능성을 불안해하는데, 이로 인해 공무원들은 고비용의 노력과 장기적 투자를 꺼리게 된다. 스페인 마드리드시는 2013년 올림픽 개최지 선정에 실패한 후 "반쯤 지어졌거나 사용률이 낮은 스포츠 센터를 어떻게 할지" 고심하고 있는데, 이 도시는 유럽의 수도 중 가장 많은 부채(92억 달러)를 안고 있다(The New York Times, 2013.9.8). 이런 상황에서 마드리드시 공무원들은 도시 재창조를 위해 열심히 일하고 창의력을 발휘하기는커녕 다음 지방 선거의 승자에 줄을 대기 위해 서로 치고받고 싸우고 있다(El País, 2013.9.8).

나폴레옹 관료제의 특성이 정부 성과에 미치는 부정적인 영향은 그리스 거버넌스에 대한 OECD 보고서(2012)에도 잘 나와 있다. 이 보고서는 나폴레옹 행정 시스템의 핵심 특징이 모든 영역에서 발견되는 낮은 정부 성과의 원인이라고 지적했다. 우선 과도하고 세부적인 행정 절차는 그리스의 관료제를 경직되게 만든다. 또한 법적 형식주의로 인해 공무원은 실질적 업무보다 행정 절차에 더 많은 관심과 노력을 기울인다.

OECD가 2010년에 그리스 정부 부처의 성과를 평가한 결과, 정책 집행과 조정(coordination)은 매우 드물었고, 대개의 업무는 규정을 만드는 것이었다. 즉, 성과 평가에 투입된 노력은 2%에 불과한 반면, 29%는 매우 상세한 "회람, 법령, 법률 및 장관급 결정"을 작성하는 데 사용되었다(OECD, 2012: 28). 또한 OECD에 따르면 법적 형식주의로 인해 행정이 경제 및 사회와 단절되었다. 기존 증거를 정책 결정의 근거로 삼지 않고 상세한 규정에만 초점을 맞추다 보니, "주로 정부 내부의 '대화'"만으로 정부 정책이 만들어졌다(OECD, 2012: 28).

마지막으로, 나폴레옹 행정 전통 국가의 일반적 병리 현상의 극단적 사례로, 그리스에서는 후견주의와 부패를 방지하기 위해 제정된 행정 조항이 실제로는 "행정 자원(인적 자원 등)이 부가 가치를 만들지 못하고, 지대 추구의 기회만 만들어내는" 역설적인 상황이 생겨났다(OECD, 2012: 31). 후견주의(clientelism)는 시스템화되어 있는데, 이 시스템에서 정당들은 국가 기구를 정책 집행 도구가 아니라, 사익의 도구로 이용한다(Lyrintzis, 1984; Sotiropoulos, 1999; 2004). 이러한 상황은 공무원들의 공공 봉사 동기를 크게 약화시킨다(OECD, 2012: 31).

나폴레옹 행정 전통에 속한 다른 국가에서는 그리스만큼은 아니지만, 공무원들이 정치화된 공무원(자신의 경력이 정치인 상관과 직결된 공무원)과 정치와 무관한 공무원(영국이나 스웨덴의 중립적 공무원과 비슷한 공무원)으로 심각하게 '이분화(dichotomization)'되고 있다(Rouban, 2004: 99). 루방에 따르면, 프랑스에서 "이분화된 두 공무원 집단 사이의 긴장이 공직 사회에서 반복되는 부문별 갈등의 주요 원인"이 되고 있다(Rouban, 2004: 99).

나폴레옹 행정 전통이 엄격한 법치주의로 운영되고 '관리'보다 '법'을 더 강조한다는 점을 감안하면, 이 전통에 속하는 국가들에서 행정 개혁에 대한 유연성과 파급력(permeability)이 낮을 것으로 예상할 수 있다(Bezes and Lodge, 2007; Pierre, 2011: 675). 나폴레옹 행정 전통 국가들의 행정 개혁에 대해서는 만장일치는 아니지만, 대체로 부정적이다. 이들 국가들은 다른 행정 전통 국가보다 행정 개혁이 늦게 이루어지고, 우선순위가 낮으며, 변화에 저항하는 후발 주자이다(Gallego, 2003; Kickert, 2007; Ongaro, 2008; Parrado, 2008; Peters, 2008; Pollitt and Bouckaert, 2011; Rouban, 2008). '너무 비관적'으로 평가해서는 안 된다는 주장도 있지만(Kickert, 2011: 803), 나폴레옹 관료제를 개혁하는 것이 얼마나 어려운지에 대해서는 공감대가 형성되어 있다(Howard, 1998; Pollitt and Bouckaert, 2011; Rouban, 2008). 그리고 행정 개혁이 최종적으로 실행되더라도 '기회 상실'과 '실행 격차'가 발생하는데, 이는 대체로 일부 앵글로 색슨 및 북유럽 국가들이 경험한 것보다 더 크다(Ongaro, 2008: 110).

이탈리아와 스페인을 예로 들 수 있는데, 이들 나라의 일부 공공 부문은 주목할 만한 행정 개혁을 이뤄냈지만, 주류 관료 조직은 개혁에 소극적이었다(Parrado, 2008). 프랑스에서는 지방 정부의 효율성을 높이기 위해 연공서열 원칙(ancienneté) 및 '개인 성과와 무관한' 임금 체계에서 벗어나는 개혁이 필요하다고 주장하는 사람이 많았지만(Kuhlmann and Bogumil, 2007: 147), 결국 실질적인 개혁은 일어나지 않았다.

또한 나폴레옹 행정 전통 국가에서는 행정 개혁이 설사 시행되더라도, '현상 유지 또는 소폭의 변화'에 머무는 경우가 많다(Bezes and Parrado, 2013: 34). 예를 들어, 2006년에 모든 프랑스 국장급 공무원에게 성과 관련 인센티브를 도입했지만, "성과급이 고위 공무원의 임금 인상 외에 다른 효과를 가져오지는 않았다"(Bezes and Parrado, 2013: 38). 스페인도 비슷했는데, 성과급이 일부 기관에서 아주 소폭으로 도입되었다(Parrado, 2008). 또한 스페인은 1장에서 언급한 '애물단지 사업'을 최소화할 수 있는 방안으로, 공공사업과 인프라 프로그램을 추진할 때 측정 가능한 목표와 지표를 설정하도록 하는 예산 제도를 도입하려고 했지만, 실패했다(Ballart and Zapico, 2010). 다른 나라에서는 개혁이 역효과를 낳기도 했다. 예를 들어 그리스에서는 NPM 개혁이 적절히 실행되지도 못했고, "베버 관료제 이전 형태의 후견제(patronage)와 정실주의(favoritism)로 회귀하는 결과를 낳았다"(Ongaro, 2008: 105).

결론

이 장에서 폐쇄형 베버 관료제 가설이 잘못되었음을 보여주는 실증적 증거를 제시했다. 엄격한 공무원 특별 고용법을 시행하는 폐쇄형 관료제가 부패 감소, 정부 효과성 증대, 행정 개혁으로 이어지지 않는다는 것을 확인했다. 여러 분석 모형을 만들어봤지만, 약 100개국을 대상으로 한 실증 분석에서 폐쇄형 베버 관료제 가설을 지지하는 증거를 찾을 수 없었다.

폐쇄적인 인사 정책은 정치적 기회주의에서 벗어나 공정한 행정 행위를 보장할 수 있지만, 관료제의 정치화에 대한 해독제가 되지는 못했다. 정치인들은 규제를 우회해 행정을 식민지화할 수 있다. 공무원은 안정성, 특권, 자유로운 정치 활동을 허용하는 규정을 활용해 정치 영역을 식민화할 수 있다.

고도로 규제된 나폴레옹 행정 전통에 속하는 국가들에서, 행정과 정치의 경계는 모호하다. 이들 국가에서는 정치직에서 행정직으로 복귀할 때, 원래 정치직의 높은 급여로부터 산출한 관대한 휴직 급여 제도가 그대로 유지된다. 또 공무원이 정치에 진출할 때 이점이 많기 때문에 정치인이 되려면 먼저 공무원이 되는 것이 좋다. 실제로 스페인 정부의 현직 장관 열네 명 중 열한 명이 정치 경력의 첫 단계로 먼저 공무원이 되었다. 관료 경력은 정치 경력을 쌓는 데 걸림돌이 되지 않고, 오히려 장점이 된다. 또한 정당 경력은 고위 행정직에서 성공하는 데 좋은 자산이 된다. 고도로 정치화된 관료제와 고도로 관료화된 정치에서는 관료와 정치인이 서로 감시할 인센티브가 없다. 여기서는 분리된 두 개의 책임성 통로가 존재하지 않는다. 관료의 경력은 집권당의 운명에 좌우된다. 만약 제1야당에 충성하는 관료라면, 그의 경력은 야당의 운명에 따라 달라진다.

이번 장은 정부의 질을 높이기 위해 엄격한 공무원 규제에 집착하는 정책입안자들에게 경고의 메시지를 보내고 있다. 많은 나폴레옹 행정 전통 국가에서 공무원 관련 규제의 강화는 거버넌스의 취약점이 드러난 2008년 금융 위기 이후 각광받는 개혁 방안이었다(Fernández-Villaverde, Garicano, and Santos, 2013). 예를 들어, 부패 척결 개혁안에는 포괄적이고 매우 상세한 법률과 규제가 담겨 있다. 그러나 이 장에서 살펴본 바와 같이, 공무원을 규제하는 법률이 많아진다고 해서 부패가 줄고, 정부 효과성이 향상되는 것은 아니다. 또한 그러한 법률은 행정 개혁을 방해하는 '견고한 거부점'(Bezes and Parrado, 2013: 45)을 만들어냄으로서 결과적으로 행정 개혁을 어렵게 만든다.

2000년 전, 로마의 정치가 타키투스(Tacitus)는 "국가가 부패할수록 법이 많아진다"는 유명한 말을 남겼다(Lewis and Catron, 1996: 702에서 재인용). 이 장에서 공무원 규제와 좋은 정부 사이에 어떤 관계가 있는지에 대해 명확히 밝히지 않았지만, 공무원을 규제하는 법률이 많아지는 것이 좋은 정부에 도움이 되지 않는다는 것은 분명해 보인다. 따라서 공무원을 어떻게 규제할지와 관련해 하인 산조 판사(Sancho Panza)를 바라타리아(Barataria)섬의 총독으로 임명하면서 돈키호테(Don Quixote)가 했던 말을 참고할 수 있을 것이다. "규정을 많이 만들지 말 것. 꼭 만들어야 한다면 좋은 규정을 만들도록 노력할 것" (de Cervantes, 1615: chap. 51).

4

부패

신중함의 발명

2장에서 소개한 이론의 시사점은 정치인과 관료의 이해관계, 특히 그들의 경력을 분리하면 두 집단 모두가 잘못 행동할 위험이 줄어든다는 것이다. 그래서 관료의 경력이 정치인에게 의존하지 않고, 정치인이 자신이나 소속 정당을 위해 공적 자원을 활용하는 데 관료를 이용하지 않는 것이 중요하다. 이런 식으로 정치인이 이용하려고 할 때, 관료들에게는 경력에 해가 되지 않는 범위에서 저항할 수 있는 인센티브가 있어야 한다. 또한 정치인들은 책임의 대상이 관료와 다른 만큼 관료의 행동을 감시하고, 부패에 대응해야 한다. 이러한 환경에서 효율적인 양방향 감시 메커니즘이 생겨나고, 이는 결국 부패와 잘못된 행동을 감소시킬 것이다.

3장에서는 폐쇄형 베버 관료제가 기대했던 효과를 낳지 않는다는 사실을 보여줬다. 폐쇄형 관료제를 채택한 국가가 덜 부패한 것도, 정부 효과성이 더 높은 것도, 행정 개혁에 더 적극적인 것도 아니었다. 부패, 정부 효과성, 행정 개혁에 대한 긍정적 효과는 정치인과 관료의 경력을 효과적으로 분리한 제도적 메커니즘이 작동할 때만 가능하다는 것이 필자의 주장이다. 따라서 전문가적 실적에 근거한 관료 임용은 공무원이 정치인 상관에게 충성하고 종속되는 것을 방지하기 때문에 매우 중요하다. 공무원이 능력에 따라 채용되고 승진될 때, 국가 기구에 두 가지 책임성 통로가 공존하면서(정치인의 경우 정치적 기준에 따른 책임, 관료의 경우 전문가 동료의 평가 기준에 따른 책임) 상호 견제가 가능하다.

매디슨(Madison, 1788)은 ≪연방주의자(The Federalist)≫ 제51호에서 입법부의 정치적 권한 남용을 막기 위한 유명한 해법을 제시했는데, 여기서 입법부라는 용어를 국가 기구로 바꾸면 필자의 해법은 메디슨의 해법과 거의 비슷하다. 매디슨에 따르면, 최종 목표는 "입법부(이 책의 경우 국가 기구)를 서로 다른 부문(정치 부문과 관료 부문)으로 나누고, 그들의 공동의 기능과 사회에 대한 공동의 의존성이라는 특징이 허용하는 한에서, 그들이 서로 다른 선출 방식(선거와 같은 정치 과정과 실적 기반 절차)으로 뽑히고, 서로 다른 행동 원칙(재선과 직업적 야망)을 따르도록" 해야 한다는 것이다(Madison, 1788). 정치인과 관료를 서로 다른 '선출 방식'으로 뽑으면(예를 들어 정치인은 민주적 선거로, 관료는 능력주의 임용으로) 상호 감시의 인센티브가 생겨난다. 매디슨이 추론했듯이, "변함없는 목표는 각자가 공적 원칙(public rights)보다 사적 이익(private interest)을 우선하는지 서로 견제할 수 있도록 여러 직책으로 나누고 배치하는 것이다"(Madison, 1788). 각자가 서로 다른 선출 방식으로 뽑히도록 함으로써 정부의 한 부분이 "다른 부분의 간섭에 저항"할 수 있다(Madison, 1788).

정부 내에서 정치인과 관료의 직업적 운명이 서로 얽혀 있다면, 관료들은 자신들의 경력 전망이 정치인 상관의 직간접적인 지원에 달려 있기 때문에 정치인 상관의 간섭에 저항할 수 없다. 권력의 점진적 집중을 막기 위해 정부 각 부문의 이해관계를 분리하는 것이 메디슨에게 핵심적인 '신중함의 발명(invention of prudence)'이었듯이, 국가 기구에 대해서도 그러한 신중함의 발명이 필요하다. 광범위한 부패를 방지하려면 정치인과 관료의 책임성 메커니즘을 분리해 관료의 인센티브가 정치인에게 의존하지 않도록 해야 한다.

이번 장의 목표는 정치인과 관료의 경력 분리가 부패를 막는다는 가설을 경험적으로 검증하는 것이다. 필자는 이 가설을 가능한 엄격히 검증할 것이다. 다음 절에서는 부패 억제에 대한 많은 대안적 설명들을 검증해 볼 것이다. 부패 억제에 관한 기존 연구는 민주주의, 선거 제도, 거부권자(veto player) 등 국가의 정치적 측면에만 초점을 맞추고 있는데, 이런 요소들을 필자의 분석 모델에서 통제 변수로 활용할 것이다.

다음 절에서는 관료제가 부패에 영향을 미치는 다양한 인과 메커니즘을 제시하고, 이런 메커니즘이 부패 억제의 다른 메커니즘과 비교했을 때, 어느 정도 실증적으로 뒷받침되는지 살펴볼 것이다.

연구 전략은 약 100여 개 국가(국가 수는 분석 모델마다 다르다)를 대상으로 광범위한 국가 간 비교 연구를 수행하는 것이다. 독립 변수는 QoG 전문가 서베이(Teorell, Dahlström, and Dahlberg, 2011)에서 가져왔다. 이 데이터에 대해서는 2장에서 설명했지만, 이 장에서 사용되는 지표는 다시 설명할 것이다.

그다음 절에서는 정치인·관료의 경력 분리와 부패 억제 사이에 강력한 상관관계가 있으며, 이는 많은 통제 변수가 포함된 경우에도 마찬가지라는 점을 보여줄 것이다. 이어 관료제 특성이 부패 억제의 가장 강력한 예측변수임을 확인할 것이다. 마지막으로 필자의 분석에 내생성 편의가 있다는 반론을 도구 변수와 내생 시차 변수 기법(lagged dependent variable technique)을 활용해 반박할 것이다. 마지막 절에서는 덴마크, 스웨덴, 영국, 미국 등에서 부패와 싸웠던 역사적 경험을 설명한다. 이를 통해 첫째, 정치인·관료의 경력 분리를 목표로 했던 공무원 개혁이 19세기 이들 국가의 반부패 노력에 기여했다는 사실로부터 정치인·관료의 경력 분리와 부패 억제 사이의 인과 메커니즘을 설명할 것이다. 둘째, 정치인·관료의 경력 분리가 먼저 이뤄지고, 그 이후에 부패 감소가 나타났다는 시간적 순서가 이들 국가의 역사적 경험과 일치한다는 점을 보여줄 것이다.

부패 억제

20세기 말 이뤄진 일련의 선구적 연구(Ades and Di Tella, 1997; La Porta et al., 1999; Treisman, 2000) 이후 부패에 대한 국가 간 비교 연구가 폭발적으로 증가했다. 이 주제에 대한 첫 10년간의 연구에 대해서는 홀름베리(Holmberg, Rothstein and Nasiritousi, 2009), 스벤손(Svensson, 2005), 트라이스먼(Treisman, 2007) 등이 포괄적으로 검토했다. 이 절의 목적은 두 가지이다.

먼저 부패와 관련된 이론을 명료하게 설명하기 위해 여러 소제목을 달았다. 부패에 대한 정치적·경제적·문화적 요인을 설명한 뒤 이 책이 강조하는 요인, 즉 국가의 관료제 구조와 관련된 요인을 살펴볼 것이다. 이어 부패 억제를 위한 다양한 관료제적 접근을 살펴본 뒤 실증 분석을 실시할 것이다.

선한 제도 대 선한 사회

기존 연구에서 가장 일관되게 발견되는 것은 높은 경제 발전이 부패 억제와 밀접히 연관되어 있다는 점이다(Ades and Di Tella, 1999; La Porta et al., 1999; Treisman, 2000; 2007). 경제 발전과 부패 억제 사이의 높은 상관관계에 대해서는 두 가지 상반된 해석이 있다. 좋은 정부와 관련된 거의 모든 지표도 경제 발전과 상관성이 높은데, 이는 좋은 정부와 관련된 지표가 소득 수준과 상관성이 높기 때문이다. 일부 학자들은 제도가 우선한다고 주장하는 반면, 다른 학자들은 제도는 경제 성장의 결과일 뿐이라고 주장한다. 후자에 따르면, 일부 국가가 좋은 제도를 구축한 것은 경제 발전 덕분이었다(Boix and Stokes, 2003). 여기에 깔린 기본적 생각은 어떤 식으로든 경제 발전이 좋은 정부에 대한 수요를 창출하고, 이에 대응해 제도가 발전했다는 것이다(Charron and Lapuente, 2010; Demsetz, 1967; Lipset, 1960; Svensson, 2005: 27; Welzel and Inglehart, 2008). 현재의 부패 수준이 1820년대의 경제 발전 지표와 밀접히 연관되어 있다는 사실은 이러한 관점을 더욱 뒷받침한다(Treisman, 2007).

한편 역의 인과 관계, 즉 어떤 제도가 장기적인 경제 발전에 긍정적 영향을 미쳤다는 주장도 있다(Acemoglu et al., 2001; North 1990; Acemoglu and Robinson, 2012). '제도가 지배한다'(Rodrik et al., 2004)는 주장과 '제도가 지배하지 않는다'(Sachs, 2003)는 주장 사이의 논쟁은 지금도 계속되고 있다. 따라서 우리는 부패에 대한 기존 연구를 따라 실증 분석에서 경제 발전 수준을 통제할 것이다.

또한 인적 자본 이론(human capital theory)에 따르면 경제 발전과 양질의 제도는 누적된 인적 자본의 결과이다(Glaeser et al., 2004). 이런 점을 고려해 실증 분석에서 교육 수준도 통제할 것이다. 그러나 가톨릭 국가와 이슬람 국가는 프로테스탄트 국가보다 교육의 확산이 느렸기 때문에 전통적으로 좋은 사회와 관련된 특성으로 알려진 인구 내 프로테스탄트 비율도 통제할 것이다(Landes, 1998). 프로테스탄트 국가가 부패 수준이 낮은 이유에 대해서는 교육의 확산 외에도 다양한 설명들이 있다(La Porta et al., 1999; Treisman, 2000). 예컨대, 프로테스탄트 교회는 공무원의 잘못된 행동을 신고하는 등 감시견 역할에 좀 더 적극적인데, 이는 프로테스탄트 교회가 국가 후원을 받던 가톨릭에 반대하면서 태어났기 때문일 것이다(Svensson, 2005).

실증 분석에서는 추가적으로 사회적 요인과 관련된 중요한 두 가지 변수를 통제할 것이다. 첫째, 민족적 분열은 정치적 안정성, 시민 갈등, 공공재의 사유화 등 여러 변수와 관련이 높기 때문에 민족적·언어적 파편화(ethnolinguistic fractionalization) 정도를 통제할 것이다(Alesina et al., 1999; Easterly and Levine, 1997). 둘째, 무역 개방성 관련 대리 변수(proxy)도 통제할 것인데, 이는 한 국가의 국제 무역 개방성이 부패 감소와 깊은 상관성이 있다는 기존 연구에 근거한 것이다(Ades and Di Tella, 1999; Gerring and Thacker, 2005; Sandholtz and Gray, 2003; Sandholtz and Koetzle, 2000; Svensson, 2005; Treisman, 2000;

2007). 다른 모든 조건이 동일하다면, 개방 경제는 공무원들이 수입 관세로부터 사익을 취하거나, 정부 특혜를 받는 독점 생산자로부터 뇌물을 받을 기회를 줄일 것이다.

민주주의 대 독재

정치체제가 민주주의냐, 독재냐 하는 점도 부패에 영향을 미친다. 이론적으로 민주주의 체제는 착취적 정부와 관련이 적다(Olson, 1993). 그러나 경험적으로 한 국가의 정치 체제 유형과 부패 수준 사이에는 비선형적이고, 모순적인 관계가 발견된다(Harris-White and White, 1996; Sung, 2004). 민주주의 이행기에는 단기적으로 오히려 부패가 증가하며, 일정 기간 동안 민주주의가 뿌리를 내린 뒤에야 부패가 효과적으로 줄어든다(Keefer, 2007; Treisman, 2000).

민주주의와 부패 억제 간의 이러한 U자형 관계[1]를 설명하는 몇 가지 메커니즘이 있다(Montinola and Jackman, 2002). 베크와 하데니우스(Bäck and Hadenius, 2008)에 따르면, 민주화 이행 국가는 독재 국가와 마찬가지로, 공무원의 부패를 억제할 하향식 수단(top-down instrument)이 부족하고, 완전한 민주주의 국가에서 작동하는 상향식 부패 억제 메커니즘이 아직 공고히 자리 잡지 못했다. 또한 키퍼 등(Keefer, 2007; Keefer and Vlaicu, 2008)에 따르면, 신생 민주주의 국가에서 정치인들은 불편부당한 공공재 공급자라는 평판을 구축하기에는 비용이 너무 많이 든다. 그래서 성공적인 선거 기반을 구축하기 위해 표를 몰아주는 후견인에게 의지할 수밖에 없는데, 그 대가로 그들에게 후견주의적이고 노골적인 부패를 제공한다. 따라서 경험적 분석에서는 현재 민주주

1 민주주의 정도를 X축, 부패 억제를 Y축으로 하는 그래프를 그린다고 했을 때, 권위주의 체제에서 민주주의 체제로 이행하는 국가들은 민주화가 진행될수록 전환기 혼란 등으로 인해 오히려 부패 억제가 약화되지만, 특정 지점을 지나 점차 민주화가 공고화될수록 부패 억제가 강화됨으로써 U자형의 그래프가 그려진다. _옮긴이

의 수준과 민주주의 지속 기간 변수를 고려해야 한다.

민주주의와 관련해 공공 부문의 부패를 감시하는 핵심 요소로 강조되는 것이 자유 언론의 존재이다(Besley and Burgess, 2001; Brunetti and Weder, 2003; Treisman, 2007). 부패를 억제하는 데 자유 언론이 얼마나 중요한지 직관적으로 이해하려면 반대 상황, 즉 관제 언론이 얼마나 부패를 조장하는지 생각해 보면 된다. 맥밀런과 조이도(McMillan and Zoido, 2004)는 현시 선호 이론(revealed preference theory)[2]에 근거해 자유 언론의 중요성을 논증했다. 예컨대 후지모리(Alberto Hujimori) 페루 대통령의 전 국가정보부장이었던 블라디미로 몬테시노스(Vladimiro Montesinos)는 판사나 정치인 등에게 준 뇌물보다 최대 100배나 많은 뇌물을 TV 채널 소유주에게 줬다. 이는 자유 언론이 정부 부패를 감시하는 가장 좋은 방법임을 의미한다(McMillan and Zoido, 2004). 같은 맥락에서 신문 발행 규모는 부패 억제에 상당한 영향을 미친다(Treisman, 2007).

남성 대 여성

정치 체제의 유형뿐 아니라 정치인의 유형, 즉 정치인의 성별(gender)도 국가별 부패 격차를 설명하는 주요 요인이다. 실제로 여성 국회 의원이나 여성 장관의 비율은 기존 비교 연구에서 부패 억제의 가장 강력한 정치적 요인 중 하나였다(Dollar et al., 2001; Swamy et al., 2001; Treisman, 2007). 일부 연구자(Sung, 2003)들은 성별과 부패 사이의 상관관계는 성평등 정책(gender equality policies)이 강조되는 자유 민주주의(liberal democracy) 체제의 특성에 의한 것

2 현시 선호 이론은 경제학자 폴 새뮤얼슨(Paul Samuelson)이 제시한 이론으로, 소비자 행동에 대한 실증 분석을 하려면 관찰 불가능한 소비자의 주관적 효용이 아니라 시장에서 관찰할 수 있는 소비자의 구매 결정을 통해 그들의 선호를 추론할 수 있다는 이론이다. _옮긴이

이지, 실제로 양자 간에는 상관관계가 없다고 주장한다. 그러나 자유 민주주의 체제의 특징인 자유선거, 민주주의의 지속 기간, 언론 자유 등을 통제하더라도 여성 정치인과 낮은 부패 사이에는 상관관계가 존재한다. 트라이스먼(Treisman, 2007)은 집권당의 득표율, 정당 파편화(fractionization of party) 정도를 통제하고, 스칸디나비아 국가와 같은 특이점(outlier)의 효과를 배제하는 등 엄격한 강건성 검증을 하더라도 여성 정치인의 부패 억제 효과가 유지됨을 증명했다.

고위 여성 정치인의 부패 억제 메커니즘은 여전히 명확하지 않지만, 여러 연구 결과에 근거해 여성 정치인과 부패 억제의 관계를 진지하게 수용해야 할 듯하다(Wängnerud, 2008). 따라서 필자의 실증 분석에서 여성 의원 비율을 통제할 것이다.

결정력(decisiveness) 대 거부권자

정치적 견제와 균형(check and balance)이 많은 정치 시스템(Henisz, 2000), 또는 체벨리스(Tsebelis, 1995)의 거부권자가 많은 정치 시스템이 부패 억제에 더 효과적이라는 정치 경제학 연구들이 많다. 앤드루스와 몬티놀라(Andrews and Montinola, 2004)에 따르면, 한 국가의 거부권자 수(연립 정부 내 정당 수)와 부패 억제 사이에 강한 상관관계가 있었다. 이는 연립 정부에 참가하는 연정 파트너가 많을수록 부패한 거래를 할 때, 더 많은 조정의 문제에 부딪히기 때문이다. 연정의 파트너들은 선거 이익을 고려할 때, 뇌물을 받는 것보다 뇌물을 거부하거나 내부 고발하는 것이 선거에 더 유리하다고 판단할 수 있다. 따라서 필자의 실증 분석에서 거부권자의 수를 통제할 것이다.

대통령제와 의원 중심제

헌법상 정부 형태도 부패 억제와 관련이 있다. 페르손 등(Persson, Roland,

and Tabellini, 2000)은 대통령제에서 선출직은 서로 신뢰할 수 있는 약속(credible commitment)을 할 수 없기 때문에 지대 추구 행위와 부패가 의원 내각제보다 적다고 주장했다. 이와 반대로 대통령제에서 오히려 부패가 많다는 주장도 있다(Gerring and Thacker, 2004; Lederman et al., 2005; Panizza, 2001). 특히 대통령제와 의원 선거 방식으로 폐쇄형 정당 명부식 비례 대표제(closed-list proportional system)[3]가 결합될 경우 더욱 부패가 많아진다는 주장도 있다(Kunicova and Rose-Ackerman, 2005). 트라이스먼(Treisman, 2007)에 따르면, 대부분의 분석 모형에서 대통령제가 더 높은 부패와 관련이 있지만, 흥미롭게도 가톨릭 관련 변수를 통제하면 그렇지 않았다. 이는 대통령제의 효과가 다른 사회적 요인에 의해 달라질 수 있음을 의미하는 것이다. 예를 들어 라틴아메리카 국가에서는 대통령제가 부패 증가에 기여했지만, 미국에서는 그렇지 않았다.

다수 대표제 대 비례 대표제

선거 제도와 부패의 관계도 흥미로운 논쟁거리이다. 다수 대표제와 비례 대표제를 구분하는 중요 요소, 즉 선거구 크기, 다수결 원칙의 존재 여부 등의 효과도 각각 분석해야 한다. 최다 득표제에서는 유권자에 대한 의원의 책임성이 강화되는 반면, 정당 명부 비례 대표제에서는 정당의 책임성이 부각되고 의원 개인의 책임성이 약해져 부패에 가담할 가능성이 커진다. 반면 1인 선거구에서 당선된 의원의 비율이 높을수록 부패 수준이 낮아진다는 경험 연구가 있다(Chang and Golden, 2007; Kunikova and Rose-Ackerman, 2005; Persson, Tabellini, and Trebbi, 2003). 비례 대표제와 관련된 특징인 대규모 선거구의 존

3 유권자가 각 정당에 대해 선호 표시를 할 수 있지만, 각 정당의 명부에 기재된 개별 후보에 대해서는 선호 표시를 할 수 없는 선거 제도. _옮긴이

재는 부패 통제에 긍정적 영향을 미쳤다. 왜냐하면 선거구가 클수록 새로운 정당이나 후보자의 진입 장벽이 낮아지기 때문이다(Persson, Tabellini, and Trebbi, 2003).

정치 제도 대 관료제

일반적으로 부패에 대한 제도적 설명은 두 가지 유형으로 나뉜다. 대부분의 비교 연구는 앞서 살펴본 바와 같이, 대개 정치 제도에 초점을 맞춘다. 이러한 연구는 대개 정치인의 역선택(예컨대 특정 선거 제도가 정치인의 책임성을 높이는지 여부)과 도덕적 해이(예컨대 행정부의 기회주의적 행동에 대한 제약)를 해결하는 메커니즘을 찾는 데 주력했다. 반면 그동안 간과되어 온 국가의 행정 기구라는 블랙박스를 열어보려는 소수의 비교 연구가 있었는데, 아래에서는 이런 연구 경향을 요약해 보겠다.

부패 연구에서 관료제에 대한 관심이 적었던 이유는 관료제가 정치 제도에 비해 눈에 잘 띄지 않기 때문일 것이다. 또한 정치 제도를 비교할 데이터는 풍부한 반면, 관료제 구조를 비교할 국가 데이터는 부족하기 때문일 것이다. 그렇지만 일부 연구들은 관료제 요인이 한 국가의 부패 정도를 이해하는 데 얼마나 핵심적 역할을 하는지 잘 보여주고 있다(Dahlström, Lapuente, and Teorell, 2012a; Evans and Rauch, 1999; Rauch and Evans, 2000). 광범위한 정실 임명은 부패와 같은 특수주의적인 교환(particularistic exchange)을 위한 필요조건이다(Kopecký and Scherlis, 2008). 자의적인 정치적 임명은 뇌물과 교환되고, 부패 관행을 은폐하게 된다(Kopecký and Mair, 2012).

필자의 목표는 기존의 부패 연구에서 거론된 관료제 요인 가운데 무엇이 부패 억제에 중요한지 분석하는 것이다. 부패 억제의 핵심은 관료제 규범일까? 즉, 정치로부터 자율적인 공무원은 비공식적 행동 규범을 내면화하기 때문에 자주 옮겨 다니느라 관료 조직의 핵심 가치를 내면화하지 못한 낙하산 공무원보다 덜 부패할지 모른다. 아니면 부패 억제의 핵심은 급여일까? 즉, 능력에 따라 임금을 받는 공무원은 연고에 따라 임금을 받는 직원보다 임금이 높아서 뇌물의 유혹에 덜 빠질 수 있을지 모른다. 아니면 부패 억제의 핵심은 경력 인센티브일까?

필자가 보기에, 핵심은 경력 인센티브이다. 공무원의 경력이 정치인 상관의 경력으로부터 근본적으로 독립되면 잠재적인 부패를 상호 감시하는 시스템을 구축할 수 있다. 능력에 따라 임용된 공무원들은 직업적 독립성 덕분에 부패 행위를 묵인, 지지, 심지어 가담하라는 정치인 상관의 압력을 받더라도, 매디슨의 말처럼, "타인의 간섭에 저항할 수 있다"(Madison, 1788).

관료제의 규범 메커니즘에 따르면, 관료제의 자율성에 근거해 관료들은 강력한 규범을 발전시킨다. 외부로부터 절연된 관료제는 응집된 사회 집단 내에서 일어나는 강력한 사회화를 통해 더 나은 형태의 공무원을 만들어낸다. 프랑스어 코르, 스페인어 쿠에르포 등 관료제를 지칭하는 말들은 여전히 높은 사회적 평판(social prestige)과 도덕적 기반을 상징한다. 특히, 공식 시험을 치르고 채용되어서 정부 부처에서 평생 근무할 것으로 예상되는 공무원은 집단의식을 발전시키는데, 이는 부패 억제에 매우 효과적이다(Rauch and Evans, 2000). 따라서 공정하고, 부패에 저항하는 공통의 규범은 정치인의 간섭으로부터 공무원을 보호하는 절연된 관료제에서 생겨난다. 경력 안정성, 종신 임용, 외부 진입보다 내부 승진의 우세, 일반 노동법 대신 공무원 대상 특별법의 존재 등 '폐쇄형' 공무원 시스템(Bekke, Perry, and Toonen, 1996: 5; Lægreid and Wise, 2007: 171)의 특징에 의해 그러한 행동 규범이 만들어진다. 폐쇄형 공무원 시스템에서는 같은 국(局)에 근무하는 공무원들 간의 교류 횟수가 늘어나 공통의 규범이 형성된다. 이는 다시 구성원들의 부패 행위를 억제하게 된다. 로치와 에번스(Rauch and Evans, 2000)에 따르면, 폐쇄형 베버 관료제가 재량 임명으로 채워진 관료제보다 덜 부패한 이유는 바로 이러한 메커니즘 때문이다.

부패를 억제하는 두 번째 관료제 메커니즘은 공공 부문의 급여와 관련이 있다. 여기서 특히 흥미로운 것은 공공 부문의 급여가 민간 부문의 급여와 비교해 어느 정도인지이다. 공공 부문에서 급여의 중요성에 대해 지금도 논쟁이 계속되는데, 일부는 높은 급여가 공무원의 부패를 줄일 것이라고 주장하고(Becker and Stigler, 1974; Besley and McLaren, 1993; Di Tella and Schargrodsky, 2003; Van Rijckeghem and Weder, 2001), 또 다른 일부는 국가 간 연구에서 그에 대한 증거가 없다고 주장한다(Dahlström, Lapuente, and Teorell, 2012a; Rauch and Evans, 2000; Treisman, 2000).

로치와 에번스(Rauch and Evans, 2000)는 개발 도상국의 행정에 대한 선구적인 비교 연구에서 '규범'과 '급여'라는 두 가지 메커니즘에 대해 검증했다. 이들 연구는 1980년대 '준산업화'된(semi-industrialized) 30개 국가와 무작위로 선정된 5개 빈곤국을 대상으로 한 제한된 표본으로 인해 편향성 문제가 있을 수 있다. 왜냐하면 이들의 데이터는 경제 발전의 중요 단계에 있는 국가에 초점을 맞췄는데, 발전 국가 연구에 따르면 그 단계는 어느 때보다 관료제 특성이 중요한 역할을 할 단계이기 때문이다. 즉, 에번스가 자세히 들여다본 나라는 한국, 대만과 같은 발전 국가의 대표 사례들인데(Evans, 1995), 이렇게 경제 발전 전환기에 있는 국가들로 한정된 표본의 특성이 연구 결과에 과도하게 반영되었다고 의심되는 것이다. 이런 한계에도 불구하고 이들의 연구 결과는 매우 통찰력이 있다. 부패 통제에 체계적인 영향을 미친 유일한 변수는 능력주의 임용이었다. 내부 승진과 경력 안정성은 이론적으로 집단의식의 발전, 또는 폐쇄형 관료제의 발전과 관련이 있지만, 부패 통제에는 효과가 없었다. 또한 민간 부문과 비교한 급여의 효과도 경험적으로 입증되지 않았다(Rauch and Evans, 2000). 관료적 규범이나 급여 모두 부패를 억제하는 데 그다지 중요하지 않다는 것이다.

필자는 정치인과 관료의 경력 인센티브를 분리하는 메커니즘에 의해 능력주의 관료제가 낮은 부패와 상관성을 갖게 된다고 주장한다. 이러한 메커니즘은 규범을 장기간에 걸쳐 발전시킬 필요가 없고, 높은 급여를 지급할 필요도 없다는 점에서 매우 중요한 정책적 함의를 갖는다. 엄격한 공무원 보호와 고액 급여에 드는 비용을 부패 통제를 위한 것이라고 정당화할 수는 없을 것이다. 또한 정치인과 관료의 경력 분리 메커니즘은 능력주의적이고 비정치화된 임용이 진짜 부패 통제의 요인이라고 주장한 로치와 에번스(Rauch and Evans, 2000)의 연구 결과와 일맥상통한다. 그러나 필자는 이들과 달리 능력주의 임용을 공식시험과 동일시하지 않는데, 공식시험이 없는데도 매우 능력주의적인 공무원 시스템(스웨덴, 영국 등의 관리형 관료제)이 있고, 공식시험이 있는데도 매우 정치화된 공무원 시스템(프랑스, 스페인 등의 조합형 관료제)이 있기 때문이다.

정치인과 관료의 경력을 명확하게 분리하는 것은 부패를 예방하고, 통제하는 데 도움이 된다. 모든 조건이 동일하다면, 정치인과 관료의 경력이 분리되었을 때가 그들의 경력이 통합되었을 때보다 부패한 거래가 일어날 가능성이 낮아지기 때문에 부패가 억제된다. 또한 모든 조건이 동일하다면, 감사관이나 법 집행 공무원은 자신의 직업적 운명이 정치적 고려에서 자유롭다고 생각할 경우 부패를 조사하고, 기소할 가능성이 높아지기 때문에 부패가 통제된다. 그러나 2장에서 설명했듯이, 가장 중요한 점은 정치인과 관료의 이해관계가 달라져 상호 감시가 일어난다는 점이다.

비정치화된 능력주의 공무원제는 부패를 감소시키는데, 이는 더 능력 있는 지원자를 뽑기 때문이 아니라 정치인과 다른 이해관계를 가진 사람을 뽑기 때문이다. 즉, 필자는 능력으로 뽑힌 공무원이 정치적으로 임명된 공무원보다 낫다고 주장하는 것이 아니라, 양자가 다른 유형의 공무원이라고 주장하는 것이다. 정치인과 관료의 경력 분리(또는 경력 통합)가 부패 가능성을 어떻게 감소(또는 증가)시키는지 몇 가지 예를 들어보겠다.

정치인과 관료의 경력이 통합될수록 부패가 어떻게 증가하는지에 대해 스페인의 여러 해안 마을에서 일어난 일을 살펴보자. 스페인 에스테포나(Estepona)는 연간 325일의 일조량을 자랑하는 인기 관광 휴양지이다. 수년간의 수사 끝에 2009년, 경찰과 검찰은 고도로 정치화된 공공 부문으로부터 특혜를 받은 103명 이상으로 이뤄진 대규모 부패 네트워크를 밝혀냈다. 예를 들어, 규정을 무시하고 개발 계획을 승인받는 등 특혜를 받은 민간 기업의 자금이 공무원에게 흘러 들어갔다. 부패 조직은 보통 집권당에게 불법 자금을 대기 위해 '이중장부'를 만드는데, 이 경우에는 달랐다. 공무원에게 들어가는 돈은 두 번째 가상 계좌로, 정치인의 주머니로 직접 들어간 돈은 세 번째 가상 계좌로 관리하는 '삼중 장부'가 만들어졌다(Montero, 2009: 102). 모든 사업가들은 지방 관리에게 돈을 바쳤다. 예를 들어, 한 성매매 업주는 지방 의원에게 4만 2000유로를 상납하라는 요구를 받았다(Montero, 2009: 122). 그러나 엄청난 수의 사람과 돈이 연루되고, 매수된 공무원에 의해 많은 결정과 행정 조치가 이뤄졌음에도 지방 공무원들은 입을 꾹 다물었다. 사건의 전모가 밝혀진 건, 주요 정치인 사이의 갈등, 즉 '내부 전쟁'이 일어났기 때문이었다(El País, 2009. 6.27).

자세한 경찰 보고서 덕분에 에스테포나 지방 정부에서 어떻게 그토록 강력한 침묵의 카르텔이 유지되었는지 알 수 있다. 그곳에서는 중립적 공무원들을 체계적으로 몰아내고, 정치적으로 임명된 낙하산들이 공직을 차지했다. 연립 정부에 참여했던 정당들은 "선거가 끝나자마자 각 정당에 돌아갈 낙하산 자리 수를 합의했다"(El Periodista Digital, 2009.2.10). 그 결과 "에스테포나 지방 정부의 집권 사회당의 당원 315명 중 최소 120명이 지방 정부에서 일하게 되었다. 또한 그 당원들의 친척 중 최소 42명도 고용되었다"(El Periodista Digital, 2009.2.10). 행정 기구를 정치적으로 통제함으로써 가장 정직한 공무원조차 내부 고발을 할 엄두를 못 내게 만들었다. 예를 들어, 2012년 한 공무원이 지방 정부를 고발했을 때 그는 '직무 태만'이라는 혐의를 쓰고 해임되었다(El País, 2013.2.17).

이웃한 마르베야의 시장, 헤수스 길의 재임 기간(1991~2003) 때도 비슷한 메커니즘을 발견할 수 있다. 길 시장은 비교적 능력주의적이었던 지방 정부를 정치적으로 임명된 낙하산 정부로 바꿔버렸다. 이를 위해 그는 능력에 따라 임용된 공무원들이 근무하던 기존 국을 없애고, 유연한 인력 운영이 가능한 부서를 신설했다. 결국 거의 모든 지방 공무원이 시장에게 직접 책임을 지게 되었고, 심지어 국가 공무원 신분이면서 지방 정부의 내부 감사를 담당하는 공무원들도 시장의 통제를 받았다. 이 가운데 두 명의 핵심 실세, 즉 경제 및 재정 분야 책임자(interventor)와 지방 정부의 법적 결정을 지원하는 법률 자문관(secretario)은 넉넉한 주택 수당(월 1000유로)과 보너스(월 2000유로)를 받았다(El País, 2006.10.10). 급여뿐 아니라 그들의 경력은 길 시장에 대한 충성심에 달려 있었다. 실제로 길 시장은 부패 스캔들이 폭로되자 재정 책임자를 '배신자', '내부 고발자', '야당에 유리한 가짜 뉴스를 만든 자'라고 판단하고, 해임해 버렸다(El País, 2000.12.12). 마르베야 지방 정부의 이러한 미시적 인사 관리는, 10년 후 판사들이 '일반화된 부패 시스템(system of generalized corruption)'이라고 불렀던 시스템을 발전시켰다(El País, 2013.10.4). 마르베야 시의 부패 사건은 판결문이 5774쪽에 달했고, 52명이 유죄 판결을 받았다.

마르베야시의 부패에 대한 광범위한 사법 수사 결과는 거대한 부패 네트워크가 어떻게 지역이나 국가 기관, 또는 사법 기관에 의해 제재되거나, 적발되지 않고 수년 동안 운영될 수 있는지 보여준다. 특히 부패 네트워크의 중심은 마음대로 운영되던 지역 도시 계획 기관이었다. 이 기관은 시장의 친구인 후안 안토니오 로카(Juan Antonio Roca)가 이끌었는데, '시청을 장악'한 그는 "TV 드라마 〈댈러스(Dallas)〉의 악당 JR 유잉(JR Ewing)의 이니셜을 따서 JR

이라는 별명으로 불렸다"(The Guardian, 2006.4.8). 그는 시 행정의 상당 부분을 장악해 개발 계획 신청을 하거나 공공 계약을 할 때, 최대 세 번까지 뇌물을 바치는 시스템을 만들었다. 그는 이렇게 받은 뇌물로 "예술품, 빈티지 자동차, 마드리드의 궁전, 순종 말, 싸움소, 북극곰과 코끼리와 코뿔소 머리 등 야생 동물 박제"에 투자해 약 24억 유로에 달하는 개인 재산을 축적했다(The Guardian, 2006.4.8). 로카와 같은 지방 정부 관리들의 엄청난 축재는 마르베야 시민들의 눈살을 찌푸리게 했지만, 부패에 대한 고발은 그 후 몇 년이 지날 때까지 언론의 헤드라인을 장식하지 못했다. 이는 길 시장이 속한 집권당의 생존에 따라 직업적 운명이 달라지는 공무원 네트워크 구조가 갖는 응집력 때문이었다. 정실과 후견으로 이뤄진 지방 정부에서 부패를 언론이나 경찰에 신고하는 '내부 고발자'는 존재하지 않았다. 누구도 게임의 실체를 폭로할 인센티브가 없었기 때문이다.

마르베야시에 있는 3만 채의 주택은 개발업자와 지역 공무원 간의 수년에 걸친 부패한 거래 때문에 현재 법적으로 불안한 상태에 있다. 이는 스웨덴 고틀란드(Gottland) 해변에 계획되었지만 아직 지어지지 않은 건물 한 채와 극명하게 대조된다. 2009년 마리안 사무엘손(Marianne Samuelsson) 카운티 주지사는 한 공무원이 언론에 흘린 정보 때문에 사임해야 했다. 그 정보는 사무엘손이 해변가에 건물을 지으려는 사업가에게 허가를 주려고 한다는 것이었다(Dahlström, Lapuente, and Teorell, 2012a). 사실 스웨덴에서는 이러한 부패 혐의나 정치인이 연루된 부패 판결이 매우 드물다. 스웨덴 반부패연구소(Swedish Anti-Corruption Institute)는 2000년 이후 부패와 관련된 모든 법원 판결을 수집했다. 총 193건의 사건 중 정치인이 연루된 사건은 3%, 여섯 건에 불과했다. 스웨덴 정치인들은 마르베야시 사건과 같은 부패 네트워크를 만들려고 하지 않고, 실제로 그런 시도조차 않는다.

그러나 스페인에서는 정치화된 공공 부문이 사후적으로라도 부패를 조사하려고도 하지 않는다. 스페인 최대 경찰노조(Sindicato Unificado de Policia)의 대변인은 스페인에서 부패 사건이 좀처럼 드러나지 않는 이유를 이렇게 설명했다(Público, 2013.12.30). "2년 동안 경찰 수장이 네 명이나 바뀌었다는 사실이 모든 것을 말해줍니다." 즉, 정부가 인사를 통해 경찰의 반부패 부서를 '정치화'하고 '관리'한다는 것이다(Público, 2013.12.30). 장관이 주요 직책에 선택적으로 정치적 임명을 함으로써 소속 정당에 영향을 줄 부패 수사를 '원격 조정'했던 것이다(El Confidencial, 2013.10.18).

비슷한 사례가 튀르키예에서도 발견되는데, 2014년 1월 튀르키예 정부는 고위 정치인에 대한 부패 수사가 시작되자 금융 범죄 부서, 정보 부서, 조직범죄 부서에 속한 80명의 고위직을 포함해 350명의 경찰관을 해임했다(The New York Times, 2014.1.7; BBC News, 2014.1.7). 이렇게 정치인에 대한 부패 수사를 막는 것은 튀르키예 정부 내에서 정치인과 관료의 경력 통합이 가장 심한 곳에서 이뤄졌다. 한 관찰자는 이렇게 말했다. "법적으로 정부는 판사나 검사를 해임할 수 없어요. 그래서 정부는 영향력을 행사할 수 있는 경찰에 손을 대는 겁니다"(The New York Times, 2014.1.7).

정치인·관료의 경력 분리 효과 검증 전략

이 장에서 실증 분석의 목적은 정치인과 관료의 경력 분리가 부패를 줄인다는 가설을 검증하는 것이다. 이를 위해 달스트룀 등(Dahlström, Lapuente, and Teorell, 2012a)을 참고했지만, 인과 메커니즘, 역사적 사례, 내생성 문제 등을 다룰 때는 추가 작업을 했다. 실증 분석에서는 부패 관련 연구에서 다뤄진 경제적·정치적·문화적 변수를 고려했다. 또한 공공 부문의 급여 수준, 국가별 공무원의 지위 안정성 등 관료제 구조와 관련된 여러 대안적 설명도 고려했다. 특히 정치인과 관료의 경력 분리와 그에 따른 상호 감시와 관련된 인과 메커니즘을 증명하려고 했다.

이를 위해 네 단계의 분석을 거쳤다. 분석은 주로 100여 개 국가를 대상으로 한 광범위한 국가 간 비교이지만, 몇 가지 역사적 사례도 자세히 다뤘다. 첫째, 정치인과 관료의 경력 분리와 부패 통제 사이에 강력한 상관관계가 있음을 확인했다. 둘째, 부패 지표를 종속 변수로 놓고, 다양한 통제 변수를 포함한 상태에서 회귀 분석을 실시했다. 여기서는 특히 3장에서 설명한 관료제 요인의 효과에 주목했다. 또한 정치인·관료의 경력 분리와 민주주의의 상호작용 효과를 검증했는데, 민주주의 수준이 높을수록 내부 고발이 쉬워져 부패 통제에 대한 정치인·관료의 경력 분리 효과가 더욱 강해질 것이기 때문이다. 셋째, 연구 결과의 강건성을 검증했는데, 특히 연구 결과의 내생성 편의 가능성을 집중적으로 검증했다. 마지막으로 미국, 영국, 스웨덴 등 일부 서구 민주주의 국가에서 조직적 부패가 감소한 역사적 경험을 자세히 살펴봤다. 이러한 역사적 사례를 통해 필자가 주장한 대로, 정치인과 관료의 경력 분리가 반부패 투쟁에 선행했음을 보여주고자 했다.

국가 부패 수준은 2011년 세계은행 거버넌스 지표의 부패 통제 지표를 사용했다. 세계은행은 30개의 데이터를 결합해 하나의 종합 지수를 만들었는데, 이 지수의 범위는 -2.5(낮은 부패 통제)에서부터 +2.5(높은 부패 통제)까지이다(방법론에 대해서는 Kaufmann, Kraay, and Mastruzz, 2010 참조). 또한 종속 변수인 부패 지표를 다른 변수로 바꿔봄으로써 분석 결과가 얼마나 강건한지 검증했다. 대체 변수로는 국제투명성기구의 부패 인식 지수(2013)와 국제국가위험가이드의 부패 지표(2013)를 사용했다.

독립 변수인 관료제 특성은 QoG 전문가 서베이의 데이터를 사용했다(Teorell, Dahlström, and Dahlberg, 2011. 이 데이터에 대해서는 2장 참조). 가장 관심이 있는 정치인과 관료의 경력 분리에 대해서는 공공 부문에서 능력주의 임용이 어느 정도인지를 측정한 지표를 사용했다. 이전 연구(Dahlström, Lapuente, and Teorell,

표 4-1 기술 통계

변수	국가 수	평균	표준 편차	최솟값	최댓값
18세기 관료제화 수준	30	0.47	0.51	0	1
공공 부문 임금 수준	107	3.2	1.0	1.3	6
부패 통제(2011)	191	-0.06	0.99	-1.7	2.4
부패 통제(1996)	175	-0.03	1.0	-2.1	2.4
교육	171	78.5	26.1	10.7	132
인종적 파편화	166	0.46	0.27	0	0.98
공식 시험	107	4.5	1.4	1.6	6.8
자유 언론	193	47.2	24.4	10	99
1인당 GDP(로그)	179	8.7	1.3	5.7	11.1
민주주의 수준	193	6.7	3.1	0	10
종신 임용	107	4.7	1.1	1.67	6.8
능력주의 임용 (QoG 전문가 서베이)	107	4.3	1.1	1.9	6.6
능력주의 임용 (QoG 전문가 서베이 II)					
신문 구독률(1000명당)	134	100	125	0	588
OECD 가입 여부	107	0.27	0.45	0	1
정치적 통제	171	0.42	0.31	0	0.89
프로테스탄트 비율	193	13.1	21.3	0	97.8
비례 선거제로 뽑힌 의원 비율	162	0.51	0.50	0	1
공무원 특별 고용법	107	5.7	0.73	3.5	7
무역 규모	174	86.1	45.8	22.1	422
TV 보급 비율(100명당)	140	233	207	0	847
폐쇄형 베버 관료제 지표	107	5.2	0.81	2.8	6.8
여성 의원 비율	116	16.3	10.1	0	56.3
무역 개방 기간	133	85.7	16.7	50	100
민주주의 지속 기간	171	18.2	21.6	0	70

주: 요약된 모든 변수는 QoG 표준 데이터 세트(Teorell et al., 2013) 또는 QoG 전문가 서베이(Teorell, Dahlström, and Dahlberg, 2011)에서 이용할 수 있다.

2012a)에 따르면, 능력주의 임용 지표가 가장 적합하지만, 보다 탄탄한 분석을 위해 네 가지 지표로 구성된 공공 부문의 전문가주의 지표를 추가로 사용

했다.

이외에도 관료제 요인과 관련된 몇 가지 변수를 고려했는데, 이들 변수는 QoG 전문가 서베이에서 가져왔다. 첫째, 3장에서 언급한 공식시험, 종신 임용, 공무원 특별 고용법 등 관료제를 정치적 개입으로부터 절연시키기 위해 도입된 몇 가지 제도를 통제했다. 둘째, 부패 감소에 효과가 있는 것으로 알려진 요인, 즉 공공 부문의 급여 수준을 통제했다(Becker and Stigler, 1974; Besley and McLaren, 1993; Van Rijckeghem and Weder, 2001).

이어 기존 연구에서 부패 감소에 효과적인 것으로 검증된 정치적·경제적·사회 문화적 요인을 통제했다. 경제적 요인으로 1인당 GDP(로그), 무역 총량〔세계은행의 세계 개발(World Development) 지표〕, 무역 개방 연수(Sachs and Warner, 1995)를 사용했다. 사회·문화적 요인으로 민족·언어 파편화 정도〔1985년 기준(Roeder, 2001)〕, 프로테스탄트 비율〔1980년 기준(La Porta et al., 1999)〕, 남성의 중등 교육 등록률〔(2009년 기준(UNESCO, 2010)〕을 사용했다. 끝으로, 정치적 요인으로 민주주의 수준(Freedom House, The Polity Project), 언론의 자유〔국가별 편차가 있지만 2002~2006년(Freedom House)〕, 정치적 제약 지수(Henisz, 2000), 여성 의원 비율(OECD Gender, Institutions, and Development Database, 2009), 선거 제도의 비례성(Keefer, 2009), 민주주의 지속 기간, 인구 1000명당 신문 수와 텔레비전 수(Treisman, 2007)를 사용했다.

종속 변수와 통제 변수는 QoG 데이터 세트(Teorell et al., 2013)에서 활용 가능하며, 〈표 4-1〉에 요약되어 있다.

국가 비교의 결과

먼저 정치인과 관료의 경력 분리와 관련된 두 지표와 세계은행의 부패 통제 지표 간의 상관관계를 살펴보자.

그림 4-1 부패 통제와 능력주의 임용의 상관관계

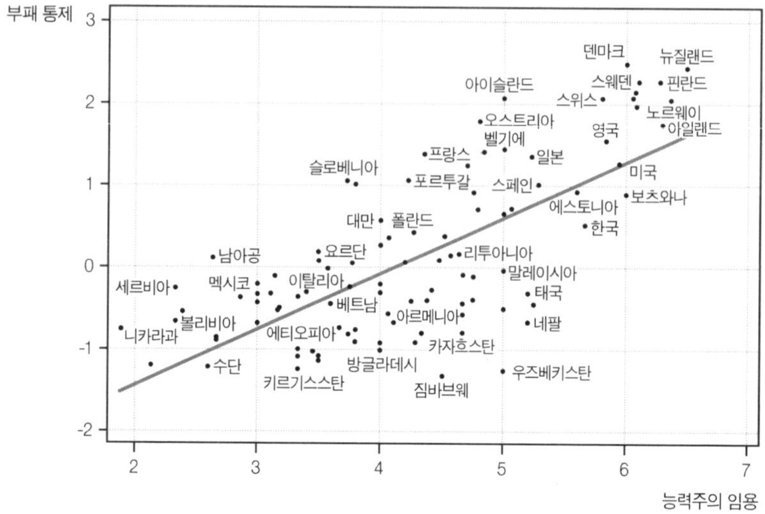

주: 104개국 대상. Y축은 정부 효과성(-2.5 ~ +2.5)을 측정한 것으로, 세계은행의 거버넌스 지표(2011)의 정부 효과성 지표에서 가져왔다. X축은 공무원에 대한 능력주의 임용 정도를 7점 척도로 측정한 것으로, QoG 전문가 서베이(Teorell, Dahlström, and Dahlberg, 2011)에서 가져왔다

〈그림 4-1〉은 공공 부문의 능력주의 임용 수준과 부패 통제 사이의 관계를 보여준다. 능력주의 관료제에서 능력에 따라 뽑힌 공무원은 정치인이나 어떤 기관, 집단에 충성하지 않고, 전문가 동료에게 충성한다. 특히 공무원의 입장에서 채용 프로세스가 어떠한지가 중요하다. 왜냐하면 이 과정에서 공무원들은 누구에게 충성해야 할지를 구체적으로 파악하기 때문이다. X축은 능력주의 임용 수준이고, Y축은 부패 통제 정도이다. 이론이 예측한 대로, 양자의 상관관계는 긍정적이고 강하며, 통계적으로 유의미하다($R=0.70$, $p<0.00$).

〈그림 4-1〉에서 이탈리아와 멕시코는 능력주의 임용 수준이 낮고, 부패 통제가 약한 것으로 나타나는데, 이들 국가가 OECD 회원국이라는 점을 고려하면 의외의 결과이다. 기존 연구에서 이들 국가는 비능력주의 관료제를 가진 국가인 데다(이탈리아와 멕시코의 이런 특징에 대해 각각 Cassesse, 1993; Grindle,

2012 참조) 부패 수준이 높은 국가(이탈리아와 멕시코의 이런 특징에 대해 각각 Golden, 2003; Morris, 2009 참조)로 평가된다. 이탈리아는 광범위한 정실 임용과 후견 임명이 성행하는 것으로 평가되는데, 예컨대 1973~1990년 동안 재량 임용된 공무원이 약 35만 명인 데 비해 정규 시험을 통해 채용된 공무원은 약 25만 명이었다(Cassese, 1993). 또한 공무원들이 '당파적 충성심'으로 인해 "부패에 관여할 기회가 많다"(Golden, 2003: 189). 멕시코의 경우 관료제의 정치화로 인해 공무원의 수평적 책임성이 취약하다(Morris, 2009: 9). 이로 인해 "부패는 멕시코 시스템의 특성이 아니라, 멕시코 시스템 그 자체이다", 또는 "부패는 멕시코의 국가 스포츠"라는 유명한 독설이 생길 정도이다(Morris, 2009: 1).

그러나 <그림 4-1>의 상관관계에는 통제 변수가 포함되어 있지 않기 때문에 생략 변수 편의의 위험이 있다. 그래서 이번에는 부패 지표를 종속 변수로 놓고, 다양한 통제 변수를 포함시킨 분석 모델을 만들어 회귀 분석을 실시했다. 부패 원인에 대한 합의된 변수가 없기 때문에 필자는 기존 연구(Dahlström, Lapuente, and Teorell, 2012a)를 따라 다양한 대안적 분석 모델을 만들어 검증했다. 이러한 분석 모델은 <표 4-2>에 나와 있다.

관료적 구조와 부패의 관계에 대해 에번스와 로치의 연구(Evans and Rauch, 2000)가 가장 영향력 있는 연구이기 때문에 <표 4-2>의 모델 ①은 이들의 모델을 따라 1인당 GDP(로그), 교육 수준, 민족·언어 파편화 정도 등을 포함한 분석 모델이다. 모델 ②는 라푸엔테 등(Lapuente and Nistotskaya, 2009)을 따라 정치권력 파편화의 현재 수준과 지속성을 분석 모델에 포함했다. 왜냐하면 정치적 경쟁과 시간 전망의 차이에 따라 통치자가 능력주의 관료제를 노입할 인센티브가 달라지기 때문이다. 모델 ②에는 문화적 요인으로, 프로테스탄트 비율도 포함했는데, 논란이 있지만 기존 연구에서 프로테스탄트 비율은 부패 억제와 상관성이 있었기 때문이다(La Porta et al., 1999). 모델 ③과 모델 ④는 부패 원인에 대한 가장 영향력 있는 두 가지 연구에 근거해 만들었

표 4-2 부패 통제에 대한 능력주의 임용의 효과

	①	②	③	④	⑤
능력주의 임용	0.45*** (0.06)	0.28*** (0.05)	0.16*** (0.06)	0.26*** (0.06)	0.23*** (0.05)
1인당 GDP(로그)	0.61*** (0.11)	0.34*** (0.09)	0.067 (0.094)	0.22** (0.10)	0.23*** (0.065)
교육 수준	-0.005 (0.005)	-0.002 (0.004)		-0.0001 (0.004)	
인종적 파편화	0.19 (0.25)			0.072 (0.22)	
민주주의 수준		0.064*** (0.024)	-0.009 (0.040)	0.11*** (0.024)	
정치적 통제		0.23 (0.23)			
프로테스탄트 비율		0.009*** (0.002)		0.009*** (0.002)	0.006** (0.003)
민주주의 지속 기간		0.006*** (0.003)	0.004 (0.004)	0.006** (0.003)	0.007** (0.003)
언론 자유			-0.020*** (0.006)		-0.016*** (0.003)
신문 구독률(1000명당)			0.002* (0.001)		0.0003 0.0005
TV 보급 비율(100명당)			-0.0003 (0.0004)		
여성 의원 비율			-0.006 (0.005)		
무역 개방 기간			-0.006 (0.004)		
비례 선거제로 뽑힌 의원 비율				0.051 (0.11)	
무역 규모				0.003** (0.002)	0.002 (0.001)
OECD 가입 여부				0.206 (0.157)	
상수	-7.00*** (0.720)	-4.83*** (0.551)	0.101 (1.10)	-4.37*** (0.714)	-2.64*** (0.610)
국가 수	96	99	52	91	94

	①	②	③	④	⑤
R^2	0.733	0.830	0.687	0.856	0.860
adj. R^2	0.722	0.816	0.620	0.838	0.849

주: 괄호 안은 표준 오차. 종속 변수는 부패 통제 지표〔세계은행 거버넌스 지표(2011)〕이다. 모든 변수는 QoG 표준 데이터 세트(Teorell et al., 2013) 또는 QoG 전문가 서베이(Teorell, Dahlström, and Dahlberg, 2011)에서 이용할 수 있다.
* p<0.10, ** p<0.05, *** p<0.01.

다. 트라이스먼(Treisman, 2007)에 따르면, 경제 발전, 오랜 민주주의, 언론 자유, 여성 의원 비율, 무역 개방 역사는 부패 억제와 상관관계가 있다. 따라서 모델 ③은 부패 원인과 관련된 이러한 변수를 포함했다. 모델 ④는 선거 규칙과 부패의 관계에 대한 연구를 참고했다(Persson, Tabellini, and Trebbi, 2003). 모델 ④는 모델 ①의 변수와 함께 비례 선거제에 의해 선출된 의원의 비율, 민주주의 수준, 민주주의 지속 기간, 프로테스탄트 비율, 국제 무역 규모, OECD 회원국 여부 등을 변수에 포함시켰다〔프로테스탄트 비율의 경우 La Porta et al.(1999)의 1980년 데이터를 사용했지만, 또한 종교데이터아카이브연합(Association of Religion Data Archives)의 데이터도 사용했다〕.

모델 ⑤에서는 앞의 네 가지 모델에서 통계적으로 유의미한 변수들만 남겨뒀다(다만 민주주의 수준 변수는 언론 자유 변수와 공선성이 높아 제외했다).

이상의 다섯 가지 분석 모델에서 필자의 핵심 관심사는 능력주의 임용 변수가 부패에 통계적으로 유의미한 영향력을 갖는지 여부이다. 능력주의 임용 변수의 효과는 OECD 회원국 여부를 통제해도 사라지지 않았고, 종속 변수인 부패 지표를 다른 지표〔국제투명성기구의 부패 인식 지수(2013)와 국제국가위험가이드의 부패 지표(2013)〕로 대체해도 변함없었다. 또한 원래 종속 변수였던 세계은행의 부패 통제 지표가 다소 부정확하기 때문에 표준 오차(standard error)의 크기를 분석 모델에 반영해 〈표 4-2〉에 제시된 모든 분석 모델을 다시 분석해 봤는데도, 능력주의 임용 변수의 부패 통제 효과는 그대로였다

(Kaufmann, Kraay, and Mastruzzi, 2010).

그러나 <표 4-2>의 분석 모델에는 기존 연구가 제시한 관료제 구조의 다른 측면이 빠져 있다. 따라서 <표 4-2>의 모델 ⑤에 폐쇄형 베버 관료제와 공공 부문의 급여 수준을 포함한 추가 분석 모델을 만들었다. 그 결과는 <표 4-3>에 나와 있다. 3장에서 자세히 논의했듯이, 관료제에 대한 제도적 보호는 관료제 요인이 부패 통제에 긍정적 영향을 미치는 이유에 대한 가장 대표적 설명일 것이다(Miller, 2000; Rauch and Evans, 2000). <표 4-3>의 모델 ①에는 관료의 재직 기간과 특별 고용법에 의한 관료 보호 정도를 결합한 폐쇄형 베버 관료제 지수를 변수에 포함했다. 모델 ①의 분석 결과, 공무원의 급여 수준과 부패 통제 사이에는 통계적으로 유의미하지는 않지만 직관에 반하는, 음(-)의 관계가 나타났다. 또 폐쇄형 베버 관료제 지수와 부패 통제 사이에는 유의미하지 않은 양(+)의 관계가 나타났다. 이에 비해 능력주의 임용 변수의 효과는 긍정적이고 유의미했다.

이를 통해 능력주의 임용 변수와 부패 통제 사이에는 안정적인 상관관계가 있다고 확신할 수 있다. 이어 기존 연구에서 부패 통제에 효과적인 몇 가지 변수를 통제한 상태에서도 능력주의 임용 변수의 효과가 유지되는지 분석했다. 먼저 <표 4-3>의 모델 ②에서는 모델 ①의 폐쇄형 베버 관료제 지표 대신 해당 지수를 구성하는 관료의 종신 임용과 공무원 특별 고용법에 의한 보호 정도를 각각 변수에 포함시켰다. 분석 결과, 관료의 종신 임용은 부패 통제와 양(+)의 관계가 있었지만, 특별 고용법에 의한 보호 정도는 부패 통제와 음(-)의 관계가 나타났다. 그러나 폐쇄형 베버 관료제의 어떤 요소의 효과도 통계적으로 유의미하지 않았다. 따라서 종신 임용 보장이나 공무원 보호를 위한 특별법은 능력주의 임용 변수를 통제했을 때, 부패 통제에 효과가 없는 것으로 보인다.

부패 통제에 영향을 미치는 요인은 관료제의 폐쇄성이 아니라 정치인과

표 4-3 부패 통제에 대한 능력주의 임용 및 폐쇄형 베버 관료제 지표의 효과

	①	②	③	④
능력주의 임용	0.22*** (0.055)	0.21*** (0.057)	0.26*** (0.062)	-0.20 (0.19)
1인당 GDP(로그)	0.25*** (0.068)	0.23*** (0.067)	0.22*** (0.065)	0.24*** (0.068)
자유 언론	-0.015*** (0.0029)	-0.016*** (0.0030)	-0.016*** (0.0029)	
프로테스탄트 비율	0.0057** (0.0028)	0.0062** (0.0028)	0.0046 (0.0029)	0.0054* (0.0031)
민주주의 지속 기간	0.0073*** (0.0026)	0.0069** (0.0027)	0.0066** (0.0027)	0.0052* (0.0029)
신문 구독률(1000명당)	0.00031 (0.00054)	0.00030 (0.00055)	0.00034 (0.00055)	0.00018 (0.00058)
무역 규모	0.0023* (0.0014)	0.0019 (0.0014)	0.0018 (0.0014)	0.0026* (0.0014)
공공 부문 임금 수준	-0.077 (0.051)			
폐쇄형 베버 관료제 지표	0.0073 (0.058)			
종신 임용		0.036 (0.044)		
공무원 특별 고용법		-0.013 (0.069)		
공공 부문 공식 시험			-0.038 (0.038)	-0.024 (0.041)
민주주의 수준				-0.18** (0.091)
능력주의 임용 × 민주주의 수준				0.067*** (0.023)
상수	-2.69*** (0.63)	-2.66*** (0.66)	-2.52*** (0.62)	-2.34*** (0.88)
국가 수	94	94	94	94
R^2	0.87	0.86	0.86	0.85
adj. R^2	0.85	0.85	0.85	0.84

주: 괄호 안은 표준 오차. 종속 변수는 부패 통제 지표〔세계은행 거버넌스 지표(2011)〕이다. 모든 변수는 QoG 표준 데이터 세트(Teorell et al., 2013) 또는 QoG 전문가 서베이(Teorell, Dahlström, and Dahlberg, 2011)에서 이용할 수 있다.
* $p<0.10$, ** $p<0.05$, *** $p<0.01$.

관료의 경력 분리에 따른 인센티브의 차이와 상호 감시인 것이다. 그래서 〈표 4-3〉의 모델 ③에서는 공공 부문의 능력주의와 관련된 두 가지 지표를 포함시켰다. 하나는 능력주의 임용 변수이고, 또 다른 하나는 에번스와 로치(Evans and Rauch, 1999)의 주장처럼 공공 부문 채용에서 공식 시험이 있는지 여부이다. 분석 결과, 능력주의 임용 변수의 효과가 확실히 두드러진 반면 공식 시험 변수의 효과는 나타나지 않았다. 즉, 공무원이 채용될 때, 공식 시험을 통과해야 할지, 혹은 이력서 심사와 면접 등 민간 부문의 표준 채용 절차를 거쳐야 할지는 부패 통제와 아무 관련이 없었다. 이는 유럽 국가들의 사례를 보면 쉽게 이해할 수 있다. 예컨대 스칸디나비아 국가들은 민간 부문과 유사한 채용 절차를 채택한 반면 이탈리아, 스페인과 같은 국가들은 공식 시험을 통해 공무원을 선발한다. 그러나 필자의 분석에 따르면, 진짜 중요한 것은 공무원이 정치적 인맥에 의존하지 않고 능력에 따라 채용되는지 여부이다. 이러한 능력주의 채용을 덴마크와 같은 국가에서는 공식 시험 없이도 달성한 반면, 스페인은 공식 시험이 있는데도 이를 얼마든지 우회할 수 있다.

순델(Sundell, 2014)은 "무엇이 능력주의 임용을 가능하게 만드는가"라는 질문을 던짐으로써 능력주의 임용, 공식 시험, 부패 통제 간의 인과 관계를 한 발짝 물러나 생각하게 만들었다. 그의 분석에 따르면, 공식 시험과 같은 임용 과정의 규제는 후견주의 임용의 위험성이 낮은 국가보다, 후견주의 임용의 위험성이 높은 국가와 밀접한 관계가 있었다. 따라서 공식 시험 시스템은 국가 발전의 초기 단계에서 요청되었을 수 있다(이러한 추론에 대해서는 Dahlström, Lapuente, and Teorell, 2012b 참조).

종합하면, 〈표 4-3〉의 모델 ①, ②, ③은 "능력주의 임용을 통한 정치인과 관료의 경력 분리가 부패를 감소시킬 것"이라는 필자의 주장과 일치했다. 그러나 관료제 요인과 관련된 다른 가설, 즉 폐쇄형 베버 관료제 가설과 높은 공무원 급여가 부패를 감소시킬 것이라는 가설은 지지되지 않았다. 지금까지 봤을 때, 세 가지 가설(인센티브 가설, 폐쇄형 베버 관료제 가설, 높은 공무원 급여 가설) 가운데 인센티브 메커니즘 가설만이 강력하게 지지된다. 그러나 이는 국가 간 횡단면 데이터(cross-sectional data)와 집합 수준의 분석에 근거한 결론이라는 점에서 완벽하지는 않다.

정치인과 관료가 서로 감시하는 역할을 한다는 이론적 메커니즘이 맞다면, 그것의 부패 통제 효과는 책임성이 직접적일 때 더 강력할 것이며, 이를 실증 분석을 통해 증명할 수 있어야 할 것이다. 정치인과 관료의 책임성은 약한 민주주의나 권위주의 체제보다 위법 행위에 대한 폭로와 뉴스가 쉽게 일반 대중에게 알려지는 민주주의 체제에서 더욱 직접적일 것이다(Dahlström and Lapuente, 2015). 따라서 부패 통제에 대한 능력주의 임용 변수의 한계 효과(marginal effect)는 민주주의 국가에서 더 클 것이라는 예측에 근거해 〈표 4-3〉의 모델 ④에서는 능력주의 임용 변수와 민주주의 수준 간의 상호 작용항을 포함시켰다. 분석 결과, 이 상호 작용항의 효과는 필자의 예상대로, 통계적으로 유의미했다. 민주주의 수준 변수의 효과도 통계적으로 유의미했지만, 이는 능력주의 임용 변수가 0이라고 가정할 때의 효과이기 때문에 크게 흥미로운 결과는 아니다.

〈그림 4-2〉의 실선은 민주주의 수준에 따라 부패 통제에 대한 능력주의 임용 변수의 한계 효과가 어떻게 변하는지를 보여준다. 점선은 95% 신뢰 구간이다. 신뢰 구간 점선이 모두 Y축의 0점 선 위(또는 아래)에 있으면 능력주의 임용의 효과가 통계적으로 유의미함을 의미한다. 능력주의 임용의 효과가 통계적으로 유의미해지는 지점은 민주주의 수준(1~10점 척도)이 5.4보다 높을 때이며, 데이터에 포함된 국가의 68%가 이 값(민주주의 수준 5.4)보다 높다(〈그림 4-2〉의 X축의 막대그래프 참조). 〈그림 4-2〉는 정치인과 관료의 경력 분리에 따른 상호 감시 메커니즘을 지지하는 결정적 증거는 아니지만, 어쨌든 이론적 예측을 뒷받침하는 증거이다.

그림 4-2 능력주의 임용과 민주주의 수준 간 상호 작용 효과

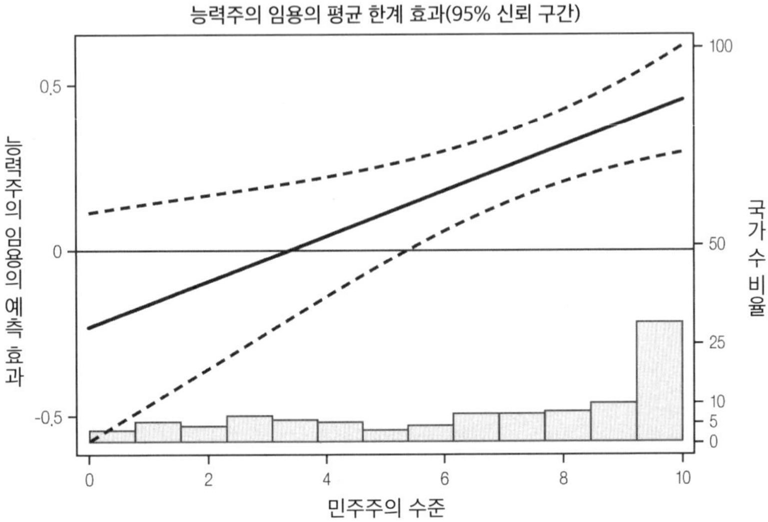

주: Y축은 부패 통제에 대한 능력주의 임용의 효과를, X축은 민주주의 수준을 나타낸다. 실선은 능력주의 임용의 한계 효과를, 점선은 95% 신뢰 구간을 나타낸다. 그림 아래의 막대그래프는 민주주의 수준별 국가의 비율을 나타낸다. 중간의 X축은 국가 수 비율을 나타낸다. 〈표 4-3〉의 모델 ④의 상호 작용 효과를 도식화한 것이다. 모든 변수는 QoG 표준 데이터 세트(Teorell et al., 2013) 또는 QoG 전문가 서베이(Teorell, Dahlström, and Dahlberg, 2011)에서 이용할 수 있다.

그러나 지금까지의 분석은 횡단면 분석이고, 종속 변수와 독립 변수의 출처가 다르지만 어쨌든 모두 응답자의 인식을 측정한 변수라는 점을 주의해야 한다(즉, 전문가가 인식하는 것과 실제 해당 국가의 현실이 다를 수 있다는 의미이다). 특히 국가 간 횡단면 분석은 내생성 편의에 의해 결과가 왜곡될 위험성이 있다. 횡단면 데이터라는 점을 고려할 때, QoG 전문가 서베이에 응답한 전문가들이 부패한 국가에 속할 경우 해당 국가의 관료제가 덜 능력주의적이라고 인식했을 가능성이 있다. 또는 능력주의 임용 때문에 부패 통제가 된 것이 아니라 그 반대일 가능성도 있다. 그래서 우리는 이러한 가능성을 최대한 배제하고자 한다.

이러한 내생성 편의를 최대한 제거하기 위해 두 가지 전략을 채택했다. 첫 번째 전략은 부패 인식의 시간적 가변성(temporal variability)을 고려해 종속 변수인 부패 인식 변수의 이전 시점(lagged) 변수를 포함시키는 것이다. 이는 내생성 문제를 근본적으로 해결하지는 못하지만, 문제를 약화시킬 수 있다. 〈표 4-4〉의 모델 ①은 부패 통제 변수의 과거 측정치, 즉 1996년 기준 부패 통제 변수를 통제했다. 예상했던 대로, 부패 통제 변수의 과거치를 포함하면 능력주의 임용 변수의 계숫값은 감소하지만, 여전히 통계적으로 유의미하다.

내생성 극복을 위한 두 번째 전략은 능력주의 임용 변수의 도구 변수를 사용하는 것이다. 이와 관련해 어트먼(Ertman, 1997)은 18세기에 한 국가의 국가 행정이 관료제적인지, 가산제적(patrimonial)인지를 측정한 지표를 도구 변수로 사용했다. 이 도구 변수는 달스트룀 등의 연구(Dahlström, Lapuente, and Teorell, 2012a)에서도 사용되었다. 샤롱 등(Charron, Dahlström, and Lapuente, 2012)은 근대 유럽 국가를 관료제적 행정과 가산제적 행정으로 구분한 어트먼(Ertman, 1997)을 따라 해당 국가가 어느 유형에 속하는지를 가변수로 만들었는데, 필자는 이 자료를 사용했다.

어트먼(Ertman, 1997)의 구분에 따르면, 독일, 스웨덴, 영국 등은 전쟁을 치르면서 진행된 근대 국가 건설 과정에서 자율적이고 능력에 기반한 관료제가 형성되었다. 반면 프랑스, 스페인, 포르투갈 등은 국가 건설 과정에서 가산제가 공고화되었다. 필자의 이론이 맞다면, 이러한 역사적 경험은 오늘날의 부패 수준에 원초적 영향을 미쳤을 것이다. 문제는 이러한 구분이 가능한 국가가 OECD 국가 31개국뿐이어서 표본이 매우 적다는 점이다. 또한 도구 변수를 활용한 2단계 회귀 분석(2SLS)의 1단계에서 얻은 F통곗값이 10 미만(여기서는 보고하지 않았다)인데, 이는 도구 변수의 적절성이 취약하다는 것을 의미한다(Stock, Wright, and Yogo, 2002). 그러나 도구 변수의 적절성을 검증하는 앤더슨·루빈 신뢰 구간(Anderson-Rubin confidence interval)의 계숫값은 통계적으로 유의미하기 때문에 해당 도구 변수를 그대로 사용했다. 〈표 4-4〉의 모

표 4-4 부패 통제에 대한 능력주의 임용의 효과(단순 회귀 분석과 2단계 회귀 분석)

	①	②
능력주의 임용	0.11** (0.045)	0.45* (0.22)
1인당 GDP(로그)	0.18*** (0.052)	-0.50 (0.43)
자유 언론	-0.008*** (0.002)	-0.033** (0.013)
프로테스탄트 비율	0.005** (0.002)	0.0003 (0.004)
민주주의 지속 기간	-0.001 (0.002)	0.010* (0.005)
신문	0.0001 (0.0004)	0.0002 (0.0007)
무역 규모	0.0005 (0.001)	-0.001 (0.002)
부패 통제(1996)	0.505*** (0.073)	
상수	-1.75*** (0.507)	4.21 (4.45)
국가 수	94	28
R^2	0.911	0.872
adj. R^2	0.903	0.827

주: 모델 ①은 단순 회귀 분석, 모델 ②는 2단계 회귀 분석. 괄호 안은 표준 오차. 모델 ②에서 도구 변수는 18세기 국가 관료제화 수준(Ertman, 1997; Charron, Dahlström, and Lapuente, 2012)이다. 종속 변수는 부패 통제 지표[세계은행 거버넌스 지표(2011)]이다.
* p<0.10, ** p<0.05, *** p<0.01.

델 ②는 18세기 관료제화 수준을 현재 관료제의 능력주의 임용 수준에 대한 도구 변수로 사용한 2단계 회귀 분석의 결과를 보여준다. 분석 결과, 능력주의 관련 두 가지 변수(1단계에서 18세기 관료제화 정도 변수, 2단계에서 능력주의 임용 변수)는 모두 통계적으로 유의했고, 능력주의 임용 변수의 부패 통제 효과는 모델 ①의 0.11에서 모델 ②의 0.45로 크게 증가했다.

전반적으로 지금까지의 실증 분석 결과는 능력주의 임용과 부패 통제 사이에 통계적으로 유의미한 연관성이 있음을 보여준다. 이러한 결과는 여러 까다로운 통제 변수를 포함하거나, 다양한 분석 모델을 적용하더라도 일관된다. 또한 종속 변수를 다른 부패 지표로 바꿔도 결과는 크게 변하지 않았다. 지금까지 정치인과 관료의 경력 분리에 근거한 인센티브 메커니즘을 관료제의 다른 메커니즘(폐쇄형 베버 관료제 또는 급여 수준 메커니즘)과 비교했다. 또한 잠재적인 내생성 편의를 극복하기 위해 다양한 시도를 했다. 이러한 모든 분석은 필자의 주장이 옳다고 말하지만, 좀 더 확실한 증거를 찾기 위해 추가적으로 반부패 투쟁에 성공한 국가들의 역사적 사례를 살펴볼 것이다.

미국과 북유럽의 반부패 투쟁

잠재적인 내생성 편의를 해결하기 위한 마지막 작업으로 일부 서구 민주주의 국가에서 시스템 차원의 부패를 감소시킨 역사적 사례를 살펴보겠다. 역사적 경험을 시간 순서대로 봤을 때, 능력주의 임용은 행정 부패가 통제된 이후 제도화된 것이 아니며, 반부패 투쟁의 결과도 아니다. 반대로, 행정 부패가 억제되기 전에 능력주의 임용 제도가 먼저 시행되었다. 많은 국가에서 능력주의 임용 절차는 역사적으로 부패가 절정에 달했을 때 시행되곤 했는데, 이는 개혁가들이 능력주의 임용 절차를 반부패 투쟁의 수단으로 여겼기 때문이다. 이러한 역사적 사실은 이 책의 이론적 주장과 잘 들어맞는다. 능력주의 임용은 정치인과 (종종 정치적으로 임명된) 관료의 이해관계의 결합을 깨기 위한 방법으로 고안되었던 것이다. 매디슨의 '파벌' 개념에 대한 노트(Knott, 2011)의 해석에 근거해 20세기 초 개혁가들이 구상했던 것은 행정에서 정치적 분파의 영향력을 제거하는 것이었다.

역사적 사례로 넘어가기 전에 부패와 후견제 임용이 동일한 현상이 아님을 지적하고 싶다. 후견제와 부패는 다른 개념이다. 골든(Golden, 2000: 3)의 말처럼, 후견제와 부패는 "서로 다른 게임이다". 그렇지만 이들 두 개념 사이에는 인과 관계가 있을 수 있다. 세계은행은 1997년, 낮은 부패와 연관된 네 가지 요인 중 하나로 비후견형 관료제를 꼽았다(World Bank, 1997). 일부 국가에 대한 연구에 따르면, 현직 정치인이 부패한 거래에 관여하더라도 정치적 라이벌이 이를 폭로하지 않을 것이라고 확신할 수 있는 환경이 갖춰졌을 때, 후견제는 부패 수준을 높이는 원인이 된다(Golden, 2000: 3). 이 연구의 중요한 교훈은 후견제와 부패는 서로 구별되어야 한다는 점이다. 이제 반부패 투쟁 과정에서 능력주의 행정 개혁을 단행했던 역사적 사례를 살펴보자.

북유럽 국가

먼저 후견형 관료제를 가장 먼저 개혁한 북유럽 국가들부터 살펴보자. 이들 국가의 부패 수준은 현재 세계에서 가장 낮다(Uslaner, 2008). 특히 덴마크와 스웨덴에 초점을 맞출 건데, 이들 나라는 능력주의 임용 제도 도입과 부패에 관한 경험 자료가 많기 때문이다. 이들 국가의 역사적 경험은 능력주의 임용 개혁이 부패와 정부 비효율성의 역사적 종식보다 앞섰다는 점을 보여준다. 그러나 잊지 말아야 할 점은, 19세기 중반까지만 해도 덴마크와 같은 국가의 엘리트들도 직접적 횡령은 물론 법을 무시한 사적 계약 등을 통해 사적 지대(private rent)를 착복해 왔다는 점이다(Frisk-Jensen, 2008). 따라서 노스 등(North, Wallis, and Weingast, 2009)의 용어를 빌리자면, 당시 북유럽 국가는 특수주의적 폐쇄 사회(particularistic limited access society), 또는 아세모글루와 로빈슨(Acemoglu and Robinson, 2012)의 개념에 따르면 사회 후생을 희생하면서 지대를 추구하는 착취적 엘리트의 사회였다.

예컨대 "1849년 헌법 혁명 당시 덴마크에는 부패가 행정의 깊은 부분까지 뿌리를 내렸다"(Frisk-Jensen and Mungiu-Pippi, 2011: 65). 1849년 자유주의 헌법 제정 이전과 직후의 덴마크 부패 수준이 다른 유럽 국가들보다 높았던 것은 아니다. 그렇지만 1810~1830년 기간은 부패가 '전염병'으로 간주될 정도로 높았다(Frisk-Jensen, 2008: 192). 이후 30년 동안 부패 기록은 감소했고, 1860년경에는 부패가 미미해졌다.

다른 북유럽 국가와 마찬가지로, 덴마크의 역사적 사례는 부패가 억제되기 전에 능력주의 행정 개혁이 먼저 이뤄졌음을 보여준다. 능력주의는 부패 감소의 원인이지, 결과가 아니었다. 역사학자들은 나폴레옹 전쟁에서 충격적인 군사적 패배(1814)를 당한 이후 덴마크가 도입한 능력주의는 "좋은 정부를 향한 덴마크적 경로의 주요 자산(chief assets of the Danish path to good governance)" 중 하나라고 말한다(Frisk-Jensen and Mungiu-Pippi, 2011: 70).

그러나 덴마크 정부의 능력주의 임용 제도 도입은 코펜하겐 대학교(University of Copenhagen)가 사법 시험을 도입한 1736년부터 이미 시작되었다. 이후 수십 년 동안 코펜하겐 대학교 졸업생들은 막 형성되고 있던 공무원 조직으로 입직했다(Frisk-Jensen and Mungiu-Pippidi, 2011: 70). 그 결과 19세기 초쯤, 덴마크 공무원 중 귀족이 약 10%에 불과할 정도로 사실상의 능력주의 임용이 자리 잡았다(Feldbaek, 2000; Knudsen, 2006). 능력주의 임용 도입 과정의 정점은 1821년인데, 이때부터 공무원이 되려면 의무적으로 대학의 법학 학위를 취득해야 했다. 즉, 덴마크는 부패가 절정이던 1810~1830년 기간보다 수년 전에 이미 능력주의 관료제가 만들어졌으며, 이후 수십 년이 지난 1860년에는 부패가 효과적으로 통제되었다. 따라서 필자는 보다 확신을 갖고 말할 수 있다. 능력주의 채택은 덴마크가 지금의 덴마크가 될 수 있었던 역량에 의한 결과가 아니라, 그 원인이었다.

스웨덴의 경우 테오렐과 로스타인(Teorell and Rothstein, 2015)에 따르면, 18세기 후반 스웨덴 관료제에는 네 가지 유형의 문제가 있었다. 첫째, 관료제 채용이 능력주의적이지 않았다는 점, 둘째, 소위 '협정' 시스템(accord system)이라고 불리는 공직 매매가 널리 퍼져 있었다는 점, 셋째, 공무원은 일반적으로 생계에 필요한 급여를 받지 않고, 이른바 '스포틀러(spotler)'라고 불리는 비공식 대가를 통해 수입의 대부분을 얻었다는 점, 넷째, 범법 행위, 뇌물 수수 등 부정행위가 모호하게 다뤄지거나, 거의 규제되지 않았다는 점이다.

국가 간 데이터가 부족해 프랑스와 영국 등 당시 다른 나라와 비교했을 때, 스웨덴의 문제가 어느 정도 심각한지 평가하기 어렵지만, 19세기 초 스웨덴 관료제가 베버 관료제의 기준에 한참 못 미쳤다는 것은 분명하다(Bågenholm, 2015). 이와 함께 19세기 들어 능력주의 임용이 증가한 반면(Sundell, 2015), 공직 매매, 비공식 대가(Sundell, 2014), 불법 행위(Teorell and Rothstein, 2015)가 극적으로 감소한 것도 사실이다.

스웨덴에는 미국의 펜들턴법(Pendelton Act)이나 영국의 노스코트·트리벨리언 보고서(Northcote-Trevelyan Report)와 같은 단일 행정 개혁 프로그램이 없었기 때문에 무엇이 스웨덴의 행정 개혁을 촉발했고, 강화했는지 분명치 않다. 로스타인(Rothstein, 1998; 2011)은 후견주의 제도가 전환점을 맞은 시점을 1860~1875년의 행정 개혁 시기와 연관 짓는다. 그에 따르면, 이 시기에 스웨덴 정부는 근대 관료제와 관련된 대부분의 요소를 갖추게 되었다. 예를 들어, 1863년에는 대학 교육에서 강화된 학위 기준이 새롭게 마련되었다. 차별 규정도 사라졌는데, 1870년부터는 유대인도 공무원과 국회 의원이 될 수 있었다. 1860~1875년 능력주의 행정 개혁 이후에도 종종 부패가 발생했지만, 부패는 "더 이상 '표준 운영 절차'로 여겨지지 않았다"(Rothstein, 2011: 114).

능력주의 행정 개혁에 대한 최근 연구에 따르면, 스웨덴 관료제의 중요한 개혁은 이미 19세기 전반부터 시작되고 있었다(Rothstein and Teorell, 2015; Teorell and Rothstein, 2015). 순델은 지난 200여 년 동안 스웨덴 중앙 기관에서 근무한 모든 스웨덴 공무원의 성씨를 분석하는 방법으로 스웨덴 관료제에서 비공식적 대가와 연고주의가 쇠퇴하는 과정을 연구했다(Sundell, 2014; 2015). 그에 따르면, 이러한 쇠퇴 과정은 매우 점진적이었기 때문에 스웨덴에서 단일한 행정 개혁 시기를 특정 짓기는 어렵다.

결론적으로 가장 중요한 점은 스웨덴에서 정치와 행정의 분리는 행정 비효율과의 투쟁 이전에 도입되었으며, 그러한 투쟁의 결과로 도입된 것이 아니라는 사실이다. 스웨덴의 행정 개혁이 성공했던 것은 부패 관행이 억제되기 전인 18세기 후반, 이미 스웨덴에서 정치인과 관료의 경력 분리를 위한 초석이 두 가지나 마련되었기 때문이다. 그것은 첫째, 그 무렵 스웨덴은 18세기 초에 형성된 스웨덴 통치 체제의 특징인 '이원적 구조(dualism)', 즉 행정기관들이 중앙 부처(central ministries)로부터 광범위한 독립성을 갖는 체제가 자리 잡았다는 점(Andersson, 2004), 둘째, 18세기 말이 되면 공무원 승진에서 연공서열 원칙(principle of seniority)이 확립되어 관료제에 대한 정치적 개입이 차단되었다는 점이다(Nilsson, 2000).

영국

1854년 노스코트·트리벨리언 보고서로 시작된 영국의 행정 개혁에서 능력주의가 도입된 것은 부패 없는 정부를 만들기 위한 시도로 볼 수 있다. 당시 영국 사회에는 자의적인 후견주의 공직 임용이 부패의 주요 원인이라는 인식이 퍼져 있었다. 특히 1780~1860년 기간은 전통적으로 '오랜 부패 관행' 시대로 알려질 정도로 부패가 심각했는데, 능력주의 임용 제도는 이러한 문제에 대한 해결책으로 여겨졌다.

당시 영국은 세계에서 가장 강력한 제국이었지만, 19세기 초 정치 엘리트들은 아세모글루와 로빈슨이 말한 착취적 엘리트와 비슷했다(Acemoglu and Robinson, 2012). 영국은 "국가 '부패'의 고전적 사례"였다(O'Gorman, 2001: 54). 루빈스타인(Rubinstein, 1983)이 제시한 몇 가지 흥미로운 사례를 보면, 19세기 초반에 큰 재산을 모은 사람들 중 상당수가 공무원이었다. 또한 하프 백만장자(half millionaires)의 10%, 그리고 재산 15만 파운드부터 하프 백만장자까지 범위의 부자의 23%가 공직 활동과 관련이 있었다. 영국의 후견주의 정부에서 공직자의 사적 권한 남용은 최고위층〔예를 들어 평범한 가문 출신인데도 27년간 재무 장관으로 재직하면서 70만 7000파운드의 재산을 모은 토리당 엘던 경(Lord Eldon)〕에서부터 하위층〔예를 들어 패트릭 플런켓(Patrick Plunkett)은 형제인 아일랜드 대법관의 회계 담당자가 되어서 연간 500파운드의 봉급을 받았다〕에 이르기까지 다양했다(Rubinstein, 1983).

루빈스타인에 따르면 당시 영국에서 이러한 조직적 부패는 공직 진출 방식과 관련이 있었다(Rubinstein, 1983). 당시에 공직 진출의 지배적 방식은 연고주의와 정치적 후견이었고, 이를 통해 주로 토리당이 이득을 봤다. 영국에서 후견주의는 매우 광범위했는데, 원래는 왕실 내각 수준에서 처음 시작되었지만, 이후 공직과 군대, 지방 정부에 이르는 모든 행정 수준, 교회와 법조계와 같은 일부 전문직까지 퍼져 나갔다(Harling, 1996; O'Gorman, 2001). 공직 접근과 부패 사이의 이러한 연관성은 동시대 사람들에게도 잘 알려져 있었다. 루빈스타인에 따르면 "1810~1835년 사이에 급진적인 잡지나 신문을 펼치면, 거의 변함없이 후견주의와 사회적 특권에 대한 폭로와 공격을 발견할 수 있다"(Rubinstein, 1983: 59).

결국 영국 개혁가들은 정치적(그리고 개인적) 이해관계가 능력보다 우선시되는 후견주의 행정이 초래한 문제를 극복하기 위해 능력주의 관료제가 필요하다는 결론에 도달했다. 제러미 벤담(Jeremy Bentham)의 철학을 따르는 공리주의 개혁가들은 몇몇 개혁에서 성과를 거뒀다. 예컨대, 개혁가들은 빈민법위원회(Poor Law Commission)에서 일하는 공무원들을 능력에 따라 임명하도록 하는 데 성공했다(O'Gorman, 2001: 63~64). 1854년 노스코트·트리벨리언 보고서는 공무원 임용은 개인적·정치적 인맥이 아닌 공개적이고 경쟁적인 시험을 통해 이뤄져야 한다고 주장했는데, 이는 영국에서 능력주의 관료제가 공고화되는 전환점이었다.

노스코트·트리벨리언 보고서의 정신은 실제로 부패 근절이었다(Chapman and Greenaway, 1980; Greenaway, 2004; Harling, 1996). 행정청장(head of the Civil Service, 1840~1859)을 역임한 찰스 트리벨리언(Charles Trevelyan)은 이 보고서에 담긴 반부패 목표를 이렇게 말했다. "부패의 흐름을 끊어야 한다. 그래서 하원이 하는 일, 좋은 정부와 관련된 모든 일이 우리에게 도움이 되도록 해야 한다. 즉, 우리가 싸워야 할 가장 큰 장애물인 부패를 없애고, 국가 업무를 효율적으로 관리해야 한다." 또 총리 윌리엄 글래드스톤(William Gladstone)은 이 보고서가 좋은 정부를 위한 투쟁의 필수 요소라고 생각해 이 보고서에 대해 "의회 개혁이라는 피크닉에 내가 공헌한 결과물"이라고 말했다(모두 Greenaway, 2004에서 재인용).

그러나 공개적이고 경쟁적인 시험의 원칙이 완전히 구현되기까지 수년이 걸렸고, 외무부와 식민지부 같은 일부 부처에서는 수십 년이 걸렸다(O'Gorman, 2001: 64). 던리비 등(Dunleavy and Hood, 1994: 9)에 따르면, 능력주의 원칙은 '부화기(incubated mode)'에 머물러 있었으며, 사실 처음에는 대영 제국의 특수성에 맞지 않는, 말도 안 되는 '중국식 제도(Chinese scheme)'라고 비난받았다. 그러나 얼마 지나지 않아 공무원 임용, 승진, 해고에 있어 정치인의 손을 묶는 능력주의 공무원제 말고는 부패와 나쁜 정부를 효과적으로 극복할 방법이 없다는 것이 실무자들과 학계의 통념으로 자리 잡았다.

미국

미국만큼 능력주의 공무원 제도 도입에 대해 많이 연구된 국가도 없을 것이다. 지방 정부와 주 정부 차원에서 이뤄진 공무원 개혁의 시기와 지리적 범위의 편차에 대해 지난 수십 년 동안 많은 양적 연구가 이뤄졌다(Frant, 1993; Hollyer, 2011; Johnson and Libecap, 1994; Lapuente, 2010; Ruhil, 2003; Ruhil and Camões, 2003; Tolbert and Zucker, 1983). 이들 연구는 연방 정부 안에서 어떤 도시, 주 또는 기관은 특정 역사적 순간에 능력주의 공무원 제도를 도입한 반면 다른 기관들은 오랫동안 그렇게 하지 않은 원인에 대해 다양하게 설명한다.

이들 연구가 모두 능력주의 공무제의 도입을 부패 억제와 연관 짓는 것은 아니다. 예를 들어, 미국 도시에서 공무원위원회(civil service commission)의 설립과 영향력은 지방 정부의 유형에 달려 있었다는 연구가 있다(Frant, 1993; Lapuente, 2010). 다른 연구는 능력주의 공무원제를 도입함으로써 정치인들이 점점 충족하기 어려워지는 후견주의 요구(Ruhil, 2003)와 점점 통제하기 어려워지는 정당 머신(Johnson and Libecap, 1994)으로부터 벗어날 수 있었다고 주장한다. 또한 미국의 일부 도시에서 능력주의 공무원제가 도입된 것은 중등 교육 및 고등 교육의 확대와 관련이 있다는 주장도 있다(Hollyer, 2011). 이들 연구는 능력주의 공무원제 도입을 "좋은 정부 세력의 승리"(Ruhil, 2003: 159)라고 단순하게 설명하는 것은 "경험적 사실과 맞지 않다"고 주장한다(Frant, 1993: 992). 실제로 공무원 개혁 운동은 여러 의미에서 명백한 성공을 거뒀지만, "1884년에 정점을 찍고 그 이후 시들해졌다"(Ruhil, 2003: 159)는 점에서 그렇다. 따라서 이들 연구의 시사점은 다음과 같다. 첫째, 능력주의 공무원제의 도입은 개념적으로, 경험적으로 부패 억제 때문만은 아니며, 이 장에서 보여준 것처럼 여러 다른 요인들을 고려해야 한다. 둘째, 후견주의 임명, 즉 엽관제를 능력주의 관료제로 대체한 데에는 여러 인구학적·사회적·경제적·정치적·문화적 원인이 있었다.

그러나 능력주의 공무원제를 도입하려고 했던 진보주의 시대 개혁가들의 목표는 여전히 부패 억제였다는 점이 중요하다. 당시 개혁가들은 정치인과 관료의 이해관계 분리와 부패 및 공적 자금 오용을 최소화하는 것 사이의 인과 관계에 초점을 맞췄다. 이에 대해 엽관제로 공직을 얻는 낙하산들과 정당 머신들은 강력하게 반대했다. 예를 들어, 20세기 초 태머니 홀의 보스 플런킷(George W. Plunkett)은 좋았던 옛 시절을 우울하게 회상하며 이렇게 말했다. "(그때는) 정당이 승리하면 노동자들이 모든 것을 손에 넣었었다"(Schultz and Maranto, 1998: 56). 미국에서 능력주의 행정 개혁은 다양한 정치적 요인과 함께 1881년 약속받은 공직을 얻지 못해 실망한 괴한에 의해 제임스 가필드(James Garfield) 대통령이 암살당한 충격적인 사건에 의해 촉발되었다.

1880년대가 되면 종교적 도덕주의자, 사업가, 그리고 진보주의 개혁가들이 연합을 구성하고, 정치와 행정의 분리를 주장하기 시작했다(Knott, 2011: 30). 이들의 목표는 "정부의 도덕적 정화"였다(Arnold, 2003: 205; Teaford, 1983). 당시의 많은 사람들이 이 책이 주장한 이론적 메커니즘(즉, 정치인과 관료의 경력 분리를 통한 부패 통제)에 대해 깨달았다. 예컨대, 윌리엄 클라크(William Clarke)는 1897년에 이렇게 말했다. "공공연한 후견주의가 부패한 선거의 주요 원인은 아니더라도, 직접적 또는 간접적으로 큰 원인이다. 따라서 논리적으로 봤을 때, 후견주의가 적을수록 부패도 적어진다"(Frant, 1993: 994에서 재인용). 1830~1840년대 미국 의회에서 앤드루 잭슨(Andrew Jackson) 대통령의 후견주의 임명을 비판했던 위대한 삼인조[켄터키(Kentucky)주의 헨리 클레이(Henry Clay), 매사추세츠(Massachusetts)주의 대니얼 웹스터(Daniel Webster), 사우스캐롤라이나(South Carolina)주의 존 캘훈(John C. Calhoun)]도 같은 맥락에서 후견주의와 부패 사이의 연관성을 비판했다(van Riper, 1958: 63; Schultz and Maranto, 1998: 17).

당시 정당 머신이 개인적 이익과 정당의 이익을 위해 정부의 정책 집행을 정파적으로 왜곡하고 부패시킨다는 점은 공공연한 사실이었다. 예컨대 후견주의의 대표적인 사례로, 고도로 정치화된 뉴욕시 세관의 세관원은 유럽으로 출국하는 선박으로부터 125만 달러(연방 정부 예산의 5%)를 뜯어내 횡령했다(Rosenbloom, 1971: 6; Schultz and Maranto, 1998: 36, 41; Nelson, 1982: 25). 이와 함께 후견주의 임명으로 정부 부처를 장악한 뒤 저지른 부패에 대해 덜 알려진 사례들도 많다. 예를 들어, 잭슨 대통령을 지지하는 우편배달부들은 잭슨 대통령 정당의 기관지는 무료로 배달하면서 잭슨 대통령에 반대하는 출판물은 고의로 잃어버리곤 했다(Schultz and Maranto, 1998).

부패 문제에 대한 사회적 관심이 커지자 공무원 개혁 운동의 초기 개혁가였던 토머스 젱키스(Thomas Jenckes) 하원 의원은 남북 전쟁 직후, 능력주의 공무원제를 도입하는 법안을 발의했다(Schultz and Maranto, 1998: 51). 젱키스 의원은 엽관제(Hoogenboom, 1961), 특히 관세 제도의 부패로 고통받던 많은 사업가들의 지지를 받았다(Schultz and Maranto, 1998: 52). 자유주의 전문가, 지식인, 종교 단체들이 정치적 임명에 의한 부패 문제를 강조하면서 능력주의 공무원제 개혁 운동에 참여했다. 사실, 남북 전쟁 직후 몇 년 동안 자의적 임명과 부패 사이의 연관성이 너무 뚜렷해져서 "악마의 자식이 노예 소유주에서 엽관제 낙하산들(spoilsman)로 바뀌었다"는 말이 나올 정도였다(Schultz and Maranto, 1998: 55; van Riper, 1958: 81).

또한 1870년대에 특히 악명 높았던 세 건의 부패 스캔들이 터졌는데,[4] 이를 계기로 공적 자금 오용 문제가 발생한 것은 정치적 임명 때문이라는 여론이 생겨났다(Schultz and Maranto, 1998: 61). 이러한 사례들은 1881년에 결성된 전국공무원개혁연맹(National Civil Service Reform League)의 성공에 기여했으

4 1870년대 미국에서 발생한 세 건의 유명한 부패 스캔들은 다음과 같다. 첫째, 크레디트 모빌리어 스캔들(Credit Mobilier Scandal). 1872년에 폭로된 이 스캔들은 유니온 퍼시픽 철도(Union Pacific Railroad)의 건설과 관련이 있다. 크레디트 모빌리어 오브 아메리카라는 건설 회사가 철도 건설 프로젝트에서 과도한 이익을 취한 것으로 밝혀졌고, 이 과정에서 여러 연방 정치인들이 주식을 받고 정부 지원을 받는 데 도움을 준 것으로 드러났다. 이 스캔들은 그랜트(Ulysses Grant) 대통령 재임 기간(1869~1877) 중에 발생했다. 둘째, 위스키 링 스캔들(Whiskey Ring Scandal). 1875년에 폭로된 이 스캔들은 주류 제조업자와 정부 관리들이 연루된 탈세 음모였다. 이들이 주류에 대한 세금을 회피하고, 이익을 나눈 것이 밝혀지면서 많은 공무원이 기소되었다. 이 사건 역시 그랜트 대통령의 친구들과 직접 연관되어 있었기 때문에 대통령의 이미지에 큰 타격을 주었다. 셋째, 인디언 링 스캔들(Indian Ring Scandal). 이 스캔들은 인디언 관련 업무를 담당하는 정부 관리들과 사업가들이 인디언 보호 구역의 용품 공급 계약을 조작해 부당 이득을 취한 사건이다. 이 스캔들은 미국 정부가 원주민 미국인들을 대하는 방식에 대한 비판을 촉발했다. _옮긴이

며, 이 단체는 이후 20년 동안 여러 정부에서 능력주의 임용을 가장 강력하게 옹호하는 단체 중 하나가 되었다.

요약하면, 19세기 미국에서 능력주의 공무원제의 도입은 높은 수준의 부패를 억제하는 핵심 수단이었다. 당시에 뉴욕 세관이나 특정 지역의 우정청 등에서 발견되는 높은 비율의 정치화된 임명은 일부의 부패 사례가 아니라 시스템적 부패로 여겨졌다. 정치와 행정의 엄격한 분리를 추진한 개혁가들은 중립적이고 초당적인 공무원위원회를 설립하는 데 성공했지만, 정당 머신의 많은 이해관계자들의 반대에 부딪혀 지속적인 성공을 거두지는 못했다. 앞서 살펴봤듯이, 학계, 지식인, 재계 및 기타 개혁가들 사이에서 행정부의 자의적 임명이 부패를 초래한다는 인식이 확산된 것은 전 세계적으로 예외라기보다는 규칙에 가깝다. 그리고 그들 앞에는 변화에 강력히 반대하는 정치 엘리트들과 기득권을 지키려는 대규모의 정치적 낙하산들(political appointees)이 있었다.

결론

부패 연구에서 연구자들은 주로 정치적·경제적·문화적 요소에 초점을 맞추는 경향이 있다. 반면 필자는 2장의 이론에 근거해 부패 연구에서 관료제가 고려되어야 하며, 관료와 정치인의 관계에 특별히 관심을 가져야 한다고 주장했다. 정치와 행정이 모두 부패에 상당한 영향을 미친다는 증거에도 불구하고, 이들 두 가지가 함께 검증된 경우는 거의 없다.

정치적 요인을 강조하는 연구는 관료제의 잠재적 영향력을 무시하면서 거의 선석으로 선출 메커니즘(선거 제도)과 인센티브(대통령과 총리의 인센티브)에만 초점을 맞춘다. 마찬가지로 관료제 관련 연구도 정치적 요인에 대한 통찰을 외면하고, 대신 공무원의 역선택과 도덕적 해이 문제를 어떻게 해결할지에만 관심을 갖는다.

이 장에서는 이러한 간극을 좁히기 위해 부패에 대한 두 가지 요인(정치적 요인과 관료제 요인)을 모두 실증적으로 검증했다. 실증 분석 결과에 따르면 매우 광범위한 정치적·제도적 요인을 통제하더라도 공공 부문의 능력주의 임용은 통계적으로 유의미하게 부패 억제 효과가 있었다. 이러한 결과는 다양한 분석 모델에서 일관되게 나타났고, 이 책의 이론적 주장, 즉 정치인과 관료가 서로 다른 인센티브를 가질 경우 서로를 감시함으로써 부패가 억제될 것이라는 주장을 뒷받침한다. 실증 분석에서 이러한 메커니즘을 가능한 한 정확히 분석하려고 했다. 예를 들어 부패 통제에 대한 능력주의의 한계 효과는 민주주의 체제처럼 책임성이 직접적일 때 더욱 뚜렷이 나타난다는 점 등을 증명했다.

또한 부패의 이전 시점 변수를 통제 변수에 포함하거나, 도구 변수를 이용한 2단계 회귀 분석을 통해 실증 분석의 내생성 편의를 최대한 극복하려고 했다. 이와 더불어 역사적 사례 분석을 통해 양적 연구를 보완했다. 이를 위해 역사적으로 중간 또는 높은 수준의 부패를 경험했지만 정치인과 관료의 이해관계를 분리하는 관료제 메커니즘을 통해 부패 통제에 성공한 국가들의 역사적 경험을 살펴봤다.

5

정부 효과성

서론

정치인과 관료의 경력 분리가 부패 통제에 도움이 되는 이유는 두 집단 모두 잘못된 행동을 목격할 경우 경력 손상에 대한 우려 없이 문제를 제기할 수 있는 인센티브가 있기 때문이다. 부패 통제는 국가 번영에 매우 중요한 요소지만, 사회가 잘 작동하려면 부패 통제만 중요한 것은 아니다. 2장의 이론이 제기하는 또 다른 질문, 즉 왜 어떤 정부는 다른 정부보다 더 효과적인지에 대해 설명할 필요가 있다. 요컨대, 정치인과 관료의 경력 인센티브는 시민에게 제공되는 정부 서비스의 효과성에도 큰 영향을 미친다.

왜 어떤 정부는 다른 정부보다 더 효과적일까. 이 질문을 필자가 처음 제기한 것은 아니다. 여러 사회 과학자들이 사회 후생 전반에 긍정적 또는 부정적 기여를 하는지 여부에 따라 정부 유형을 여러 가지로 범주화했다. 한 나라의 사회 구조를 관찰하면서 경제에 대한 접근이 '제한적'인지, '개방적'인지(North, Wallis, and Weingast, 2009: 2), 또는 그 사회의 엘리트가 '착취적(extractive)'인지, '포용적(inclusive)'인지(Acemoglu and Robinson, 2012: 79) 등으로 범주화했다. 이런 범주화는 매우 설득력 있고, 국가의 장기 발전에 대해 많은 통찰을 제공한다. 그러나 이런 범주들을 경험적으로 측정하는 것은 매우 어렵다. 왜냐하면 이 범주들은 제도적 특징에 관한 것이기 때문에 시간에 따라 계속 변하는 정부 성과로 측정하면 안 되기 때문이다. 또 개방적·포용적 정부라는 개념은 생산적 정부라는 개념과 사실상 같은 의미이기 때문에 동어 반복일 수 있기 때문이다.

이런 문제점을 피하려면 정부 성과와 구별되면서도, 동시에 정부 성과에 선행하고, 여러 나라에서 측정 가능한 제도적 특징을 찾아야 한다. 법과 규제는 이러한 기준을 충족하기 때문에 정부 효과성을 연구하는 학자들에게 주목을 받았다. 이에 따라 최근 몇 년 동안 "법과 규제의 효과에 대한 연구가 폭발적으로 증가"했다(La Porta, Lopez-de-Silanes, and Shleifer, 2008: 300).

법과 규제에 따라 정부 효과성에 차이가 난다는, 소위 '법적 기원 이론(legal origins theory)'은 두 가지 점에서 이 책의 주장에 대한 경쟁 이론이다. 첫째, 행정학은 각국의 행정을 영미식의 공공 서비스 전통과 유럽 대륙과 스칸디나비아 국가의 법치주의 전통으로 구분하는데, 법적 기원 이론에서도 전자를 보통법 국가로 분류하고 있다(Pollitt and Bouckaert, 2011). 이러한 법적 전통은 오늘날까지 행정 개혁에 영향을 미친다는 연구들이 있다(Pierre, 2011; Yesilkagit, 2010). 둘째, 법적 전통은 "일반적으로 정복과 식민지화를 통해 여러 국가에 이식되었기 때문에" 민주화나 교육 수준 같은 요인에 비해 '외생적 요인'이라는 장점이 있다(La Porta, Lopez-de-Silanes, and Shleifer, 2008: 285).

그래서 필자는 법적 기원 이론을 고려하더라도 2장에서 제시한 이론처럼 정치인과 관료의 경력 통합/분리가 정부 효과성에 영향을 미친다는 점을 보여줄 것이다. 또한 정치인과 관료의 경력 인센티브는 법과 규정과 마찬가지로, 정부 성과와 구별되면서 여러 국가에서 측정 가능하다는 장점이 있다.

정치인과 관료의 경력 분리에 의한 인센티브가 정부 효과성에 영향을 미치는 메커니즘은 두 가지 정도가 있다. 첫째, 4장에서 설명한 것과 매우 유사한 과정이 작용한다. 부패라는 극단적 사례가 아니더라도 정치인과 관료의 양방향 감시가 매우 유용하다는 점을 알 수 있다. 어떤 정치 체제든 법의 테두리 안에서 정부의 낭비적 지출이 상당히 많이 일어나는데, 아무도 권력에 대해 진실을 말하지 못한다면 그러한 낭비적 지출은 더욱 심각해질 것이다. 둘째, 전문적 경영 관리는 민간 부문과 공공 부문을 막론하고, 상품이나 서비스의 생산에 긍정적인 영향을 미친다(Chong et al., 2014; Gennaioli et al., 2013). 예컨대 정치화된 시스템에서 공공 관리자는 공공 서비스 생산에 전념하지 않고, 어느 정도 정치적 고려를 하게 되는데, 이는 전문적 경영 관리를 훼손한다. 또한 그러한 정치적 고려는 일반 공무원의 인센티브에도 영향을 미칠 것이다. 공무원들이 자신의 경력이 업무 능력이 아니라 정치적 고려에 달려 있다고 생각하면, 공공재 생산은 지장을 받을 것이다.

이번 장의 내용은 이렇게 구성된다. 먼저 경쟁 이론인 법적 기원 이론을 설명하고, 이것이 이 책의 이론과 어떤 점에서 같고, 다른지를 설명할 것이다. 이어 정치인과 관료의 경력 분리에 의한 인센티브가 정부 효과성에 영향을 미치는 메커니즘을 자세히 설명하고, 몇 가지 예시를 제시할 것이다. 마지막으로 이 책의 주장을 경험적으로 검증하기 위한 연구 전략을 서술하고, 국가 간 비교 연구 결과를 통해 정치인과 관료의 경력 분리가 이뤄진 국가에서는 정부의 낭비적 지출이 감소하고, 공공 관리의 성과가 높다는 점을 보여줄 것이다.

두 가지 스타일의 사회적 통제

법과 규제의 경제적 효과에 관한 연구에 따르면 '정부의 무거운 손'은 때로는 원인으로, 때로는 결과로, 많은 경우 두 가지 모두로 경제적 성과에 부정적 영향을 미친다(La Porta, Lopez-de-Silanes, and Shleifer, 2008: 300; Aghion et al., 2010; Blanchard and Giavazzi, 2003; Djankov et al., 2002; Pinotti, 2012; Shleifer, 2010). 일반적으로 많은 연구자들은 고전적인 공공 선택 이론에 근거해 정부 규제가 외부인을 희생시키면서 내부자에게 혜택을 준다고 주장한다(Peltzman,

1976; Stigler, 1971; Tullock, 1967). 특히 진입 규제는 산업 구조를 왜곡하고(Fisman and Sarria-Allende, 2004), 중요 기업의 진입을 지연시키며(Ciccone and Papaionnou, 2006c), 혁신적 기업가에게 장벽으로 작용하고(Klapper, Laeven, and Rajan, 2006), 국제 무역을 감소시킨다(Helpman, Melitz, and Rubinstein, 2008). 마찬가지로, 과도한 노동 규제는 노동력 분배를 왜곡하고(Lafontaine and Sivadasan, 2007), 필요한 노동 이직률을 감소시킨다(Micco and Pagés, 2006).

과도한 규제가 역효과만을 낳는 것은 아니다. 여러 부문의 규제 수준은 서로 연결되어 있다. 블랜차드와 지아바치(Balanchard and Giavazzi, 2003)는 이론적 관점에서 노동 시장의 엄격한 규제가 어떻게 상품 시장의 엄격한 규제와 연결되는지 보여줬다. 어떤 식으로든 상품 시장의 내부자(즉, 기존 기업)는 노동 시장의 내부자(즉, 정규직 계약을 맺은 노조 소속 노동자)와 전략적 제휴를 맺고, 두 시장의 외부자(즉, 스타트업 기업, 실업자 또는 임시직 계약을 맺은 노동자)를 희생시킨다.

홉킨과 블라이스(Hopkin and Blyth, 2012)는 OECD 국가 전체에서 흥미로운 경험적 패턴을 발견했다. 노동 규제가 엄격한 국가는 상품 시장과 금융 시장도 과도하게 규제하는 경향이 있다. 한쪽 극단에는 경제 활동을 과도하게 규제하는 그리스와 이탈리아가 있다. 그리고 다른 극단에는 앵글로 색슨 국가와 같은 자유 시장 국가와 덴마크 같은 강력한 복지 국가가 있다. 일반적 요인을 통제했을 때, 과도한 규제는 경제 혁신에 부정적 영향을 미친다(Hopkin, Lapuente, and Möller, 2013). 일반적으로 공정 경쟁을 위해 시장 거래에 간섭하지 않더라도, 규제를 많이 하는 정부는 '규제를 통해' 가장 보호할 필요가 없는 사람들, 즉 강력한 경제 주체들을 보호하는 결과를 낳는다. 높은 수준의 규제는 내부자에 속하는 기업과 노동자들에게 혜택을 주게 된다.

여러 연구에 따르면, 일반 복지를 희생하면서 특수 이익에 혜택을 주는 경제 규제를 하는 국가와 정부 규제를 줄여 일반 복지를 증진하는 국가로 구분할 수 있다. 정치 경제학자들에게 많은 영향을 미친 하이에크(Hayek, 1960)에 따르면, 이러한 국가별 차이는 "자유의 철학(philosophies of freedom)에 대한 심대한 차이"에서 비롯되었다(La Porta, Lopez-de-Silanes, and Shleifer, 2008: 303). 어떤 국가는 정부가 일방적으로 "전적으로 유효한 패턴"을 강요하는 반면, 다른 국가는 정부가 "강요하지 않고 자발성"을 허용한다(Hayek, 1960: 56). 이 연구의 핵심 질문은 다음과 같다. 왜 어떤 국가는 이러한 철학적 구분의 긍정적 측면에 속하고, 다른 국가는 부정적 측면에 속하게 되는가?

라 포르타 등(La Porta, Lopez-de-Silances, Shleifer, and Vishny, 1997; 1998; 1999)의 영향력 있는 연구에 따르면, 한 국가의 법적 전통이 사법부의 독립성, 양질의 법률 등과 같은 많은 바람직한 제도에 영향을 미치고, 이는 다시 낮은 수준의 부패, 높은 경제 성장률과 같은 사회적 성과에 긍정적 영향을 미친다. 라 포르타 등은 2008년 논문(La Porta, Lopez-de-Silanes, and Shleifer, 2008)에서 한 국가가 역사적으로 채택한 법적 전통과 현재의 경제 성과 사이의 경험적 연관성에 주목한 다른 연구들과 자신들의 기존 연구를 집대성해 법적 기원 이론을 만들었다. 법적 기원 이론은 "법과 규제에 대한 두 가지 접근 방식"(La Porta, Lopez-de-Silanes, and Shleifer, 2008: 290) 사이에는 "뚜렷한 차이"(Levine, 2005: 65)가 있다고 주장한다. 한 가지 접근 방식은 역사적으로 영국 법에서 유래해 현재 영국과 이전 영국 식민지로 퍼져 나간 보통법 전통이다. 또 다른 접근 방식은 과거 로마법의 계승자이면서 나폴레옹의 정복 또는 간접적 영향을 통해 대부분의 유럽 국가와 그들의 식민지로 퍼져 나간 대륙법 전통이다.

프랑스의 사법 제도와 비교했을 때, 영국의 사법 제도가 갖는 고유한 이점을 강조하는 하이에크(Hayek, 1960)의 주장을 수용하면서 법적 기원 이론은 "경제에 대한 사회적 통제 스타일"에 있어서 보통법 국가와 대륙법 국가가 서로 다르다고 주장한다(La Porta, Lopez-de-Silanes, and Shleifer, 2008: 286). 보통법은 정부의 손에 의한 간섭이 적은 반면 대륙법은 정부의 손에 의한 간섭이 더 많기 때문에 결과적으로 "보통법은 프랑스식 대륙법보다 더 나은 경제적 성과를 낳는다"(La Porta, Lopez-de-Silanes, and Shleifer, 2008: 302). 실제로 사법과 행정에서 형식주의의 수준은 보통법 국가보다 대륙법 국가에서 훨씬 더 높다(Djankov et al., 2003). 보통법은 규제 수준이 낮고, 재산권과 사적 계약에 대한 보호가 강하기 때문에 "투자와 성장을 위한 토대"가 된다(Mahoney, 2001: 27). 그래서 다양한 결과 변수와 통제 변수를 적용하더라도, 보통법 국가가 체계적으로 더 높은 경제 발전과 사회 발전을 달성한다(La Porta, Lopez-de-Silanes, and Shleifer, 2008).

법적 기원 이론과 같이 한 국가가 수십 년 또는 수백 년 전에 채택한 법률 시스템의 유형에 근거한 설명은 실증 연구 측면에서 분석력이 높고, 검증과 반증이 용이하다는 장점이 있다. 그래서 한 국가의 법적 기원과 광범위한 정부 성과 사이에 유의미한 상관관계가 있음을 보여주는, 주목할 만한 실증 연구들이 최근 많이 나오고 있다. 또한 라 포르타 등(La Porta, Lopez-de-Silanes, and Shleifer, 2008)의 주장처럼 법적 기원이 자발적으로 채택된 것이 아니라 대부분 정복과 식민지화를 통해 외부에서 부과된 것이라면, 법적 기원은 대부분 외생 변수로 간주할 수 있다. 따라서 법적 기원 이론은 제도적 설명이 부딪히는 내생성의 함정을 피할 수 있는 장점도 있다.

법과 관료제의 밀접한 관계

그렇지만, 법적 기원의 외생적 특성은 그다지 분명하지 않다(Charron, Dahlström, and Lapuente, 2012). 러빈(Levine, 2005: 63)은 나폴레옹 법전은 사법적 목적보다는 정치적 목적, 즉 '국가의 강화'라는 목표를 위한 것이었다고 지적한다. 또 나폴레옹은 "국가 권력을 사용해 재산권을 변경하고, 판사가 간섭하지 못하게 하려고 했다"(Mahoney, 2001: 505). 나폴레옹의 유명한 말처럼, 판사는 독립적 전문가에서 통치자의 성문화된 정의를 구현하는 '자동인형(automata)'이 되어야 한다(La Porta, Lopez-de-Silanes, and Shleifer, 2008: 303). 높은 신분의 판사는 "주로 행정적 업무를 하는, 낮은 신분의 직업"으로 바뀌어야 한다(La Porta, Lopez-de-Silanes, and Shleifer, 2008: 304). 따라서 대륙법 전통의 창설은 방대하고 침투적인 관료 제도의 창설을 포함하는 국가 개입주의적 기획의 일부였던 것이다(Woloch, 1994).

나폴레옹 이후 프랑스식 대륙법을 채택한 러시아, 스페인, 포르투갈, 튀르키예, 라틴 아메리카 등은 이러한 국가 개입주의적 목표를 공유했다. 이러한 목표는 근대 영국도 절대주의 체제를 도입하려 했지만 실패했다는 사실에서 알 수 있듯이, 국가나 문화에 관계없이 모든 통치자의 공통된 목표이다. 하지만 영국 왕들이 실패한 이유는 왕의 의지를 실행할 강력한 인센티브를 가지면서 왕에게 직접 책임지는 관료들이 부재했기 때문이었다(Grief, 2008; Grief, González de Lara, and Jha, 2008). 다시 말해, 법적 전통은 이 책이 제시하는 것과 유사한 메커니즘, 즉 국가 기구를 통제하는 통치자의 능력과 일정하게 관련이 있다.

법적 기원 이론에 따르면, 영국의 대헌장(Magna Carta)은 군주가 시민의 권리와 사유 재산을 침해하는 행위를 법적으로 제한했다는 점에서 "영국 법 질서의 토대가 되었다"(La Porta, Lopez-de-Silanes, and Shleifer, 2008: 306). 그러나 그라이프(Grief, 2008: 29~30)가 지적했듯이, 대헌장은 존(John) 왕이 권한을 남용해 결국 대헌장 자체를 무효화하는 것을 막지 못했다. 그럼에도 영국 왕위에 오른 존 왕의 후손들이 존 왕의 기회주의적 행동을 반복할 수 없었던 것은 법적 제한 때문이 아니라, 영국의 왕들이 정책을 실행하려면 상대적으로 독립적인 관료들과 흥정을 해야 했기 때문이다. 영국은 프랑스와 달리, 신하가 행정부에 직접 책임을 지는 일원적 지배 국가 기구가 아니었다.

이후 법체계의 점진적 발전은 이러한 경향을 더욱 강화했다. 우선 영국에서 판사는 대부분 자율적 전문가로 남았지만, 프랑스에서는 법과 규정에 명시된 통치자의 의지를 기계적으로 실행하는 역할을 수행해야 했다. 법적 기원 이론과 관련해 이 책은 나폴레옹의 대륙법 전통 국가에서는 판사뿐 아니라 대다수 공무원이 통치자에게 직접적으로 의존하는 반면, 보통법 국가의 공무원은 전문가적 자율성을 지킬 수 있었다는 점을 강조한다. 특히 법적 기원 이론에서는 대륙법 전통을 가진 스칸디나비아 국가들이 놀랍도록 우수한 성과를 거둔다는 사실을 제대로 설명하지 못하는 문제가 있는데, 이 책은 스칸디나비아 국가의 판사와 공무원이 영국처럼 자율적 전문가로 남을 수 있었기 때문이라고 설명한다(Mahoney, 2001: 17).

자동인형 대 자율적 관료제

따라서 공무원이 자기 경력을 위해 정치적 상관의 의지에 직접적으로 의존하는 국가의 정부 효과성은 공무원의 전문적 경력이 정치적 상관에 직접적으로 의존하지 않는 국가에 비해 떨어질 것이다. 정치 체제 사이의 핵심적 차이는 바로 이러한 차이에서 나온다. 공적 제도 안에서 책임성 통로가 최고위층에서부터 행정 조직 전체까지 통합된 정치 체제는 정치인과 관료의 경력이 분리되어 별도의 책임을 지도록 한 정치 체제보다 사회 후생 증진 성과가 떨어질 것이다. 정치인과 관료의 경력 분리는 행정부에 대한 법적 제약보다 사회 후생을 증진시키는 정책을 더 많이 만들어낸다. 특히, 정치인과 관료의 경력 분리가 높은 정부 성과로 이어지는 데는 두 가지 메커니즘이 있다.

첫째, 정치인과 관료의 경력 분리는 관료들로 하여금 권력을 향해 진실을 말할 수 있게 만들어, 불법은 아니지만 비효율적이거나 낭비적인 정책을 견제할 수 있게 한다(Heclo, 1977). 정치인들이 이성의 목소리를 듣지 않을 때 어떤 일이 벌어지는지에 대해 1장에서 설명한 '스페인을 적자로 몰아넣은 애물단지 사업' 사례를 통해 살펴보자. 산티아고 데 콤포스텔라의 문화 도시 사업은 카리스마적인 지자체장 마누엘 프라가에 의해 추진되었다. 전문가들은 이 사업이 잘못 설계되었다고 생각했지만, 그가 임명한 낙하산 인사들은 프라가에 대한 '두려움' 때문에 아무 말도 못 했다(El País, 2011.1.8). 낙하산 인사들의 경력이 정치인 프라가의 손에 달려 있었기 때문에 그들의 두려움은 어쩌면 합리적일 수 있다. 그러나 정치인과 관료의 경력이 분리되어 있었다면 그러한 사업에 반대하는 목소리가 더 많이 나왔을 것이다.

스페인 무르시아(Murcia) 지역의 국제공항을 기획할 때, 공무원들은 해당 사업의 기술적 실행 가능성을 제대로 평가하기보다는 정치인 상관의 비위를 맞추는 데 더 신경을 썼다. 무르시아 지방 정부는 불과 75km 떨어진 곳에 더 큰 규모의 알리칸테(Alicante) 공항이 있고, 또 무르시아에서 35km 떨어진 곳에 위치한 민간·군용 공항인 산하비에르(San Javier) 공항을 개조하면 되는데도, 2억 유로나 소요되는 신공항 건설을 추진했다(El País, 2013.2.13). 그 위치에 신공항이 들어서면 항공사 유치가 어려운데도, 공항의 상업적 성공 가능성을 지나치게 낙관적으로 전망한 연구 보고서에 근거해 사업이 추진되었다(Salvados, 2013a; El Periodico, 2013.12.8). 연간 공항 이용객 예측치는 최악의 시나리오에서 50만 명, 중립적 시나리오에서 100만 명, 그리고 최상의 시나리오에서 150만 명이었다. 그로부터 몇 년이 지난 지금, 공항 이용객은 0명이었다. 공항 건설은 모든 법적 요건을 지켰지만, 이 사업을 추진한 사람들은 공항 건설을 밀어붙인 정치인들의 낙관적인 편향(bias)을 공유하고 있었던 것이다. 그들 중 아무도 정치인을 실망시키고 싶지 않았기 때문이다.

이러한 편향성을 보여주는 사례는 무수히 많다. 언론인 알바로 로메로(Alvaro Romero)에 따르면, 스페인의 한 '유령 고속 도로'는 용역 보고서에서 매일 3만 5000~4만 대의 차량이 통행할 것으로 예측되었지만, 실제로는 차량 통행량이 하루 4500대에 불과했다(Financial Times, 2013.5.15; Salvados,

2013b).

벨(Bel, 2010)은 스페인의 여러 인프라 건설 사업이 오랜 검토 과정을 거쳤지만, 여전히 지나치게 낙관적인 예측에 기반하고 있다고 설명한다. 예를 들면, 레온(Leon) 공항은 현재보다 최대 열 배의 승객을 수용하도록 확장되는데, 이는 일반적으로 비현실적일 뿐 아니라 레온과 마드리드를 연결하는 고속 열차가 운행된다는 점을 고려하면 더욱 그렇다. 또 마드리드와 발렌시아를 잇는 고속 열차에 대한 건설부의 용역 보고서는 환상적인 추정을 통해 2010년부터 2016년까지 13만 6000개 정도의 일자리를 만들 것으로 예측했다. 비슷한 연구에서도 스페인의 고속 철도 네트워크 확장을 뒷받침하는 결과가 나왔는데, 이는 스페인 전체 교통의 1%에 불과한 고속 철도에 400억 유로가 투자되는 셈이다(Fageda, 2013).

공식 시험을 통해 채용된 높은 자질의 공무원들이 대규모 인프라 사업의 미래 수요를 이처럼 비현실적으로 예측하는 용역 보고서를 작성하거나 승인하는 이유는 무엇일까? 아마 공무원들이 자신들의 경력을 통제하고 선거구 유권자를 만족시킬 대형 사업에 집착하는 정치인 상관에 충성하기 때문일 것이다(El País, 2013.2.13; Fageda, 2013).

정치인과 관료의 경력 통합(분리)이 정부 효과성을 저해(촉진)하는 두 번째 메커니즘은 공공 관리(public management)와 관련이 있다. 최근 경제학 연구들은 민간 부문의 생산에서 경영 관리가 매우 중요하다는 점을 보여주는데, 총과 그의 동료들(Chong, La Porta, Lopez-de-Silanes, and Shleifer, 2013)은 이러한 주장을 공공 부문까지 적용했다. 이들에 따르면, 전문적 경영 관리는 정부의 생산성을 높이며, 신뢰할 만한 경영 관리 기능이 없으면 물적 자원과 인적 자원을 효과적으로 활용하지 못하는 위험이 커진다. 이러한 주장에 근거해 필자는 정치인 상관이 주도하는 단일한 위계 조직은 조직학자들이 "심리적 계약(psychological contract)" 또는 "관계적 계약(relational contract)"[1]이라고 부르는 것을 훼손할 수 있다고 생각한다(Argyris, 1960; Foss, Foss, and Vázquez, 2006; Levi, 2005; Tepper and Taylor, 2003; Williamson, 1975). 이러한 계약은 수년에 걸쳐 형성된 상사와 부하 직원 사이의 신뢰를 기반으로 하며, 조직의 효율성을 위해 필수적이다(Baker, Gibbons, and Murphy, 2002: 39). 정치인과 관료의 경력 통합 시스템에서는 공공 관리자와 공무원의 관계가 정치적 고려에 따라 자의적으로 침해될 수 있는데, 이는 실제로 양측의 관계적 계약을 바꿀 수 있으며 경영 관리에 영향을 미친다.

스페인 국세청의 사례를 통해 그것이 어떤 모습인지 살펴보자. 스페인 국세청은 오랫동안 매우 효과적인 공공 조직이자 행정 개혁의 우수 사례로 여겨져왔다(Parrado, 2008). 그러나 2011년 11월의 스페인 총선 이후 보수당이 집권하던 2012~2013년 사이 국세청은 약 300명의 중간 관리자와 고위 관리자를 해고했다(Saura, 2013). 보수당 출신 장관은 그들이 "사회주의자이기 때문"에 해고했다고 말했다(El País, 2013.12.6).

세무사협회 회장인 람세스 페레스 보가(Ramses Pérez Boga, 2013)는 이러한 변화가 국세청 공무원들의 사기에 영향을 미쳤다고 말한다. 그는 국세청의 업무 환경이 어떻게 변할지를 진흙탕에 빠진 두 남자가 몽둥이를 들고 싸우는 고야(Goya)의 유명한 그림 〈몽둥이 싸움(Fight with Cudgels)〉에 빗대 설명한다. 국세청에서는 "경쟁이 치열한 공식 시험을 통해 채용된 훈련된 공무원인 세무 조사관의 보직 절반가량이 자의적으로 결정되기 때문에 고위직의 물

1 관계적 계약은 계약 당사자 간 상호 신뢰와 협력에 기반한 명시적이지 않은 규범과 기대를 포함하는 계약을 의미한다. 이러한 계약은 계약서에 명시된 조건들을 넘어서, 당사자들 사이의 지속적인 관계와 상호 작용을 통해 발전하며 상호 이해와 신뢰에 근거해 유연성을 가지고 변화하는 상황에 적응한다. 전통적인 계약이 구체적이고 명시적인 조항으로 이루어져 있어 법적인 집행이 가능한 반면, 관계적 계약은 계약 당사자들 사이의 상호 작용, 사회적 규범, 그리고 비공식적인 합의에 더 크게 의존하기 때문에 법적 분쟁보다는 대화와 협상을 통해 문제를 해결하는 경향이 있다. _옮긴이

갈이는 그 아래 직위의 연쇄적인 물갈이로 이어진다"는 것이 상식이다(Pérez Boga, 2013: 1). 이는 국세청 직원들에게 굉장한 불확실성을 초래한다. 단일한 위계서열을 가진 조직에서는 "불안이 일반적 심리 상태"라고 예측했던 톰슨(Thompson, 1965: 6)의 말대로, 국세청에서는 "국세청장의 모든 움직임이 마녀사냥이나 정치적 숙청으로 해석"되었다(El País, 2013.12.6).

이러한 단일 명령 구조가 경영 관리에만 부정적 영향을 미친 것은 아니다. 그것은 현장의 공무원이 업무에 몰입하는 인센티브에도 영향을 미쳤다. 정치인과 관료의 경력 통합 시스템에서 공무원은 자신의 경력이 전문가적 성공이 아니라 정치적 후원자의 운명에 달려 있다는 것을 잘 알고 있다. 따라서 열심히 일하는 것은 별 소득이 없다는 점도 잘 안다. 합리적 직원이라면 시민에게 좋은 공공 서비스를 제공하는 것보다 정치인이나 후원자를 기쁘게 하는 데 더 많은 공을 들일 것이다. 그런데 공무원의 사기를 꺾기 위해 이러한 '마녀사냥'이 이뤄진 건 아니다. 실제로 기획재정부 장관(El País, 2013.12.10)과 많은 국세청 직원들(El País, 2013.11.22)은 대량 해고가 정치적 숙청을 목적으로 이뤄진 것이 아니라고 주장했다. 국세청 노조(Gestha)에 따르면, 대량 해고는 배후에 무엇인가 큰일이 벌어지고 있다는 막연한 의심을 갖게 하려는 의도로 추진됐다(Pérez Boga, 2013). 다시 말해 대량 해고를 통해 국세청을 흔들려는 의도이거나(El País, 2013.11.22), 또는 톰슨(Thompson, 1965)이 말한 일원적 지배의 병리 현상(pathology), 즉 공무원들이 조직 목표를 달성하기 위해 분발하기보다는 지위 불안을 느끼도록 조장하려는 의도였다는 것이다.

정치인·관료의 경력 통합 시스템에서 공공 서비스 생산의 효율성이 떨어지는 것은 다음의 두 가지 상호 연관된 이유 때문이다. 첫째, 견제와 균형의 부재. 둘째, 나쁜 경영 관리로 인한 공무원들의 동기 저하. 이어지는 절에서는 이러한 주장을 검증할 연구 전략을 설명하고, 실증 분석 결과를 제시하겠다.

효과적 정부의 두 가지 구성 요소와 결정 요인

지금까지 정치인과 관료의 경력 분리가 정부 효과성에 영향을 미치는 인과적 메커니즘을 최대한 구체적으로 설명했다. 이번 절의 목표는 이러한 주장을 경험적으로 검증하는 것인 만큼 이를 위한 연구 전략을 좀 더 자세히 설명하겠다.

이번에도 약 100개 국가를 대상으로 한 광범위한 국가 간 비교를 실시할 것이다. 이를 위해 주로 횡단면 OLS 회귀 분석을 할 것인데, 세 단계의 분석 과정을 밟을 것이다. 먼저, 정치인·관료 경력 분리 지표와 두 가지 정부 효과성 지표 간의 상관관계를 분석한다. 정부 효과성을 측정한 두 지표는 서로 다른 인과 메커니즘을 나타낸다. 둘째, 상당히 까다로운 통제 변수를 다수 포함한 상태에서 두 가지 정부 효과성 지표에 대한 정치인·관료 경력 통합/분리 지표의 효과를 회귀 분석한다. 셋째, 회귀 분석 결과의 잠재적 내생성 편의 문제를 해결하고, 분석 결과의 강건성을 검증한다. 특히 국가 간 비교 분석의 결과를 올바로 해석할 수 있도록 몇몇 라틴 아메리카 국가와 유럽 국가의 사례를 제시할 것이다.

독립 변수와 관련해 4장의 지표, 즉 QoG 전문가 서베이의 능력주의 임용 지표를 사용했다(Teorell, Dahlström, and Dahlberg, 2011). 또 전문가주의 지수를 사용한 분석을 실시했는데, 결과는 거의 동일했다. 데이터 수집과 설문지에 대해서는 2장을 참조하면 된다(Dahlberg et al., 2013; Dahlström, Lapuente, and Teorell, 2012b).

종속 변수는 두 가지 지표를 사용했지만, 분석 결과의 강건성 평가를 위해 다른 지표도 사용했다. 한 가지 종류의 지표를 신뢰하지 않는 데에는 몇 가지 이유가 있다. 우선, 정부 효과성을 측정하는 것은 매우 어렵고, 어떤 지표를 사용해야 하는지에 대해 합의가 없기 때문에 여러 지표를 사용했다. 또한, 정부 효과성은 낭비성 정부 지출의 감소, 경영 관리 개선, 능동적인 공무원의 증가 등에 영향을 받는다. 따라서 우리는 이처럼 정부 효과성에 영향을 미치는 변수와 근접한 지표를 찾으려고 노력했다.

종속 변수로 쓸 첫 번째 지표는 세계경제포럼의 글로벌 경쟁력 보고서(Schwab, 2012)에 나온 낭비성 정부 지출 지표이다. 이 지표는 세계경제포럼이 매년 실시하는 재계 경영진 설문 조사에서 가져온 것이다. 2012년 경영진 설문 조사에는 140개국의 1만 4000명 이상이 참여했다. 이들에게 "자국의 공공 지출에 대해 어떻게 평가하는가?"라고 묻고, 7점 척도로 답하도록 했다. 1점은 "매우 낭비적", 7점은 "필요한 재화와 서비스를 제공하는 데 매우 효율적"임을 뜻한다(Schwab, 2012: 395. 더 자세한 내용은 Browne, Geiger, and Gutknecht, 2012 참조).

종속 변수로 쓸 두 번째 지표는 베르텔스만재단의 베르텔스만 혁신 지수(BTI)이다. BTI는 무엇보다도 128개 개발 도상국과 체제 전환국의 정치적 관리(political management) 수준을 평가한다. 이 지수는 전문가 평가를 기반으로 하며, '경영 관리 성과'라고 부른다. 이 지표는 정부 효과성과 관련된 두 번째 메커니즘과 관련이 있다. 이 지표는 정부의 조정 역량(steering capability), 인적·물적 자원의 효과적 이용 역량, 기본적인 합의 형성 역량, 국제 협력 역량 등을 측정한다. 여기서는 이를 모두 합친 지표를 사용했지만, 조정 역량과 인적·물적 자원의 효과적 이용 역량만 변수로 사용하더라도 유사한 분석 결과가 나왔다.

또한, 회귀 분석 모델에 여러 통제 변수를 포함시켰다. 앞서 설명한 바와 같이, 법적 기원 이론(Djankov et al., 2002; 2003; La Porta et al., 1999; 2008)은 필자의 이론의 가장 강력한 경쟁 이론이다. 따라서 회귀 분석 모델에 해당 국가의 법적 기원(더미 변수), 수도의 위도(latitude),[2] 인종적 파편화, 1인당 GDP(로그) 등 몇 가지 통제 변수를 포함했다. 또한 정치인의 재산과 사업 상황에 대한 공개 여부가 정부의 질과 상관관계가 있다(Djankov et al., 2010)는 점을 고려해 국회 의원의 경제적 이해관계가 공개되는지 여부(더미 변수)를 통제 변수에 포함했다. 여기에 에번스와 로치(Evans and Rauch, 1999; Rauch and Evans, 2000)의 연구를 참조해 폐쇄형 베버 관료제 지표를 추가했다. 이 지표는 QoG 전문가 서베이에서 가져온 것으로, 공공 부문의 종신 임용 정도, 특별 고용법을 통한 공무원 보호 정도 등 두 가지 항목을 합산해 만들어졌다(정확한 질문 문항은 2장 참조).

마지막으로, 분석 결과의 잠재적 내생성 문제를 해결하기 위해 두 단계를 거쳤다. 즉, 분석 결과의 인과 관계가 반대 방향이고, 내생성 편의에 대한 문제 제기가 있을 수 있다. 이에 대해 3장에서 사용한 도구 변수, 즉 해당 국가의 18, 19세기 행정이 관료제적인지, 가산제적인지에 대한 더미 변수를 사용해 2단계 회귀 분석을 실시했다(Charron, Dahlström, and Lapuente, 2012; Ertman, 1997). 이어 분석 결과의 강건성을 검증하기 위해 기존 분석 모델에 통제 변수를 추가하거나, 종속 변수를 다른 변수로 교체하는 등의 검증을 실시했다. 이를 위해 종속 변수로 세계은행의 정부 효과성 지표, 그리고 총과 그의 동료의 연구(Chong et al., 2014)에서 활용한 지표를 사용했다. 총과 그의 동료들은 각국의 우편 서비스가 얼마나 효과적인지에 대한 데이터를 수집했다(Chong et al., 2014). 데이터 수집 전략이 매우 참신한데, 먼저 159개국을 대상으로 실제로는 없는 10개 사업장 주소로 편지와 반송 주소를 보낸 뒤 실제로 편지의 반송 여부와 반송될 때까지의 소요 시간을 측정했다. 반송된 편지의 비율과 반송에 걸린 소요 시간 외에 인력, 투자 자본, 해당 국가에서 발송된 편지 수

---

2 수도의 위도는 특정 국가가 어떤 기후대에 속해 있는지를 측정하는 지표인데, 어떤 기후대에 속하는지에 따라 농업 생산성, 날씨에 의한 건강 상태가 달라지고, 이는 경제 발전과 제도 발전에도 지대한 영향을 미친다. 또한 수도의 위도 변수는 1인당 GDP 변수와 높은 상관성을 나타낸다. _옮긴이

표 5-1 기술 통계

변수	국가 수	평균	표준 편차	최솟값	최댓값
능력주의 임용	107	4.3	1.1	1.9	6.6
낭비성 정부 지출	142	3.3	0.90	1.8	6.0
경영 관리 성과	126	5.5	1.8	1.4	9.4
18세기 관료제화 수준	30	0.47	0.51	0	1
1인당 GDP(로그)	179	8.7	1.3	5.7	11.1
보통법 기원	193	0.33	0.47	0	1
수도의 위도	193	0.28	0.19	0	0.72
교육 수준	143	7.8	2.9	1.2	13.3
인종적 파편화	166	0.46	0.27	0	0.98
폐쇄형 베버 관료제 지표	107	5.2	0.81	2.8	6.8
국회 의원 재산 공개	172	0.29	0.45	0	1
우정 부문 생산성	156	8.4	3.3	0	12.6
세계 지역 구분	195	4.5	2.6	1	10

주: 모든 변수는 QoG 표준 데이터 세트(Teorell et al., 2013) 또는 QoG 전문가 서베이(Teorell, Dahlström, and Dahlberg, 2011)에서 이용할 수 있다. 우정 부문 생산성은 Chong et al.(2014)에서, 국회 의원 재산 공개는 Djankov et al.(2010)에서 가져왔다.

등의 데이터를 활용해 해당 국가 우정 분야의 생산성을 측정했다. 이를 통해 우정 분야의 정부 효과성을 측정할 수 있다. 이 생산성 지표를 종속 변수로 설정하고, 기술, 자본, 노동, 경영 관리 등이 우정 분야 정부 효과성에 어떤 영향을 미치는지 분석했다. 필자는 이들 연구 결과의 강건성을 검증하기 위해 이들의 분석을 재연해 봤다.

모든 변수는 〈표 5-1〉에 요약되어 있다. 우정 부문 데이터(Chong et al., 2014)와 국회 의원의 재산 공개 여부 데이터(Djankov et al., 2010)를 제외한 모든 변수는 QoG 표준 데이터 세트(Teorell et al., 2013) 또는 QoG 전문가 서베이(Teorell, Dahlström, and Dahlberg, 2011)에서 구할 수 있다.

정치인·관료 경력 분리와 정부 효과성

채용과 경력 경로는 정치인과 관료 모두의 인센티브에 영향을 미친다. 정치인과 관료의 경력이 통합되어 양자의 인센티브가 일치하면, 부패와 합법화된 낭비성 정부 지출의 위험이 커진다. 이를 1장의 스페인 '유령 공항'과 '애물단지 사업' 사례를 통해 볼 수 있다. 또 정치인·관료의 경력 통합 시스템에서는 경영 관리가 당파적 고려에 영향받기 때문에 인적·물적 자원이 효율적으로 사용되지 않을 수 있다.

또 공무원들은 경력의 상당 부분이 정치적 상황에 의해 결정되기 때문에 공공 서비스를 효과적으로 제공하려는 인센티브가 없을 것이다. 간단히 말해, 좋은 (정치인) 친구를 사귀는 것이 열심히 일하는 것만큼 중요하다. 따라서 정치인과 관료의 경력 분리/통합은 공공 자금과 인적 자원의 효과적 사용, 공공 부문의 경영 관리, 공공 부문의 효과성 등과 상관관계가 있다.

앞서 언급했듯이, 정부 효과성을 어떻게 측정할지에 대한 합의된 결론은 없다. 정치인과 관료의 경력이 분리되면, 부패 통제에서 봤듯이 양자가 서로 감시하기 때문에 합법적이지만 낭비적인 정부 지출이 줄어들 것이다. 공공 부문의 경영 관리 역시 크게 개선될 것인데, 이는 경영 관리가 당파적 고려에 좌지우지되지 않고, 공무원들도 자신의 경력을 위해 효과적인 공공 서비스 제공을 위해 더욱 노력할 것이기 때문이다. 이를 고려해 종속 변수로 두 가지 지표를 선택했는데, 각각의 종속 변수 지표는 ① 낭비성 정부 지출의 감소, ② 공공 부문 경영 관리 개선이라는 두 가지 메커니즘에 부합한다. 독립 변수는 앞서 설명한 QoG 전문가 서베이의 능력주의 임용 지표를 사용했다.

먼저 정치인·관료의 경력 분리와 세계경제포럼의 글로벌 경쟁력 보고서의 낭비성 정부 지출 간의 간단한 상관관계를 살펴봤다. 아래 <그림 5-1>은 전 세계 102개국을 대상으로 두 지표 간의 상관관계를 보여준다. <그림 5-1>

의 X축은 능력주의 임용 지표, Y축은 낭비성 정부 지출 지표이다. 세계경제 포럼의 낭비성 정부 지출 척도는 1에서 7까지이며, 값이 클수록 낭비성 정부 지출이 적음을 의미한다. 따라서 두 지표 간의 상관관계는 양(+)일 것으로 예상되며, 실제로도 상당히 강하고 통계적으로 유의미한 상관관계가 나타났다($R=0.47$, $p<0.00$).

그래프에서 낭비성 정부 지출이 많은 스페인과 같은 OECD 국가와 낭비성 정부 지출이 거의 없는 스웨덴의 차이를 확인할 수 있다. 스페인의 경우 1장과 2장에서 제시한 사례와 이번 장에서 제시한 사례가 예외가 아니라 스페인의 낭비성 정부 지출 경향을 구체적으로 보여주는 사례임을 알 수 있다. 반면 스웨덴은 능력주의 임용과 낮은 수준의 낭비성 정부 지출 모두에서 상위 5위 안에 든다.

스웨덴의 이러한 성취는 기존 연구에서 지적한 높은 수준의 정치인·관료의 경력 분리(Dahlström and Pierre, 2011; Pierre, 1995b; Pollitt and Bouckaert, 2011), 인적 자원 투자(Hopkin and Blyth, 2012; Lindert, 2006) 또는 '최적 수준에 근접한' 공공 자금 활용(Demetriades and Mamuneas, 2000: 702) 등 사회 후생 증진을 위한 공공 자원의 사용에 따른 것이다. 스웨덴 국가 기구에서 정치인과 관료의 경력 분리는 중앙 부처와 집행 기관을 분리하는 이원적 행정 구조가 공고화된 근대 스웨덴 행정의 발전기에 뿌리를 두고 있다. 이를 고려할 때, 정부 효과성과 행정 유형의 높은 상관관계를 정부 효과성이 행정 유형에 영향을 미쳤다는 반대 방향의 인과 관계로 설명하기는 힘들어 보인다(Andersson, 2004; Pierre, 2004; Premfors, 1991).

〈그림 5-1〉에서 비OECD 국가 중에는 베네수엘라가 왼쪽 하단에 위치해 있는데, 능력주의 임용 수준이 낮고, 낭비성 정부 지출 수준이 높다. 이러한 베네수엘라의 위치를 설명하는 몇 가지 자료가 있다. 우선, 베네수엘라는 오랫동안 공적 자금을 오용한 대표 사례였다. "베네수엘라는 역사상 최대 규모

그림 5-1 낭비성 정부 지출과 능력주의 임용의 상관관계

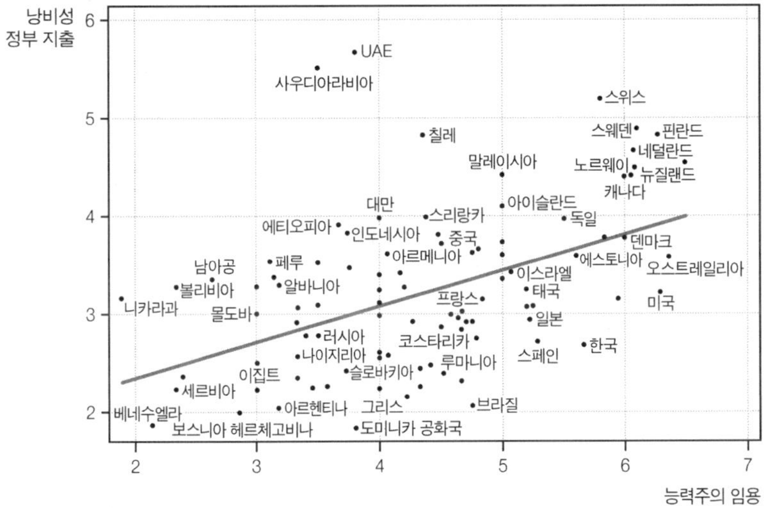

주: 102개국 대상. Y축은 7점 척도로 측정된 낭비성 정부 지출로, 세계경제포럼의 세계 경쟁력 보고서(Schwab, 2012)에서 가져왔다. X축은 공무원에 대한 능력주의 임용 정도를 7점 척도로 측정한 것으로, QoG 전문가 서베이(Teorell, Dahlström, and Dahlberg, 2011)에서 가져왔다.

의 투자 프로그램에도 불구하고 1979년 이래로 성장을 멈췄다"(Gelb, 1988: 122; Robinson and Torvik, 2005). 베네수엘라의 낭비성 정부 지출이 석유 자원 때문이라고 생각하는 것은 잘못이다. 로빈슨 등(Robinson, Torvik, and Verdier, 2006: 451)이 정확히 지적했듯이, "베네수엘라와 나이지리아는 노르웨이 또는 보츠와나와 대비된다". 따라서 "왜 어떤 국가에서는 자원이 번영을 가져오는 반면, 다른 국가에서는 그렇지 않은지를 설명할 수 있어야 한다". 이들 경제학자들의 의견처럼, 이들 일부 석유 부국들의 저조한 정부 성과는 자원의 저주(resource curse) 때문이 아니라 열악한 제도 때문이다(Mehlum, Moene, and Torvik, 2006). 노르웨이 같은 자원 부국은 '생산자 친화적(producer-friendly)' 제도를 가진 반면, 베네수엘라는 '약탈자 친화적(grabber-friendly)' 제도를 가지고 있다(Mehlum, Moene, and Torvik, 2006: 1121~1122).

특히 오늘날 생각하면 매우 충격적이지만, 이들 두 나라의 발전 수준이 얼마 전까지만 해도 비슷했다는 점을 고려할 때, 노르웨이가 생산자 친화적인 제도를 갖게 되고, 베네수엘라가 약탈자 친화적인 제도를 갖게 된 이유는 무엇일까?(Santiso, 2011) <그림 5-1>과 이 책의 이론에 근거했을 때, 베네수엘라에서는 석유 수입이 정치적 지대 추구에 사용된 반면, 노르웨이에서는 효율적인 공공재 생산에 사용된 이유는 두 나라의 행정 유형(type of administration)이 서로 달랐기 때문으로 보인다(Havro and Santiso, 2008; Karl, 1997).

노르웨이의 경우 석유 자원이 발견되기 이전부터 정치인·관료의 경력 분리가 존재했지만, 베네수엘라는 그렇지 않았다. 이러한 사실은 각국의 관료제 비교 데이터에서 확인할 수 있다. 또 행정학자들도 노르웨이가 정치인·관료 경력 분리의 역사가 오래되었음을 인정한다(Lægreid, 2001; Lægreid and Pedersen, 1996). 반면, 베네수엘라는 1958년 민주화 이후 공직 엽관제가 발전했으며, 이후 수십 년 동안 엽관제가 강화되어 왔다(Coppedge, 1994; Karl, 1986).

특히 <그림 5-1>에서 아랍에미리트(UAE)와 사우디아라비아는 매우 특이한 위치에 있다. 아마 이들 두 나라의 GDP 수준이 높고, 국가 규모가 작은 데다 천연자원이 풍부하기 때문일 것이다. 석유 부국인 이 두 나라는 낭비성 정부 지출이 매우 적은데도 공공 부문의 능력주의 임용 수준이 낮다. 왜 이들 두 국가가 일반적 경향을 벗어났는지 확신할 수 없지만, 본질적으로 천연자원을 쉽게 구할 수 있는 국가는 효율적인 행정부를 만드는 데 덜 투자한다는 기존 연구와 일치한다(Mehlum, Moene, and Torvik, 2006; Sachs and Warner, 2001).

<그림 5-1>에서 낭비성 정부 지출이 심각한 또 다른 국가는 도미니카 공화국이다. 도미니카 공화국은 전통적으로 정책 결정이 소수 정치인에게 집중되고, 자율적 관료들에게 견제받지 않았다. 20세기 후반 도미니카 정치를 장

약하고 수차례 대통령을 역임한 호아킨 발라게르(Joaquin Balaguer, 1906~2002)는 1930년에서 1961년까지 도미니카를 폭압적으로 통치한 전임자 엘 헤페(El Jefe: 지배자) 트루히요(El Jefe Trujillo, 1891~1961) 대통령의 매우 독재적인 정부 스타일을 그대로 계승했다. 발라게르는 관료의 견제 없이 정부 예산의 절반 이상을 주무르면서 막대한 규모로 정부 지출을 엉뚱한 곳에 퍼부었다(Keefer and Vlaicu, 2008). 그러나 발라게르를 반대하는 정당도 정부 지출을 공공재 생산에 쓰는 대신 특정 집단에 쏟아붓는 특수주의 편향(particularistic bias)에 빠져 있었다. 이로 인해 도미니카 공화국의 공공 투자 대비 교육 예산 비율은 비교 가능한 다른 국가보다 50%p나 낮았다(Keefer, 2002). 도미니카 공화국의 정책 결정에 대한 심층 연구(Keefer, 2002)는 〈그림 5-1〉에 나타난 정치화된 행정과 낮은 정부 효과성 간의 관계를 잘 설명해 준다. 키퍼(Keeper, 2002: 2)는 그 연구 결과를 다음과 같이 요약했다.

> 2002년 2월의 인터뷰에서 모든 정치 성향의 응답자들이 주장했듯이, 도미니카 공화국에는 후견주의의 강력한 저류가 흐르고 있다. 후견주의의 결과 중 하나는 공공 지출이 일자리, 건물, 고속 도로와 같이 특정 유권자 또는 유권자 그룹이 선호하는 공공재 및 사적재에 편중되어 있다는 점이다. 대신 교사 급여 인상, 학교 커리큘럼 개선, 규제 예측 가능성 등 특정 유권자와 관련 없는 공공재와 공공 서비스에는 공적 투자가 거의 이뤄지지 않는다.

〈그림 5-2〉는 Y축에 낭비성 정부 지출 대신 베르텔스만재단의 정부 경영 관리 성과 지표를 사용했다. 이 지표로 측정된 국가는 79개국에 불과한데, 〈그림 5-1〉과 비교해 상관관계(R=0.28, p<0.05)는 다소 약하지만, 그림의 패턴은 비슷하다. 다만 〈그림 5-1〉(102개 국가)에 비해 23개 선진국이 누락되어 있어 두 변수(능력주의 임용과 정부 경영 관리 성과)의 상관관계가 다소 약해

그림 5-2 정부 경영 관리 성과와 능력주의 임용의 상관관계

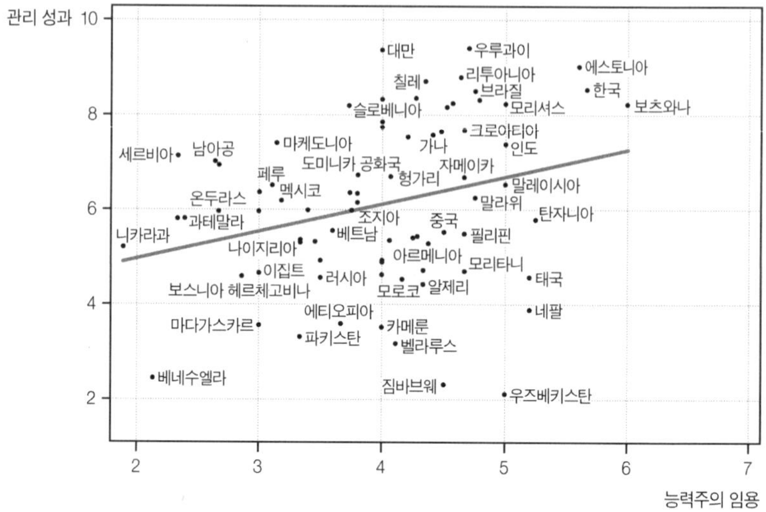

주: 79개국 대상. Y축은 10점 척도로 측정된 정부 경영 관리 성과로, 베르텔스만 혁신 지수(2012)에서 가져왔다. X축은 공무원에 대한 능력주의 임용 정도를 7점 척도로 측정한 것으로, QoG 전문가 서베이(Teorell, Dahlström, and Dahlberg, 2011)에서 가져왔다.

졌을 수 있다.

그러나 이번에도 좌측 하단에 베네수엘라가 위치하고 있다. 베네수엘라에서 정치인과 관료의 경력 통합은 아마도 우고 차베스(Hugo Chavez, 1954~2013) 대통령의 재임 중 절정에 달했는데, 그는 국가 기구 전반에 걸쳐 공무원의 임명과 해고를 미시적으로 관리했다(Hawkins, Rosas, and Johnson, 2011). 극단적인 경영 관리 실패로 국영 석유 회사의 많은 직원들이 차베스의 정치적 의제에 동조하지 않는 파업을 일으키자 차베스는 하룻밤 사이에 최고 관리자를 포함한 직원 1만 8000명을 해고하고 그 자리를 수만 명의 충성파로 교체했다. 그들은 근무 시간에 1992년 쿠데타 진압 기념일에 참석하도록 동원되는 등 정치적 목표에 활용될 수 있었다. 이를 경험한 관리자와 직원들은 효율성이 아닌 인맥이 중요하다는 것을 깨달았을 것이다. 최근 10년 동안 베네수엘라 정부의 효율성 지표가 현저하게 악화된 데는 이러한 사정과 직접적 관련이 있다(The Economist, 2012.2.18).

멕시코는 〈그림 5-2〉에 표시된 개발 도상국 중 정부 경영 관리 성과에서 중간 정도에 위치해 있다. 이는 베네수엘라보다 훨씬 낫지만, 발트(Balt)해 국가들에 비해 좋지 않다. 멕시코는 상대적으로 부유하지만, 수십 년에 걸친 제도혁명당(Partido de la Revolución Institucional, PRI)의 정치적 지배를 받은 행정으로 인해 어려움을 겪고 있다. 대통령실은 "이 나라의 가장 외딴 마을까지"(Grindle, 2012: 169) 공무원의 정치적 충성도를 통제하는데, 이는 X축(능력주의 임용)상의 위치로 반영되어 있다. 기존 연구에 따르면, 멕시코 정치인들은 소위 현명한 후원 관계를 통해 비교적 우수한 전문가를 채용할 수 있었고, 이는 결과적으로 일부 중요한 정책 성과를 달성하는 데 기여했다. 아마 Y축의 정부 경영 관리 성과에서 멕시코가 중간 위치에 있는 것도 이런 이유 때문일 것이다(Domínguez, 1997; Grindle, 1977). 그럼에도 광범위한 재량 임용이 갖는 본질적 불확실성이 공공 부문의 경영 관리(특히 선거 시기)에 영향을 미쳤다는 것은 분명하다. 그린들이 지적했듯이, 대통령 임기의 마지막 해에는 "향후 취업 인맥"을 쌓기 위해 압도적으로 많은 사람이 새로 고용되고, 새 대통령의 임기 첫 해에는 "공직에 있던 사람들이 다른 공직 자리를 찾아다니는 의자 뺏기 게임"과 비슷한 상황이 만들어진다(Grindle, 2012: 170~171). 따라서 관리자들은 현재 직무를 성실히 수행하는 것보다 정치에 신경 쓰는 시간이 더 많아 보인다.

또한, 제도혁명당 안에서 계속 새로운 유력 정치인이 등장하기 때문에 공무원들은 자리 보존을 위해 끊임없이 새로운 충성 대상을 찾게 된다. 이는 관리자에겐 매우 치명적인 일인데, 이런 부류의 해바라기형 인간들은 관리자의 일상적인 공무 활동을 소홀히 할 것이기 때문이다. 슈나이더(Schneider, 2004)가 설명한 것처럼, 멕시코의 기업인들이 정부 기관으로부터 특혜를 얻기 위해 쓰는 가장 일반적 방법은 공공 부문 인사에 영향력을 행사하는 것이다. 또한 경제계 사람들은 "야심 찬 공무원들이 향후 승진을 위해 경제계의 지원을 요청하게 되고, 이로 인해 공무원이 경제계의 정책 입장에 더 신경 쓰게 된다"고 말한다(Schneider, 2004).

이러한 현상은 총과 그의 동료의 연구 결과(Chong et al., 2014)와도 일치한다. 이 연구는 공공 관리의 질이 우정 부문의 생산성 증가와 상관관계가 있음을 보여준다. 그런데 〈그림 5-1〉과 〈그림 5-2〉는 종속 변수에 영향을 미칠 수 있는 중요 변수를 통제하지 않았기 때문에 본질적으로 예시적인 가치만 있을 뿐이다. 그래서 〈표 5-2〉에서 몇 가지 까다로운 통제 변수를 포함시킨 회귀 분석을 실시했다. 분석 결과, 가장 눈에 띄는 것은 능력주의 임용 변수는 모든 분석 모델에서 통계적으로 유의미하다는 점이다. 〈표 5-2〉에는 네 가지 분석 모델의 결과를 보여준다. 모델 ①과 모델 ②는 각 종속 변수에 대해 1인당 GDP(로그) 변수만 통제했는데, 결과가 크게 달라지지 않는다. 정치인과 관료의 경력 분리 지표, 즉 능력주의 임용 변수의 계숫값은 계속 예상대로 양(+)의 값을 갖고, 통계적으로 유의하다.

모델 ③과 모델 ④에서는 주로 법적 기원 이론에 근거한 여러 변수를 통제했다. 얀코프 등(Djankov et al., 2002)은 한 나라에서 사업을 시작할 때, 얼마나 쉽고, 어느 정도 비용이 들고, 얼마나 빠른지를 분석했다. 라 포르타 등(La Porta et al., 1999)과 얀코프 등(Djankov et al., 2010)은 정부의 질을 보다 광범위하게 분석했다. 모델 ③과 모델 ④에서는 법적 기원 이론이 가장 중요한 경쟁 이론이기 때문에 대부분의 통제 변수를 해당 이론에 근거해 가져왔다. 법적 기원 이론에 근거한 통제 변수에는 국가의 법적 기원, 수도의 위도, 인종적 파편화, 1인당 GDP(자연로그), 그리고 국회 의원의 재산과 사업에 대한 공개 여부(더미 변수) 등이다(Djankov et al., 2002; 2003; 2010; La Porta, 1999). 이와 함께 폐쇄형 베버 관료제 지표(QoG 전문가 서베이에서 종신 임용 여부와 공무원 특별 고

표 5-2 낭비성 정부 지출과 정부 경영 관리 성과에 대한 능력주의 임용의 효과

	①	②	③	④
능력주의 임용	0.31*** (0.078)	0.51*** (0.19)	0.20** (0.098)	0.98*** (0.19)
1인당 GDP(로그)	0.11 (0.077)	0.80*** (0.17)	0.29** (0.13)	0.50** (0.24)
보통법 기원			0.52** (0.21)	-0.28 (0.41)
수도의 위도			0.70 (0.69)	0.056 (1.24)
교육 수준			-0.042 (0.056)	0.034 (0.10)
인종적 파편화			0.42 (0.39)	-0.24 (0.73)
폐쇄형 베버 관료제			-0.11 (0.106)	-0.63*** (0.20)
국회 의원 재산 공개			-0.13 (0.21)	0.34 (0.37)
상수	0.84 (0.62)	-2.82* (1.60)	0.10 (1.10)	1.13 (2.10)
국가 수	99	76	84	63
R^2	0.24	0.30	0.33	0.51
adj. R^2	0.23	0.28	0.26	0.44

주: 괄호 안은 표준 오차. 모델 ①, ③의 종속 변수는 낭비성 정부 지출로, 세계경제포럼의 세계 경쟁력 보고서(Schwab, 2012)에서 가져왔다. 모델 ②, ④의 종속 변수는 정부 경영 관리 성과로, 베르텔스만 혁신 지수(2012)에서 가져왔다.
* $p<0.10$, ** $p<0.05$, *** $p<0.01$.

용법 여부를 합산한 지표)를 통제 변수에 추가했다. 이렇게 해서 모델 ③과 모델 ④에서 총 여섯 개 이상의 통제 변수가 포함되었다. 일부 통제 변수의 경우 일부 국가의 데이터가 없기 때문에 표본의 크기가 15~17% 정도 감소한다.

통제 변수 중 가장 눈에 띄는 것은 모든 모델에서 1인당 GDP(로그) 변수의 효과가 양(+)의 방향이면서 통계적으로 유의미하다는 점이다. 놀랍게도 보통법 변수(더미)는 모델 ③(종속 변수: 낭비성 정부 지출)에서만 통계적으로 유의미하고, 예측된 양(+)의 방향을 가리킨다. 모델 ④에서는 보통법 변수의 계숫값이 음수이며, 통계적 유의성은 없다. 또한 폐쇄형 베버 관료제 변수는 모든 모델에서 음의 부호를 가지며 모델 ④(종속 변수: 정부 경영 관리 성과)에서만 통계적으로 유의미하다. 이러한 결과는 효과적인 정부를 어떻게 조직할지에 대한 기존 관점(Evans and Rauch, 1999; Rauch and Evans, 2000)을 반박하는 것이다. 필자는 이전 연구(Dahlström and Lapuente, 2012; Dahlström, Lapuente, and Teorell, 2012a)에서 효과적 정부에 대한 기존 관점이 경험적으로 뒷받침되지 않는다는 점을 보여줬다. 폐쇄형 베버 관료제와 정부 효과성 사이의 부정적 관계는 필자의 이론에 근거해 다음과 같이 해석될 수 있다. 즉, 공공 부문의 특별 고용법과 종신 고용 보장은 공무원에 대한 적절한 감독을 방해하고, 효과적 경영 관리를 할 인센티브가 없는 무책임한 공무원을 만들어낼 수 있다는 점이다.

이제 모든 통제 변수가 포함되었을 때, 능력주의 임용 변수의 효과에 대해 살펴보자. 모델 ③에서 능력주의 임용 변수의 계숫값은 모델 ①에 비해 감소했는데, 이는 통제 변수가 추가되고, 국가 수가 감소했기 때문이다. 모델 ③에서 능력주의 임용 변수의 계숫값 크기는 모델 ①의 약 2/3이지만, 여전히 통계적으로 유의미하다($p<0.05$). 더 놀라운 점은 보통법 변수(더미), 25세 이상 인구의 평균 학력, 수도의 위도를 포함했을 때, 모델 ④에서 정부의 경영 관리 성과에 미치는 능력주의 임용의 효과가 모델 ②보다 커진다는 점이다. 이처럼 모델 ②와 모델 ④에서 능력주의 임용 변수의 효과가 일관되게 유의미하다는 점은 정치인·관료 경력의 통합/분리가 인과적으로 정부 효과성에 영향을 미친다는 점을 의미한다.

지금까지의 분석 결과는 필자의 이론과 일치한다. 능력주의 임용은 낮은 수준의 낭비성 정부 지출, 높은 수준의 정부 경영 관리 성과, 효과적인 우정 서비스와 관련이 있다. 그러나 이러한 결과가 내생성 편의에 의해 왜곡되었을 가능성이 있다. 따라서 능력주의 임용 변수에 대한 도구 변수를 활용해 다시 분석해 보고자 한다. 정치인과 관료의 이해를 분리하는 제도는 역사적으로 뿌리가 깊은데, 이는 해당 제도가 종속 변수에 선행했다는 점에서 반대의 인과 관계가 아님을 보여주는 것이다(Painter and Peters, 2010; Pierre, 1995a; Pollitt and Bouckaert, 2011). 따라서 이러한 역사적 경험을 포착하면서 정치인·관료의 경력 분리 메커니즘을 통해 종속 변수에 영향을 미치는 도구 변수를 찾을 수 있다. 이러한 도구 변수로 4장에서 활용한 도구 변수, 즉 18세기와 19세기 전환기에 한 국가의 행정이 관료제적인지, 가산제적인지 여부(Ertman, 1997; Charron, Dahlström, and Lapuente, 2012)를 활용했다. 이 도구 변수는 OECD 국가 중 31개국의 데이터만 활용할 수 있어 표본의 크기가 매우 작아진다는 점이 단점이다. 또 베르텔스만재단의 정부 경영 관리 성과 변수와 겹치는 국가가 8개국에 불과한 것도 단점이다. 따라서 종속 변수로 낭비성 정부 지출 지표를 쓸 수밖에 없다.

〈표 5-3〉은 도구 변수를 활용한 2단계 회귀 분석 결과를 보여준다. 모델 ①에는 통제 변수가 제외되었고, 모델 ②에는 〈표 5-2〉의 모든 통제 변수를 포함시켰다. 그러나 모델 ②의 경우 1단계 회귀 분석의 F통곗값의 통계적 유의성이 낮아 해당 도구 변수의 적절성이 다소 떨어진다(Stock, Wright, and Yogo, 2002). 그러나 앤더슨·루빈 신뢰 구간을 적용할 경우 능력주의 임용 변수의 계숫값은 여전히 통계적으로 유의미하다. 표본의 크기가 매우 작지만(모델 ①은 29개국, 모델 ②는 27개국), 능력주의 임용 변수의 효과는 두 모델에서 모두 통계적으로 유의미하다. 특히 능력주의 임용의 효과가 〈표 5-2〉에 비해 커졌는데(0.98→1.93), 이는 도구 변수를 활용해 추정한 진짜 효과의 크기가 더 크기 때문일 수도 있고, 또는 표본의 크기가 작아져서 발생한 효과일 수도 있다. 이와 함께 내생성 편의를 극복하는 또 다른 방법으로 2004년 기준 낭비성 정부 지출 변수(32개국 데이터만 활용)를 통제해 봤다. 이 경우에도

표 5-3 낭비성 정부 지출에 대한 능력주의 임용의 효과(단순 회귀 분석과 2단계 회귀 분석)

	①	②
능력주의 임용	0.89*** (0.172)	1.93** (0.74)
1인당 GDP(로그)		-1.38 (1.29)
보통법		-1.41* (0.75)
수도의 위도		0.72 (2.12)
교육 수준		-0.11 (0.15)
인종적 파편화		0.87 (1.10)
폐쇄형 베버 관료제		-0.24 (0.37)
국회 의원 재산 공개		-1.55 (0.96)
상수	-1.14 (0.89)	11.00 (9.23)
국가 수	29	27
R^2	0.40	0.30
adj. R^2	0.37	-0.02

주: 모델 ①은 단순 회귀 분석, 모델 ②는 2단계 회귀 분석. 괄호 안은 표준 오차. 모델 ②에서 도구 변수는 18세기 국가 관료제화 수준(Ertman, 1997; Charron, Dahlström, and Lapuente, 2012)이다. 종속 변수는 낭비성 정부 지출로, 세계경제포럼의 세계 경쟁력 보고서(Schwab, 2012)에서 가져왔다.

* $p<0.10$, ** $p<0.05$, *** $p<0.01$.

능력주의 임용 변수의 효과는 통계적으로 유의미했다(여기에 분석 결과는 제시하지 않지만, 이를 통해 능력주의 임용 변수의 효과에는 내생성 편의가 없다는 점을 알 수 있다).

〈표 5-2〉와 〈표 5-3〉의 분석 결과의 강건성을 확인하기 위해 〈표 5-3〉의 모델에서 종속 변수를 세계은행의 정부 효과성 지표로 바꾼 뒤 다시 분석해 봤다. 이 경우에도 기존의 분석 결과, 즉 능력주의 임용 변수의 효과

는 바뀌지 않았다. 종속 변수로 우정 부문의 효과성 지표(Chong et al., 2014)를 넣고 다시 분석한 결과도 동일했으며, 기존의 분석 결과를 더욱 확신할 수 있었다.

추가적으로 해당 국가의 지역적 특성을 통제한 상태에서 다시 분석해 봤더니 세 가지 측면에서 분석 결과가 달라졌다. 첫째, 1인당 GDP 변수가 낭비성 정부 지출과 정부 경영 관리 성과에 미치는 효과가 통계적으로 유의미하지 않았다. 둘째, 폐쇄형 베버 관료제 지표의 효과는 통계적으로 유의하게 음(-)의 효과가 나타났다. 셋째, 수도의 위도 변수의 효과가 통계적으로 유의하게 양(+)의 방향으로 나타났다. 그럼에도 정치인과 관료의 경력 분리가 정부 효과성을 높인다는 기존 결과는 변함없이 유지되었다.

결론

지금까지 국가 기구에서 정치인과 관료의 경력 분리(관료제의 능력주의 임용 수준으로 측정)가 정부 효과성에 어떤 영향을 미치는지 살펴봤다. 특히 법적 기원의 역할을 강조하는 연구를 중심으로 제도의 효과에 대한 연구를 검토했다. 이 가운데 필자는 그동안 정부 효과성에 영향을 미치지만, 간과되었던 제도적 요소, 즉 정치인과 관료의 경력 통합 정도[톰슨의 용어로 '일원적 지배 체제'(Thompson, 1965)]가 정부 효과성에 어떤 영향을 미치는지 분석했다. 구체적으로, 정치인과 관료의 경력 인센티브가 동일한 권위에 반응하는 '일원적 지배' 체제에서는 정부 효과성이 떨어진다는 점을 질적 방법과 양적 방법을 통해 경험적으로 증명했다.

첫째, 의사 결정 과정에 참여하는 관료들이 정치권력을 향해 자유롭게 진실을 말할 수 있을 때, 합법적이지만 비효율적인 정책 결정(예컨대 특정 지역 유권자를 위해 공공재 투자를 위축시키는 낭비성 정부 지출)이 크게 줄어든다. 둘째, 전문성보다 정치적 고려가 우선할 때, 공공 관리자의 업무는 훼손된다. 정치적으로 임명된 낙하산들은 업무의 시간 지평이 매우 짧고, 본질적으로 지위 불안이 있기 때문에 공공 관리자와 부하 직원 간의 심리적 계약에 심각한 악영향을 미친다. 일선 공무원들이 자신의 경력을 위해 주어진 역할을 충실히 수행하는 것이 유리할지, 아니면 정치인 상관을 위해 정책을 집행하는 게 유리할지 헷갈린다면 그들의 동기 부여도 영향을 받을 수밖에 없다.

양적 분석을 해보면, 법적 기원 이론과 관련된 여러 변수를 통제한 상태에서 관료제의 능력주의 임용 시스템은 정부 효과성을 높이는 데 긍정적 영향을 미친다. 또한 스페인, 스웨덴, 노르웨이, 아르헨티나, 멕시코, 도미니카 공화국 등 다양한 국가에 대한 질적 분석 결과도 같았다. 즉, 정치인의 경력 전망과 관료의 경력 전망이 통합되면 정부 기능이 오작동한다는 동일한 결론에 도달했다.

6

행정 개혁

서론

5장에서는 정치인과 관료의 경력 인센티브가 정부 효과성에 영향을 미친다는 사실을 보여주었다. 정치인과 관료의 경력이 통합되면 낭비성 정부 지출과 부실한 정부 경영 관리의 위험이 높아지고, 공무원들의 직무 수행 동기가 낮아진다. 이번 장에서는 한 걸음 더 나아가 정치인과 관료의 경력 분리가 행정 개혁에 어떤 영향을 미치는지 살펴보고자 한다. 때때로 외부 환경 요인에 의해 공공 부문의 생산성 향상을 위한 개혁 기회가 만들어진다. 예컨대 커다란 경제 위기가 발생했을 때, 그 대응에 있어서 국가 간 차이가 나타난다. 어떤 정부는 위기를 기회로 삼아 고통스러운 행정 개혁을 추진하는 반면, 어떤 정부는 위급한 상황에서도 행정 개혁을 미룬다. 로지와 후드(Lodge and Hood, 2012: 82)는 경제 위기라는 공통의 '드라마'가 전개될 때, 국가마다 서로 다른 결론에 이르는 '다수의 서브플롯'이 있다고 말했다. 이러한 서브플롯을 어떻게 설명할 수 있을까? 왜 어떤 정부는 다른 정부보다 행정 개혁 능력이 뛰어날까?

스웨덴의 경우 1990년대 초 심각한 금융 위기를 겪은 후 스웨덴 공공관리청(Swedish Agency for Public Management)이 '드라마틱'하다고 묘사한 행정 개혁이 일어났다. 이에 비해 남유럽 국가들은 2008년 재정 위기를 겪고도 행정 개혁을 하지 않았다(Statskontoret, 1997: 127). 남유럽 국가에서 행정 업무는 변하지 않았다. 그리스와 스페인 같은 국가들은 역사상 가장 혹독한 예산 삭감이 이뤄졌기 때문에 행정 업무가 대폭 줄었는데도, 근본적 변화가 없었다.

1970년대 중반 이후 행정 개혁은 거의 모든 서구 국가의 공통 의제였다(Cassese, 2003; De Francesco, 2012; Lynn, 2001; March and Olson, 1983). 민간 경영 기법 도입을 목표로 한 공공 관리 개혁이 등장하고 확대된 근본 이유는 정부가 효율적이고 고객 친화적이며 유연한 방식으로 성과를 내고, 결과를 제출해야 한다는 요구가 증가했기 때문이다(Marsden, 1997; Willems, Janvier, and Henderickx: 2006). 그러나 개혁의 레토릭만큼 실제 개혁이 일어나지 않았기 때문에 이러한 상황은 '말 따로, 행동 따로' 또는 '위선'적 상황으로 평가된다(Christensen and Laegred, 2001; 2010). 각국 정부는 OECD, EU, IMF, 세계은행과 같은 국제기구와 국내 행위자들로부터 잘 작동하는 정부 모델의 일반적 규범을 따르라는 압력을 받았다(Christensen and Laegred, 2010; De Francesco, 2012; Finnemore, 1996). 또한 각국 정부는 행정 개혁이 사회 전체에 도움이 되는 것을 알면서도 공무원 협회(또는 노조)와 같은 정치적 압력 단체가 단기적으로 집중적 피해를 입는 행정 개혁을 추진하길 꺼려했다.

흥미롭게도 이런 딜레마에서 각국 정부의 입장은 집권 세력의 정치적 색깔보다 해당 국가의 제도적 환경에 의해 더 크게 좌우되었다(Dahlström and Lapuente, 2010). 예를 들어 스웨덴의 사회 민주당 정부와 중도 우파 정부는 모두 상당히 높은 개혁 의지를 보인 반면, 프랑스에서는 좌파 정부나 우파 정부 모두 행정 개혁에 대해 시큰둥했다. 이러한 차이는 국가 수준에서 장기간 지속적으로 나타났으며, 제도적 요인과 관련이 있다. 공공 부문에서 금전적 인센티브를 도입하는 개혁(대표적으로 성과급제)은 "그러한 개혁으로 이득을 보는 그룹(정치인)과 그것을 집행해야 하는 그룹(고위 공무원)이 서로 분리된" 제도적 환경에서 실행될 가능성이 그렇지 않은 제도적 환경에서 실행될 가능성보다 훨씬 높다(Dahlström and Lapuente, 2010: 577).

결과적으로 행정 개혁에 있어서 국가 간 차이는 매우 분명하다. 덴마크나 뉴질랜드 등은 개혁의 기회가 있을 때마다 끈질긴 개혁 역량을 보여준 반면, 이탈리아나 그리스는 늘 개혁의 기회를 놓쳤다. 행정학자들에 따르면, "신공공관리(NPM) 접근법은 종종 수렴하는 일반 원칙으로 알려졌지만, 1980년대 초 이래로 서구 국가의 행정 개혁은 그 내용, 지향, 시점이 각자 달랐다"(Bezes and Parrado, 2013: 22). 이런 차이가 발생하는 수수께끼를 어떻게 풀 수 있을까.

이번 장의 목표는 1장과 2장에 제시된 이론에 근거해 이러한 수수께끼를 이해하는 것이다. 이를 통해 행정 개혁에 대한 선구적 비교 연구(Drori, Jang, and Meyer, 2006)와 경제적·문화적·제도적 조건에 의한 근대 정부의 현대화(modernization)를 설명한 마르크스(Karl Marx)와 베버의 연구 전통에 기여하고자 한다. 그래서 왜 어떤 정부는 다른 정부보다 더 개혁적인가라는 수수께끼에 대한 가장 잘 알려진 경제적 설명(세계화와 경제 발전에 따른 경제적 압력), 이데올로기적 설명(정치적 우파의 영향력), 문화적 설명(앵글로 색슨 행정 전통)을 각각 검증할 것이다. 또한 이 책의 이론적 틀과 행정 개혁에 관한 이전 연구(Dahlström and Lapuente, 2010)에 근거해 경제적·문화적 요인 대신 특정한 제도적 요인, 즉 정치인의 인센티브와 관료의 인센티브 사이의 긴장을 강조하는 설명을 제시할 것이다.

이어지는 내용은 다음과 같다. 먼저, 종속 변수에 해당하는 신공공관리 개혁의 국가 간 차이를 설명하고, 각국의 공공 부문 성과급제(PRP) 도입 여부가 왜 적절한 종속 변수인지 밝힌다. 공공 부문 성과급제는 최근에 도입된 제도이기 때문에 각국의 행정 개혁을 비교하기에 적합하다. 여기서는 공공 부문 성과급제가 효과적인지, 또는 좋은 제도인지를 평가하지 않을 것이며, 대신 공공 부문 성과급제가 한 나라에서 실제 추진되었는지 여부를 평가하고자 한다.

행정 개혁에 대한 기존 설명 방식을 간단히 검토한 뒤 2장의 이론에 근거해 행정 개혁에 있어 각국의 차이를 설명하고자 한다. 필자의 설명을 간단히 밝히면 다음과 같다. 즉, 조직 경제학자들에 따르면 기업에서 금전적 인센티브에 대한 약속을 믿게 하려면 이해관계를 분리하는 제도가 필요하다(Miller, 1992). 마찬가지로, 공공 부문에서도 행정 개혁을 하려면 관리자와 일선 공무원 사이에 높은 수준의 신뢰가 필요하다. 그래서 행정 개혁으로 이득을 보는 그룹(정치인)과 그것을 관리하는 그룹(고위 관료) 사이의 분리가 이뤄질 때, 행정 개혁이 성공할 가능성이 높아진다. 정치인과 관료의 이해관계가 겹치는 경우 행정 개혁은 일선 공무원의 눈에 믿을 수 없는 것처럼 보이기 때문에 실현 가능성도 낮아진다. 이런 주장을 검증할 연구 전략을 밝힌 뒤 정치인과 관료의 경력 분리가 공공 부문 성과급제 도입과 어떤 관계가 있는지 실증적으로 검증한다. 마지막으로 스웨덴과 스페인에서 공공 부문 성과급제가 도입되는 과정을 검토할 것이다.

신공공관리 행정 개혁과 공공 부문 성과급제

1970년대 중반 이래도 행정 개혁은 종종 신공공관리로 알려진 '글로벌 트렌드'였다(Sahlin-Andersson, 2001: 43; Hood, 1991). NPM 개혁의 속도와 규모는 '충격적(striking)', '전면적(sweeping)', '혁명적(revolutionary)'이라는 말로 묘사되곤 했다(Lynn, 2001: 2). NPM에는 상당히 다양한 개혁 프로그램이 포함되어 있지만, NPM 개혁의 공통된 동기와 각국 행정 개혁의 유사성을 고려할 때, 이를 하나의 분석 범주로 간주해도 괜찮을 것 같다(Caldwell, 2000; Lynn, 2001). NPM 철학에 대한 가장 영향력 있는 책을 쓴 오스본과 개블러(Osborne and Gaebler, 1992)는 NPM의 주요 특징으로 전통적으로 행정을 지배했던 규칙과 프로세스에서 벗어나 결과에 집중하는 것이라고 말했다. 후드와 피터스

(Hood and Peters, 2004: 271)는 「NPM의 중년기(middle aging of NPM)」라는 리뷰 논문에서 NPM의 핵심 아이디어를 행정의 강조점이 관료에 대한 사전 통제에서 결과에 대한 사후 평가로 바뀐 것이라고 말했다. 간단히 말해, NPM의 목표는 민간 부문을 학습해 공공 부문의 생산성을 높이기 위한 경영 관리 변화를 추구하는 것이다(Hood, 1991; Ongaro, 2008). 실제로 NPM은 "공공 조직에 시장 논리를 도입하는 것"(De Francesco, 2012: 1280), "규칙 기반의 권위적 프로세스를 시장 기반의 경쟁적 전술로 바꾸는 것"(Kettl, 2000: 3)을 의미한다. 민간 경영 관리 기법의 도입은 외주화(contracting out), 책임기관화(agencification), 정액급제를 성과급제로 대체하는 것 등으로 나타났다. 따라서 NPM은 결과 지향적 활동을 강조하는 경영 이념과 집단적 책임 대신 뚜렷한 개인적 책임을 강조하는 경영 이념에 기반한 완전히 새로운 행정 패러다임이라고 할 수 있다(Gow and Dufour, 2000).

오늘날 전 세계적으로 NPM 개혁이 추진되었지만, 그 형태와 정도, 깊이는 매우 다양하다(개괄적인 내용은 Christensen and Lægreid, 2001; Peters and Pierre, 2001; Pollitt and Bouckaert, 2011). NPM이 하나의 패러다임으로 자리 잡았지만, 개혁은 동질적이지 않았고 국가별로 현저한 차이가 나타났다(Lynn, 2001: 19). 국가별 행정 개혁의 궤적은 매우 다양했다(Pollitt and Bouckaert, 2011). 호주, 뉴질랜드, 영국 등은 가장 개혁 지향적인 국가들이었기 때문에 'NPM 국가'라고 불렸다(Ongaro, 2012: 108). 반면 NPM 개혁에 소극적인 국가로는 프랑스(Rouban, 2008), 그리스(Spanou, 2008; Spanou and Sotiropoulos, 2011), 스페인(Parrado, 2008), 이탈리아(Ongaro, 2008) 등을 꼽을 수 있다. 따라서 NPM 개혁과 관련한 국가 군집(clusters of countries)이 있다고 할 수 있다(Ongaro, 2012). 그럼에도 남유럽 행정학자들이 말했듯이, 남유럽 국가들의 실제 상황은 '실패' 또는 '지진아' 등으로 단순히 요약할 수 없을 정도로 미묘한 측면이 있다(Ongaro, 2008: 110; Bezes, 2010; Gallego and Barzelay, 2010; Ongaro, 2012;

Parrado, 2008).

요약하자면, NPM 개혁의 국가별 차이는 필자가 주장하는 제도적 설명 방식을 검증하기 좋은 사례이다. 앞서 언급했듯이, 필자는 NPM 개혁을 반드시 시행했어야 했다는 식의 규범적 주장을 하려는 것이 아니라, 단지 각국의 공공 부문이 NPM 개혁 압력에 어떻게 적응했는지를 검증해 보려는 것이다.

안타까운 점은 각국의 NPM 개혁을 비교할 수 있는 믿을 만한 지표가 부족하고, 더욱 근본적으로 NPM 개혁이 무엇인지에 대한 분명한 합의가 없다는 점이다. 이에 대해 이번 장에서는 NPM 개혁의 대표 사례라고 할 수 있는 공공 부문 성과급제(PRP)에 초점을 맞춰 분석하려고 한다(Thompson, 2007: 50). 공공 부문 성과급제는 공무원의 성과에 대한 면밀한 통제를 목표로 하기 때문에 더 큰 계층 구조 내에서 직원 개개인을 관리하게 된다. 공공 부문 성과급제는 전통적 행정과 달리, 직급과 학력보다는 직무 성과에 초점을 맞춘 보상 시스템이기 때문에 NPM의 핵심 요소로 평가된다(Hood, 1996). 따라서 성과급제는 전통적 행정의 특징인 연공서열에 따라 "자동적으로 고정급이 증가"하는 "자격 문화(entitlement culture)로부터 상징적 단절"(Risher, 1999: 334)을 의미한다(Freiber, 1997; Willems, Janvier, and Henderickx, 2006).

OECD는 "공공 부문 성과급제는 민간 부문의 인센티브와 개인 책임(individual accountability) 문화가 공공 부문으로 파고든 것"이라고 말했다(OECD, 2004: 4). 또한 일부 학자들은 "급여 체제는 조직의 목표, 우선순위, 가치를 가시적이고 강력하게 전달하는 매개체"라는 점에서 급여 체제 변화는 상징성이 크다고 말했다(Schuster and Zingheim, 1992: xv). 국가 간 비교를 위해 성과급제를 선택한 이유는 다른 NPM 개혁과 달리 국가별 성과급제 도입에 대한 믿을 만한 데이터가 존재하고, 국가 간 차이를 비교한 선행 연구가 존재하기 때문이다(Dahlström and Lapuente, 2010; Willems, Janvier, and Henderickx, 2006). 따라서 공공 부문 성과급제는 한 국가의 NPM 개혁 과정을 평가하는 데 가장 적절한 지표라고 할 수 있다.

또한 성과급제는 실무자와 학자 사이에서 가장 많은 논쟁이 벌어진 NPM 개혁 중 하나이다. 공무원에 대한 개인별 성과 평가는 19세기 후반, 미국에서 실시된 적이 있지만(Murphy and Cleveland, 1995), 본격적으로 추진된 것은 NPM의 시대, 특히 1990년대 들어서였다. 1990년대는 공공 부문의 성과와 성과 측정에 대한 요구가 많았다(Radin, 2000; Heinrich, 2003). 당시 서구의 많은 국가들이 경제와 예산상의 어려움을 겪으면서 개인의 동기를 강화해 정부 성과를 끌어올려야 했다. 이러한 압력 속에서 대부분의 서구 국가들이 서류상으로 공공 부문 성과급제를 도입했지만, "그것이 실제 적용된 정도는 천차만별"이었고, "실제 공공 부문 성과급제를 확장하고 공식화한 나라는 소수(덴마크, 핀란드, 한국, 뉴질랜드, 스위스, 영국)에 불과했다"(OECD, 2005: 10). 이 장에서는 이러한 국가별 차이를 설명하려고 한다.

NPM 행정 개혁에 대한 기존 설명 방식

지난 수십 년 동안 행정학자들은 신공공관리(NPM) 개혁에 많은 관심을 쏟았다(Christensen and Lægreid, 2001; Peters and Pierre, 2001; Pollitt and Bouckaert, 2011). 그러나 행정 개혁에 관한 비교 연구는 주로 단일 사례 연구였고, 다수 사례 비교 연구는 드물었다. 국가별 행정 개혁의 다양성에 대한 설명이 필요한데도, 현재의 연구는 "기초적 분석 틀 없이 현상을 기술하는 데만 머물러 있다"(De Francesco, 2012: 1279; Lynn, 2001: 204). 따라서 NPM 개혁이 어디에서, 어떻게 이루어졌는지에 대해서는 꽤 많이 알고 있지만, 왜 그런 일이 일어났는지에 대해서는 잘 알지 못한다(Lodge and Wegrich, 2012. 몇 가지 예외적인 연구로 다음과 같은 것이 있다. Bennett, 1997; De Francesco, 2012; Drori, Jang, and Meyer, 2006; Lee and Strang, 2006; Verhoest, 2010).

NPM 개혁 연구는 주로 경제적 압력, 정치적 충동, 문화라는 세 가지 관점에서 국가 간 차이의 원인을 밝히려고 했다. 경제적 설명 방식의 경우 경제적 세계화(economic globalization)가 각국 정부의 과감한 행정 개혁을 자극했다는 점에 초점을 맞춘다(Farazmand, 1999; Keller, 1999; Thompson, 2007). NPM 개혁은 선택된 것이 아니라 글로벌 금융 시장의 감시와 무역 경쟁 심화에 따른 각국 정부의 불가피한 대응이라는 것이다(De Francesco, 2012; Dobbin, Simmons, and Garret, 2007). 이에 따라 공공 부문 개혁은 개방 경제가 받는 강한 외부 압력, 특히 유럽통화연합(European Monetary Union)의 공통 기준과 같은 엄격한 국제적 압력을 받는 국가와 상관관계가 있다(Cope, Leishman, and Starie, 1997; Drori, Jang, and Meyer, 2006; Thompson, 2007). 금융 위기로 인한 경제적 압력이 행정 개혁을 야기했다고 할 수 있다(Cassese, 2003).

정치적 설명 방식의 경우 NPM 개혁은 신자유주의의 정치적 의제였고, 우파 정부의 통치 결과였다고 주장한다(Ansell and Gingrich, 2003; Bach, 1999; Barlow et al., 1996; Deakin and Walsh, 1996; Mascarehnas, 1993; Rosta, 2011). 20세기 마지막 20년 동안 뉴라이트 이데올로기가 부상하면서 공공 부문이 축소되고 민간 관리 기법이 도입되었다. 특히 영국 대처(Margaret Thatcher) 정부와 미국 레이건(Donald Reagan) 정부가 공공 부문 개혁을 '주도'했다(Lee and Strang, 2006: 883; Halligan, 1996). 1980년대 이들 두 나라에서 시작된 NPM 개혁은 전 세계 많은 보수 정당에 영감을 주었다. 여러 학자들(Bach, 1999; Barlow et al., 1996; Pollitt, 1993)에 따르면, 최근 수십 년 동안 우파 정부가 장기 집권한 국가일수록 NPM 개혁에 적극적이었다.

마지막으로, 영향력 있는 행정학 연구(Peters, 1997; Pollitt and Bouckaert, 2011)와 국제기구(OECD, 2004)에 따르면, NPM의 확산은 각국 행정 전통(administrative traditions)의 지배적 가치와 관련이 있다. 이러한 가치는 "행정 시스템 변화에 대한 수용 여부"(Peters, 1992: 212)를 결정하거나, 또는 외부에서 강제되는 개혁의 "필터" 역할을 한다(Bouckaert, 2007: 32). 이러한 가치는 오랜 역사적 과정의 산물이어서 각국 행정이 어떤 길을 선택할지에 영향을 미치는 등 거의 문화적 '영혼'(cultural soul)이라고 할 수 있다(Christensen and Lægreid, 2012; Krasner, 1988; Selznick, 1957).

이러한 문화적 설명 방식은 앵글로 색슨 행정 전통과 유럽 대륙과 스칸디나비아의 법치주의 행정 전통 사이의 차이에 초점을 맞춘다(Pierre, 2011; Pollitt and Bouckaert, 2011). 많은 사람들이 이러한 구분에 동의하며, NPM 개혁을 앵글로 색슨 행정 전통의 산물이라고 생각한다(Bouckaert, 2007; Castles and Merrill, 1989; Christensen and Lægreid, 2012; Hood, 1996; Pollit, 1990; Verhoest, 2010).

반면 스칸디나비아 국가들처럼 평등주의적 규범이 강하고, 외부 개혁 압력에 저항하는 폐쇄적인 공무원 시스템을 갖고 있는 법치주의 행정 전통은 NPM 개혁에 적대적이다(Christensen and Lægreid, 2012; Halligan, 2001). 또한, 공공 부문에 대한 규제는 실용적인 앵글로 색슨 행정 전통에 비해 법치주의 행정 전통에서 훨씬 엄격하다(Verhoest, 2010). 피에레(Pierre, 2011: 676)는 두 가지 행정 전통의 특징을 범주화한 뒤 개혁 열정에 있어서 두 행정 전통 사이의 차이를 설명했다. 법치주의 행정 전통은 공공 서비스와 관리주의(managerialism) 대신 합법성과 평등을, 효율성 대신 법적 안전성을, 고객(customer) 대신 시민(citizen)을, 개인의 권리 대신 집단의 권리를, 보통법 대신 공법을, 상향적·하향적의 이중 책임 대신 상향적 책임을 강조한다. 그래서 이러한 법치주의 행정 전통에 속한 남유럽, 중부 유럽, 스칸디나비아 국가에서는 NPM 개혁을 채택하는 속도가 매우 느렸다(Peters, 2001; Pollitt and Bouckaert, 2011; Verhoest, 2010). 또한 성과급제는 벨기에처럼 비공식 계약, 충성심과 고용 안정을 중시하는 경력 기반 행정 체제에는 잘 맞지 않았다. 이런 행정 체제에서는 전통적인 연공급제가 잘 맞았다(Willems, Janvier, and Henderickx, 2006).

제도적 설명 방식

조직에서 가장 기본적인 질문 중 하나는 최고위층에게 어느 정도의 권력을 줘야 하는지에 관한 것이다. 이에 대한 대답은 공공 조직이든, 민간 조직이든, '많은 권력'을 가져야 한다는 것이다. 고위 관리직이 험난한 바다 위에서 적절히 배를 조종하려면 운신의 폭이 넓어야 하기 때문이다. 대부분의 조직 경제학자들은 경영 관리를 위한 재량권은 외부 환경 변화에 신속히 대응하도록 하기 때문에 조직의 관점에서 바람직하다고 본다(Foss, Foss, and Vázquez, 2006).

2장에서 살펴봤듯이, 이런 조직 이론의 밑바탕에 깔린 이론적 분석 틀은 주인·대리인 이론인데, 이 이론에 따르면 조직의 문제는 대개 대리인(예컨대 직원, 부하 직원) 때문에 발생한다. 이에 대한 해결책은 대리인의 정보 우위(informational advantage)를 최소화하는 적절한 계약을 맺는 것이다. 주인·대리인 이론의 이러한 관점은 공공 조직 연구에도 깊이 스며들었다(Kettl, 1993; Miller, 1997; Moe, 1984). 이에 따라 많은 학자들이 정치적 권력을 소수에게 집중하는 것이 좋다고 말한다.

이 책의 앞부분에서 언급했듯이, 필자는 대리인이 조직 문제의 핵심 원인이고, 그에 대한 해결책을 계약서에 모두 적어두면 된다는 주장에 동의하지 않는다. 이와 달리 필자는 조직이 겪는 문제는 신뢰(trust)와 관련이 있으며, 신뢰 문제로 인해 개혁이 좌절될 수 있다고 주장한다(Levi, 2005; Miller, 1992; Miller and Falaschetti, 2001). 신뢰 없이는 어떤 조직도 굴러가지 않는다. 특히 경영진이 조직 구성원을 신뢰하는 것 못지않게 구성원이 경영진을 신뢰해야 한다는 점이 중요하다.

이 장에서 분석하려는 성과급제는 조직 내 신뢰가 왜 중요한지를 잘 보여준다. 성과급제는 생산성을 높일 수 있지만, 경영진이 직원들을 희생시키면서 자신들에게 유리하게 사후적으로 임금 체계를 조작할 수 있다고 의심받을 경우 실패하게 된다(Hays, 1988; Lazear, 1996; Miller, 1992). 예를 들어, t시점에 관리자가 직원들에게 구체적이고 측정 가능한 목표를 달성할 경우 성과급 x를 준다고 약속했다고 해보자. 달성해야 할 목표는 경찰이라면 특정 지역의 범죄율 감소, 생산직 노동자라면 공장에서 조립된 품목 수 같은 것이다. 그러나 직원이 업무를 수행하기 시작하면 관리자와 직원 간의 상호 작용이 변할 수 있다. t+1시점에 관리자는 직원의 성과에 대한 한계 비용을 파악하고, 약속한 성과급이 너무 많다고 생각해 성과급을 당초 x에서 x-y로 줄일 수 있다(Falaschett, 2002: 163).

이는 조직이 시간 불일치 문제(problem of time inconsistency)에 부딪힌다는 것을 의미하는데, 이는 정치 경제학자들(Kydland and Prescott, 1977; Weingast and Marshall, 1988)이 발견한 것과 유사한 문제이다. 즉, t+1시점에 정부는 t시점에서 경제 주체와 했던 약속을 깰 인센티브가 있다는 것이다(Foss, Foss, and Vázquez, 2006). 직원의 이익에 반하는 관리자의 기회주의적 행동, 또는 시민의 이익의 반하는 정부의 기회주의적 행동이 예상되면, 파레토 차선(Pareto-suboptimal) 내시 균형[1]에 이르게 된다(Miller, 1992). 직원들은 관리자가 약속을 지킬 것이라고 믿지 않기 때문에 새로운 개혁에 동참하지 않을 것이다. 이는 관리자와 직원 모두에게 차선의(suboptimal) 결과이다. 만약 양측이 사후적으로 기회주의적 행동을 하지 않을 것이라고 상호 보장할 수 있다면, 양측의 관계는 좋을 결실을 맺을 수 있을 것이다. 2장에서 설명한 것처럼, 공공부문의 개혁을 가로막는 것은 이러한 관리자와 일선 공무원 사이의 신뢰 부족이다.

---

1 파레토 최적 상태에는 못 미치지만, 양측에게 더 나은 선택지가 없는 상황을 말한다. _옮긴이

조직 내에서 이러한 관리자의 기회주의적 행동을 어떻게 극복할 수 있을까? 실제로 제대로 관리하는 관리자, 윌리엄슨(Williamson, 1996: 150)이 말한 '좋은 이유(예상되는 순이익이 산출되도록 지원하기 위해)'로 개입하는 관리자를 늘리고, '나쁜 이유(자신의 목표를 위해)'로 개입하는 관리자를 최소화하는 것이 필요할 수 있다. 조직학 연구에 따르면, 조직 내 상호 신뢰는 지배권자의 권력이 다른 세력과 균형을 이룰 때 생겨날 가능성이 높다(Falaschetti and Miller, 2002; Foss, Foss, and Vázquez, 2006; Miller, 1992). 그래서 조직의 최상위층은 서로 다른 이해관계를 가진 그룹으로 구성되어야 한다.

실제로 민간 조직에서는 이러한 권력 공유(power sharing)가 이루어지고 있다. 예를 들어, 미국 기업은 소유와 경영이 분리되어 있는데, 이처럼 소유와 경영이 분리된 기업은 견제와 균형으로 인해 그렇지 않은 기업보다 조직 내 신뢰 문제를 더 잘 해결한다는 증거가 많다. 일부 기업들은 경력 초기에는 한계 생산성보다 낮은 임금을 지급했다가 경력 후반기에는 한계 생산성보다 높은 임금을 지급하는 이연 보상 제도를 시행한다. 어떤 기업이 이런 이연 보상 제도를 도입하는지 분석한 연구(Garvey and Gaston, 1991)에 따르면, 이 제도를 시행할 능력이 있다고 해서 모든 기업이 해당 제도를 시행하는 것은 아니었으며, 소유권이 분산된 기업일수록 이연 보상 제도를 도입할 가능성이 높았다.

공공 부문 성과급제 도입과 관련한 각국의 차이도 이러한 신뢰의 문제로 설명할 수 있다. 공공 부문에서 성과를 공유한다는 발상은 급진적인 이상주의일 수 있다(Risher, 1999: 334). OECD(2005)는 "성과를 모니터링하고 측정하는 것, 특히 직원 성과 평가는 어려운 과정이다. 공공 조직에서 고도로 공식화되고 세부적인 평가 시스템을 도입하려는 시도는 실패했다. 그 이유는 아무리 복잡하고 형식화된 기준이 있더라도 만족스러운 수준으로 대다수 직원의 평균적 성과를 측정하는 것이 매우 어렵기 때문"이라고 말했다.

공공 부문의 업무는 많은 경영 관리적 판단을 필요로 하기 때문에 공공 부문의 성과 평가는 민간 기업보다 어렵다(OECD, 2005). 그래서 OECD에 따르면, "공공 부문에서 성과 평가를 도입하려면 사전에 투명성, 명확한 승진 체계, 고위직과 중간직 관리자에 대한 신뢰 등과 같은 조건이 갖춰져야 한다. 이런 조건이 충족되지 않은 상황에서 성과급제는 비생산적이며, 신뢰와 관련된 문제를 가중시켜 부패와 정실(patronage) 등의 문제를 야기할 수 있다". 요약하자면, 반대가 있더라도 "성과급제를 설계하는 것은 쉬운 일"이지만, "실제 문제의 90%가량은 '소프트웨어적' 측면(즉, 신뢰 문제)에서 생겨난다(Risher, 1999: 336). 이러한 조직의 고유한 신뢰 문제를 해결할 수 있느냐에 따라 성과급제 시행이 성공할 수도, 실패할 수도 있다.

기업 조직과 마찬가지로(Falaschetti and Miller, 2001), 공공 조직에서 성과급제가 성공적으로 정착되려면, 최고 관리직의 이해관계를 분리시켜 이들의 기회주의적 행동을 억제함으로써 직원들의 노력이 조직의 성공에 필수적이라는 신뢰가 형성되어야 한다. 왜냐하면 정부가 성과급제를 시행하더라도 관리자 또는 집권당이 사후적으로 제도를 바꿔 성과급 재원의 일부를 선거에 사용할 수 있기 때문이다.

OECD(2004)가 서구 국가의 성과급제 도입 실패를 분석한 문건에 따르면, "일선 공무원들이 성과 향상에 대한 금전적 보상을 약속받았지만, 실제로는 기본급만 찔끔 오른 것에 실망"하는 경우가 많았다. 민간 기업과 마찬가지로, 공공 부문 성과급제는 필연적으로 직원들 사이에 불확실성을 야기한다. 따라서 관리자에 대한 불신은 성과급제 도입을 가로막는 가장 큰 장애물이었다. OECD(2004: 7)는 "성과급제 도입을 위해서는 신뢰에 바탕한 근무 환경이 필요하다. 이를 위해 지속적인 대화, 정보 공유, 협상, 상호 존중, 투명성이 최우선되어야 한다"고 말했다. 다른 연구자들은 공공 부문 성과급제는 "높은 수준의 헌신"을 이끌어내고 "인간적인" 방식으로 설계되어야 한다고 말했다(Abrahamson, 1997; Thompson, 2007: 59).

공공 부문 성과급제를 도입하는 데 "가장 큰 장애물"(Risher, 1999: 341)은 새로운 급여 체계를 구성하는 '신념(belief)'에 대한 공감대가 있는지 여부이다. 영국은 공무원 성과급제를 성공적으로 도입했지만, 국민 보건 서비스(National Health Service, NHS) 분야와 교육 분야에서 높은 수준의 불만과 갈등이 나타났다(Horton, 2000: 230).

공공 부문에서 소유주(owner)에 해당하는 사람은 누구일까? 민주주의 체제에서 궁극적 소유주는 유권자이겠지만, 국가 행정의 사실상 소유주는 정부 특히 장관이나 내각 구성원일 텐데, 이들은 공무원의 이익에 반하는 기회주의적 행동을 통해 이득을 얻을 수 있다. 민간의 소유주와 달리, 내각 구성원들은 공무원이 생산한 잉여를 취할 권리가 없지만, 정치인인 이들은 공공 정책으로 만들어진 잉여로부터 이득을 볼 수 있는 여러 가지 방법을 갖고 있다(Miller and Hammond, 1994). 그렇다면 공공 부문의 관리자는 누구일까? 복잡한 행정 구조에서, 특히 국가 간 차이, 국가 내 차이가 존재하고, 어떤 정책 결정이든 재량적 요소가 포함되기 때문에 누가 공공 부문의 관리자인지 측정하는 것은 쉽지 않다. 그러나 공무원의 관리자 직급을 규명한 행정학 연구(Pollitt and Bouckaert, 2011)에 근거했을 때, 국가 행정의 관리자는 영국의 상임비서관(permanent secretary), 스페인의 사무총장(directores generales)과 같은 직위, 즉 국가 행정의 일상적 관리를 책임지는 고위 공무원 또는 고위직이라고 할 수 있다.

장관과 관리자가 전혀 분리되지 않을 경우, 즉 장관 또는 그의 정치적 피임명자가 한편이 되어서 인센티브 시스템을 관리할 경우 성과급제 또는 모든 개혁의 필수 요소인 미래 보상에 대한 약속은 신뢰하기 힘들다. 반면 장관과 관리자의 이해관계가 명확히 분리되면, 관리자는 장관의 모든 요구에 무조건 순응하지 않을 것이다. 이 경우 관리자는 후배 공무원들을 위해 일한 선배라는 평판을 중시할 것이기 때문에 일선 공무원들은 이런 관리자의 미래 보상

약속을 신뢰할 것이다.

공공 부문 성과급제 도입의 국가 간 차이

이제부터 공공 부문 성과급제 도입의 국가 간 차이에 대한 기존의 설명 방식(경제적·정치적·문화적 설명)과 제도적 설명 방식을 실증적으로 검증해 볼 것이다. 정치인과 관료의 경력이 분리된 국가는 공공 부문 성과급제가 더 성공적으로 시행되었는지 검증할 것이다. 정치인과 관료의 이해관계가 분리되었을 때, 일선 공무원들은 고위 관리층을 더욱 신뢰해 공공 부문 개혁에 적극적으로 나설 것이다. 실증 분석은 다수의 관측치를 활용한 국가 간 비교 연구와 프랑스, 스웨덴, 스페인 등에 대한 비교 사례 연구로 진행될 것이다.

분석 결과, 정치인과 관료의 경력 분리와 공공 부문 성과급제 시행 정도 간에는 높은 상관관계가 있었다. 이어 기존의 설명 방식과 관련된 변수를 포함시켜 회귀 분석을 실시했다. 이때 회귀 분석의 종속 변수와 독립 변수는 모두 QoG 전문가 서베이에서 가져왔으며, 추가적으로 다른 출처(Dahlström and Lapuente, 2010)에서 독립 변수인 정치인과 관료의 경력 분리 지표를 가져와 회귀 분석을 해봤다. 한편 정치인과 관료의 경력 분리와 공공 부문 성과급제가 모두 NPM 개혁 프로그램에 속하기 때문에 내생성 편의가 있을 수 있다. 이런 비판을 고려해 정치인과 관료의 경력 분리가 역사적으로 공공 부문 성과급제 도입에 선행했다는 점을 증명하고자 했다. 이는 두 단계로 진행되는데, 첫째, 장기적 관점에서 정치인과 관료의 경력 분리를 측정한 변수를 도구변수로 사용해 2단계 회귀 분석을 실시했다(Charron, Dahlström, and Lapuente, 2012). 둘째, 스웨덴과 스페인의 역사적 경험을 통해 실제로 스웨덴에서 정치인과 관료의 경력 분리가 공공 부문 성과급제에 역사적으로 선행했다는 점, 그리고 스페인의 공공 기관별로 정치인·관료의 경력 분리 여부에

표 6-1 기술 통계

변수	국가 수	평균	표준 편차	최솟값	최댓값
공공 부문 성과급제	107	2.95	0.94	1.23	5.62
능력주의 임용	107	4.28	1.09	1.88	6.58
장관·관료 관계(더미)	25	0.52	0.50	0	1
1인당 GDP(로그)	178	8.48	1.31	5.42	11.06
무역 개방 기간	134	85.72	16.69	50	100
중도 우파 정부 집권 기간	175	7.13	9.57	0	36
보통법 기원	190	0.33	0.47	0	1
OECD 가입 여부	107	0.27	0.45	0	1
18세기 관료제화 수준	30	0.47	0.51	0	1

주: 중도 우파 정부 집권 기간을 제외한 모든 변수는 QoG 표준 데이터 세트(Teorell et al., 2013) 또는 QoG 전문가 서베이(Teorell, Dahlström, and Dahlberg, 2011)에서 이용할 수 있다.

따라 성과급제 도입 여부에 차이가 난다는 점을 제시했다.

종속 변수인 공공 부문 성과급제 도입 정도는 QoG 전문가 서베이의 전문가 평가를 통해 측정했다(Teorell, Dahlström, and Dahlberg, 2011). 질문 문항은 <표 2-2>에 제시된 "(자국에서) 공무원의 임금이 어느 정도 성과와 연동되어 있는가?"이며, 이에 대한 동의 정도를 7점 척도로 측정했다.

독립 변수인 정치인과 관료의 경력 분리는 두 가지 지표를 사용했다. 첫 번째 지표는 QoG 전문가 서베이에서 가져온 것으로, 공공 부문의 능력주의 임용 정도를 7점 척도로 측정한 것이다. 두 번째 지표는 원래 폴리트와 부카르트(Pollitt and Bouckaert, 2011)가 사용한 지표인데, 필자가 25개 국가를 대상으로 다시 개발했다(Dahlström and Lapuente, 2010). 이 지표는 정치인과 관료의 경력이 통합되었으면 0, 분리되었으면 1의 값을 갖는 더미 변수이다.

이 밖에 기존의 설명 방식과 관련된 정치적·경제적·문화적 변수를 포함시켰다. 경제적 변수로는 세계은행의 1인당 GDP(로그), 무역 개방 기간(Sachs and Warner, 1995)을 사용했다. 문화적 변수로는 앵글로 색슨 행정 전통을 측정하기 위해 보통법 국가 변수를 사용했다. 보통법 국가인지 여부를 더미 변수로 만들었다(La Porta et al., 1999). 마지막으로 정치적 변수는 1975년부터 2010년까지 중도 우파 정부의 집권 기간을 사용했다. 이 변수는 해당 시기 집권당을 코딩한 뒤 집권 기간을 합산한 것이다(Keefer, 2010). 중도 우파 정부 집권 기간을 제외한 모든 통제 변수는 QoG 데이터 세트에서 구할 수 있다(Teorell et al., 2013). <표 6-1>은 분석에 활용된 변수를 요약한 것이다.

정치인과 관료의 경력 분리, 신뢰, 그리고 공공 부문 성과급제

공무원들은 관리자를 신뢰할 만한 충분한 이유가 있다면 행정 개혁에 적극적으로 참여할 것이다. 기존 연구(Miller 1992; Falaschetti and Miller 2001)에 근거했을 때, 정치인과 관료의 경력이 분리된 경우에 이런 현상은 더욱 분명히 나타날 것이다. 왜 그런지에 대한 이론적 근거는 이번 장의 앞부분과 이 책의 2장에서 자세히 설명했다. 여기서는 구체적이고 혁신적인 개혁 프로그램이었던 공공 부문 성과급제의 도입을 통해 이런 주장을 검증할 것이다. 이를 위해 먼저 정치인과 관료의 경력 분리를 의미하는 능력주의 임용 변수와 공공 부문 성과급제 도입 간의 상관관계를 분석했다.

독립 변수는 능력에 따라 공무원 임용이 결정되는 정도이고, 종속 변수는 공무원 급여가 성과 평가와 연관된 정도이다. 두 변수 모두 QoG 전문가 서베이에서 가져온 것으로, 1점(거의 그렇지 않다)에서 7점(거의 항상 그렇다)까지의 척도로 측정했다. 이와 별도로 능력주의 임용 지표 대신 정치화 수준 지표와 전문가주의 지표를 사용해 분석해 봤지만, 결과는 거의 동일했다.

<그림 6-1>은 107개국을 대상으로 능력주의 임용과 성과급제의 상관관계를 보여준다. X축은 능력주의 임용 정도를, Y축은 공공 부문 성과급제 정도이다. 두 변수의 상관관계는 이론이 예측한 대로, 양(+)의 방향이고, 강력하며, 통계적으로 유의미하다($R=0.61$, $p<0.00$).

그림 6-1 공공 부문 성과급제와 능력주의 임용의 상관관계

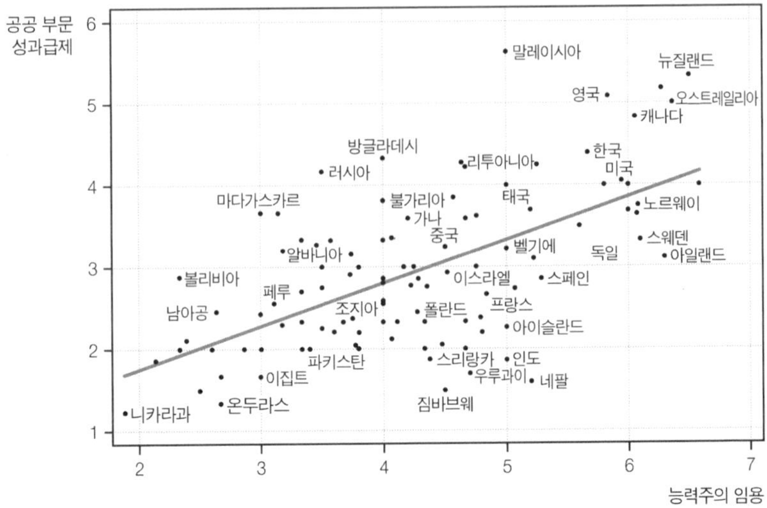

주: 107개국 대상. Y축은 공공 부문 성과급제 정도이다. X축은 공무원에 대한 능력주의 임용 정도를 7점 척도로 측정한 것으로, QoG 전문가 서베이(Teorell, Dahlström, and Dahlberg, 2011)에서 가져왔다.

〈그림 6-1〉의 상관관계 분석에는 통제 변수가 빠져 있어 누락 변수 편의의 가능성이 있지만, 결과는 흥미롭다. 능력주의 임용과 공공 부문 성과급제는 겉보기에 관련이 없어 보이지만, 양자의 상관관계가 높을 수밖에 없는 이론적 근거는 분명하다. 〈그림 6-1〉에는 호주, 뉴질랜드, 영국 등 'NPM 국가'로 알려진 국가들이 공공 부문 성과급제를 나타내는 Y축의 상단에 위치해 있다(Ongaro, 2012). OECD(2009; 2011)에 따르면, 영국의 공공 부문 성과급제는 고성과 공무원에게 보너스를 지급할 뿐 아니라 저성과 공무원에게 성과 개선 계획을 제출하고, 반년 뒤 재평가를 받도록 하는 등 매우 야심 찬 프로그램이다(OECD, 2011).

〈그림 6-1〉의 오른쪽 상단 모서리에 위치한 캐나다는 혁신적인 성과 관리 프로그램(performance management program)으로 OECD(2011: 141)로부터 우

수 국가로 선정되었다. 공공 부문 성과급제를 시행하는 데 가장 큰 어려움은 서로 다른 공공 서비스 생산이 서로 얽혀 있다는 점이다. 그래서 공공 부문의 성과는 개인 성과라기보다는 '팀 단위 생산'[2] 성과인 경우가 많다. 따라서 공공 부문의 성과 평가는 공무원들의 개인적 활동뿐 아니라 다른 사람과의 상호 작용이 어떠했는지를 평가해야 한다(OECD, 2009). 캐나다의 성과 평가 시스템은 선구적으로 이 문제를 해결하려고 했고, "달성한 결과가 무엇이고, 그것을 어떻게 달성했는지를 평가하려고 했다"(OECD, 2011: 141).

〈그림 6-1〉에서 프랑스는 다른 유럽 국가보다 낮은, 중간 정도에 위치해 있다. 여러 연구들이 프랑스의 저조한 공공 부문 성과급제 도입 이유를 설명하려고 했다. 일반적으로 프랑스는 인적 자원 분야에서 NPM 개혁의 '지진아'였고(Thompson, 2017: 51), 실제로 〈그림 6-1〉에서 볼 수 있듯이 공공 부문 성과급제 도입에 소극적이다. OECD(2004: 32)에 따르면, 프랑스는 성과급으로 실적급이 아닌, 그냥 보너스를 줬다. 따라서 "프랑스에는 실질적인 공공 부문 성과급제가 없다"(OECD, 2003).

프랑스에서 이처럼 공공 부문 성과급제가 자리 잡지 못한 것은 정치인과 관료의 경력이 명확히 구분되지 않는 것과 관련이 있다. 프랑스 공공 서비스의 비용과 효율성에 관한 OECD 조사 위원회의 2004년 보고서는 프랑스 성과 평가 프로세스의 주요 결점을 다음과 같이 지적했다. "성과 평가가 객관적인 평가 프로세스에 근거하지 않았다. 매년 체계적인 인터뷰를 통해 개인 성과 평가가 이뤄지지 않는다. 보너스 제도는 불투명하고, 개인적·집단적 수준에서 이뤄지는 직원 성과 평가는 엄격성이 부족하다. 이는 보너스 제도의 정

2 기술적으로, 팀 단위 생산(team production)이란 개인이 소유하지 않으면서, 상호 의존적인 생산성(즉, 각 요소의 한계 생산성이 다른 요소의 함수)을 가진 두 가지 이상 요소가 결합되어 산출물을 생산하는 프로세스를 말한다(Alchian and Harold, 1972; Falaschetti, 2002).

당성을 떨어뜨린다"(OECD, 2004: 38). 마찬가지로 OECD의 프랑스 보고서는 공공 부문 성과급제에 대해 "투명성이 부족하고", "모든 공무원에게 복잡하고 모호하며", "보너스가 성과가 아닌 다른 기준에 따라 지급된다"고 지적했다(OECD, 2003). 또한, 영국에서는 공공 부문 성과급제 운영이 자율적인 하위 기관에 위임된 반면, 프랑스에서는 고도로 중앙 집권화되어 있다(Thompson, 2007). 이로 인해 프랑스의 공공 부문 성과급제는 매우 신뢰도가 낮고, 실행 정도도 다른 유럽 국가에 비해 낮다.

〈그림 6-1〉의 상관관계 분석은 주요 통제 변수가 빠져 있기 때문에 회귀 분석을 실시했다. 그 결과는 〈표 6-2〉의 모델 ①에 제시되어 있다. 모델 ①에서는 NPM 개혁에 대한 여러 설명 방식과 관련된 변수를 통제했다. 대체로 NPM 개혁의 국가 간 차이에 대해서는 주로 행정 전통(문화적 설명 방식), 정치적 요인, 경제적 요인 등 세 가지 측면에서 설명되어 왔다. 즉, NPM 개혁은 앵글로 색슨 행정 전통(Castles and Merrill, 1989; Peters, 1992; Pollit, 1990; Pollitt and Bouckaert, 2011), 우파 정부의 통치(Bach, 1999; Barlow et al., 1996; Lee and Strang, 2006; Pollitt, 1993), 또는 경제 발전과 세계화(Cope, Leishman, and Starie, 1997: 448; Drori, Jang, and Meyer, 2006: 209; Dobbin, Simmons, and Garret, 2007; De Francesco, 2012; Keller, 1999; Thompson, 2007)의 결과라는 것이다. 이 밖에 통제 변수에 OECD 회원국 여부를 포함했는데, 이는 주로 OECD가 NPM 개혁과 공공 부문 성과급제 도입을 밀어붙였기 때문이다(OECD, 2011. 규제 영향평가에 대한 OECD의 영향력에 대해서는 De Francesco, 2012 참조).

〈표 6-2〉의 모델 ①에서 독립 변수는 능력주의 임용 변수이고, 종속 변수는 공공 부문 성과급제 도입 정도이며, 데이터는 모두 QoG 전문가 서베이에서 가져왔다. 통제 변수는 다섯 가지인데, 각국의 행정 전통, 경제 개방과 발전, 중도 우파 정부의 영향력 등이다. 가장 흥미로운 분석 결과는 능력주의 임용 변수의 효과가 예측대로 양(+)의 방향이고, 통계적으로 유의하다는 점

표 6-2 공공 부문 성과급제 도입에 대한 능력주의 임용의 효과(단순 회귀 분석과 2단계 회귀 분석)

	①	②	③	④
능력주의 임용	0.41*** (0.10)	-	0.78** (0.26)	-
장관·관료 관계	-	1.25*** (0.38)	-	1.60*** (0.46)
1인당 GDP(로그)	0.23* (0.117)	-0.35 (0.88)	0.13 (0.84)	-0.194 (0.944)
무역 개방 기간	-0.0072 (0.0076)	0.0070 (0.0021)	0.0096 (0.018)	0.0107 (0.0205)
중도 우파 정부 집권 기간	-0.0173* (0.0093)	0.0094 (0.018)	-0.0047 (0.016)	0.0161 (0.0175)
보통법 기원	0.37* (0.28)	0.63 (0.40)	-	-
OECD 가입 여부	-0.35 (0.28)	-	-	-
18세기 관료제화 수준 (도구 변수)	no	no	yes	yes
상수	0.010 (1.41)	5.68 (9.91)	-2.43 (8.66)	3.808 (10.51)
국가 수	94	23	28	22
R^2	0.40	0.64	0.54	0.645
adj. R^2	0.358	0.53	0.46	0.561

주: 모델 ①, ②는 단순 회귀 분석, 모델 ③, ④는 2단계 회귀 분석. 괄호 안은 표준 오차. 모델 ③, ④에서 도구 변수는 18세기 국가 관료제화 수준(Ertman, 1997; Charron, Dahlström, and Lapuente, 2012)이다. 종속 변수는 공공 부문 성과급제 정도이고, QoG 전문가 서베이(Teorell, Dahlström, and Dahlberg, 2011)에서 가져왔다. 모델 ②~④에서는 분석 대상이 모두 OECD 회원국이어서 OECD 회원국 변수가 제외했다. 모델 ③, ④에서는 도구 변수와 보통법 기원 변수의 상관성이 커서 보통법 기원 변수를 제외했다.
* $p<0.10$, ** $p<0.05$, *** $p<0.01$.

이다. 통제 변수 중에는 보통법 기원(앵글로 색슨 행정 전통 척도), 1인당 GDP(로그)가 통계적으로 유의미한 영향을 미친 반면, 무역 개방 기간(세계화 척도)과 OECD 회원국 여부는 통계적으로 유의미한 영향을 미치지 않다. 가장 놀라운 결과는 예상한 것과 반대로, 중도 우파 정부의 집권 기간이 통계적으로 유의미한 수준에서 공공 부문 성과급제 도입 정도에 부정적 영향을 미쳤다는 점이다. 이와 관련해 스웨덴, 뉴질랜드, 네덜란드 등은 오히려 사민당 정부가 집권하던 기간에 포괄적인 NPM 개혁이 추진되었다는 점을 고려할 필요가 있다(Aberbach and Christensen, 2001; De Vries and Yesilkagit, 1999; Hood, 1996; Yesilkagit and De Vries, 2004). 따라서 중도 우파 정부의 효과가 부정적으로 나타난 사실은 각국의 사민당 정부도 NPM 개혁을 실행할 의지나 능력이 우파 정부 못지않게 높았음을 의미한다.

독립 변수와 종속 변수의 데이터를 모두 QoG 전문가 서베이에서 가져왔기 때문에 〈표 6-2〉의 모델 ②에서는 독립 변수를 장관·관료 관계로 대체했다. 이를 통해 모델 ①의 독립 변수와 종속 변수와 관련된 전문가 평가에 공통으로 영향을 미친 기저 요인이 없음을 확인하고자 했다. 장관·관료 관계 변수는 정치인과 관료의 경력이 통합되었는지, 또는 분리되었는지를 나타내는 변수로, 기존 연구(Pollitt and Bouckaert, 2011; Dahlström and Lapuente, 2010)의 자료를 활용했다. 이 변수는 OECD에 속한 25개 국가를 대상으로 했기 때문에 표본의 크기가 매우 제한적이다.

장관·관료 관계 변수는 더미 변수로, 정치인과 관료의 경력이 통합되었으면 0, 양자의 경력이 분리되었으면 1의 값을 갖는다. 이론적으로 이 변수는 공공 부문 성과급제 도입에 긍정적 영향을 미칠 것으로 예상된다. 실제로 〈표 6-2〉의 모델 ②를 보면, 장관·관료 변수는 적은 표본에서도 강력하고 긍정적이며 통계적으로 유의미한 영향을 미친다. 그러나 보통법, 1인당 GDP(로그) 변수, 중도 우파 정부 집권 기간의 효과는 통계적으로 더 이상 유의하지 않다. 심지어 1인당 GDP 변수와 중도 우파 정부 집권 기간 변수는 계숫값이 음(-)에서 양(+)으로 바뀌었다(분석된 국가가 모두 OECD 회원국이기 때문에 OECD 회원국 여부 변수는 제외했다). 모델 ②의 결과는 정치인과 관료의 경력 분리가 갖는 효과에 대한 이론을 지지할 뿐 아니라 모델 ①의 결과 역시 믿을 수 있다는 점을 보여준다.

이와 함께 종속 변수인 공공 부문 성과급제 변수를 OECD의 또 다른 지표(4점 척도로 구성)로 교체해 분석해 봤는데, 모델 ①과 모델 ②의 결과와 달라지지 않았다(분석 결과를 제시하지 않았으며, 요청하면 제공할 수 있다).

이제 내생성 편의 여부를 확인하기 위해 독립 변수와 종속 변수의 시간적 순서를 살펴보겠다. 가장 그럴싸한 주장 중 하나는 공공 부문 성과급제 도입과 정치인과 관료의 경력 분리가 모두 NPM 개혁 패키지에 속하기 때문에 내생성 편의 가능성이 있다는 것이다. 이러한 주장을 반박하기 위해 두 가지 절차를 밟았다. 첫째, 능력주의 임용 변수와 장관·관료 관계 변수에 대한 도구 변수를 찾았다. 정치인과 관료의 이해관계를 분리하는 제도는 역사적 뿌리가 매우 깊기 때문에 해당 변수가 NPM 개혁의 하나라는 주장은 근거 없는 것이다(Painter and Peters, 2010; Pierre, 1995a; Pollitt and Bouckaert, 2011). 따라서 역사적으로 선행한 정치인과 관료의 경력 분리와 관련된 도구 변수를 찾아야 한다. 이와 관련해 4장과 5장에서 사용했던 변수, 즉 18세기 한 국가의 행정이 관료제적인지, 가산제적인지 여부(Ertman, 1997; Charron, Dahlström, and Lapuente, 2012)를 도구 변수로 사용했다.

<표 6-2>의 모델 ③과 ④는 이 도구 변수를 사용해 2단계 회귀 분석을 실시한 결과이다. 두 모델 모두에서 정치인과 관료의 경력 분리 지표(능력주의 임용 변수, 장관·관료 관계 변수)의 효과는 적은 표본 크기(모델 ③은 28개국, 모델 ④는 22개국)에도 불구하고 통계적으로 유의미했다. 모델 ③에서 능력주의 임용 변수의 효과는 거의 두 배가량 증가했고, 모델 ④에서 장관·관료 관계 변수의 효과는 약 30% 증가했다. 다만 비교 대상 사이에 분석 모델과 표본의 크기가 달라져 효과의 크기가 변한 이유를 설명하기는 어렵다.

정치인과 관료의 경력 분리와 관련된 두 가지 지표의 효과는 모두 유의 수준 1%에서 통계적으로 유의미하지만, 통제 변수는 그렇지 않다. 특히 모델

③, ④에서는 보통법 변수를 제외했는데, 이는 보통법 변수와 도구 변수(18세기 해당 국가의 행정 특징) 사이에 상관성이 높기 때문이다. 정치인과 관료의 관계 등과 같은 국가의 기본 제도는 법적 기원보다 역사적으로 선행했을 것이기 때문에(Charron, Dahlström, and Lapuente, 2012). 통제 변수에서 보통법 변수를 빼는 것이 적절하다.

그러나 보통법 변수를 포함했을 때 해당 변수의 효과는 양의 방향으로 통계적으로 유의미했지만, 능력주의 임용 변수의 효과는 양의 방향이면서 통계적 유의성은 사라졌다. 또 보통법 변수를 포함했을 때, 장관·관료 관계 변수의 효과는 유의 수준 10%에서 유의미했지만, 나머지 변수의 효과는 사라졌다(분석 결과를 제시하지 않았으며, 요청하면 제공할 수 있다).

어쨌든 모델 ③, ④의 분석 결과는 정치인과 관료의 경력 분리는 오랜 역사적 기원을 갖고 있으며, 결코 NPM 개혁 압력의 산물이 아님을 보여준다. 따라서 정치인과 관료의 경력 분리는 공공 부문 성과급제보다 역사적으로 선행했으며, 회귀 분석에서 나타난 양자의 관계는 내생성 편의의 결과가 아님을 확신할 수 있다.

이번에는 정치인과 관료의 경력 분리가 일어난 역사적 사례를 좀 더 자세히 살펴보고, 공공 부문 성과급제를 도입한 나라와 그렇지 않은 나라를 비교해 볼 것이다. 비교할 나라는 스웨덴과 스페인이다. 스웨덴은 정치인과 관료의 경력을 분리한 오랜 전통을 갖고 있는데, 아마 이것이 이 나라의 개혁 역량을 높였을 것이다. 반면 스페인은 정치인과 관료의 경력 분리에 성공하지 못한 것이 이후 공공 부문 성과급제 등 다양한 행정 개혁 시도가 실패하는 데 영향을 미쳤다.

정치인과 관료의 경력이 관계 맺는 방식은 일반적으로 오랜 역사적 과정의 산물이다(Pierre, 1995a; Pollitt and Bouckaert, 2011). 예컨대, 스웨덴의 경우 부처(ministry) 규모가 상대적으로 작은데, 1997년부터 정부실(Regeringskansliet)

산하로 조직되었다. 정부실 산하에는 13개의 부처가 있는데, 현재 근무하는 약 3800명 가운데 정무직은 173명에 불과하다(Dahlström and Pierre, 2011). 정부실은 정책 결정만 하고, 정책 집행에는 일체 관여하지 않는다. 스웨덴에서는 다른 나라라면 부처가 맡았을 대부분의 국가 업무를 반자율적인 집행 기관(semi-autonomous agency)이 담당한다. 이 집행 기관은 부처와 조직적으로 분리되어 있을 뿐 아니라 스웨덴 헌법은 장관이 이들 집행 기관에 직접 명령을 내리는 것을 금지한다(van Thiel, 2011).

이러한 부처·집행 기관의 분리는 스웨덴 행정 모델의 근간으로, **이원적 행정 구조**라고 불린다(Premfors, 1991; Ruin, 1991). 이러한 이원적 행정 구조는 정치인과 관료를 명확히 분리한다. 여기에는 깊은 역사적 뿌리가 있으며, 18세기 초에 처음 도입되었다. 안데르손(Andersson, 2004)은 이런 이원적 행정 구조의 역사적 과정을 설명하면서 이런 구조가 여전히 스웨덴 공공 부문의 조직화 방식을 규정한다고 말했다. 특히 정치인으로부터 권한을 위임받은 집행 기관은 공무원 임용과 임금에 있어서 자율성을 누린다(Pierre, 2004).

스웨덴은 오랫동안 공공 부문 전체에 적용되는 일반화된 중앙 집권적 직급과 급여 체계를 가지고 있었다. 그러나 1985년 스웨덴 의회인 릭스다그(Riksdag)가 성과와 효율성을 최우선 과제로 삼는 정부 인사법을 통과시키면서 변화가 시작되었다(Swedish Government Proposition, 1984/1985: 219). 이 법안 이후, 특히 1985년에서 1989년 사이에 호봉제가 폐지되고, 공공 부문 성과평가 제도가 시행되었다. 이와 함께 공무원 임금에 대한 규제를 완화하고, 탈집권화하는 여러 행정 개혁 조치가 내려졌다(Riksdagens revisorer, 2002). 이에 따라 임금 협상이 개별 공무원과 상사 사이에 이뤄졌고, "성과급이 매년 임금 인상 결정에 반영되었다"(Willem, Janvier, and Henderickx, 2006: 614).

그 결과 현재 스웨덴은 공공 부문에서 성과와 급여를 밀접히 연계시키는 인센티브 시스템이 잘 발달한 나라로 평가된다(OECD, 2011; Pollitt and Bouckaert,

2011). 대부분 OECD 국가들은 여전히 연공서열에 따라 공무원 임금을 결정하지만, 스웨덴은 '예외'이다(Willem, Janvier, and Henderickx, 2006: 616). 과거에는 고도로 중앙 집권화된 임금 체계를 가지고 있었지만, 현재 스웨덴은 "(조사 대상 6개 OECD 국가 가운데) 유일하게 개인 기반의 유연한 임금 체계를 진정으로 채택하고 있다"(Willem, Janvier, and Henderickx, 2006: 617). 스웨덴은 과거의 동일 임금(equal pay) 규범에서 벗어나 명확한 성과 기반 임금 체계로 변모했다. 최근 수십 년 동안 스웨덴은 "중앙 집권적인 임금 협상과 고정급 인상에서 보다 유연하고 개인화된 임금으로 이동"해 왔다(Wise, 1993: 75). 결국 분명한 것은, 정치인과 관료의 경력 분리가 공공 부문 성과급제 도입 훨씬 이전부터 있었다는 점이다.

스웨덴 공무원의 개인화된 급여 도입에 관한 연구를 보면, 이 책에서 강조하는 메커니즘을 발견할 수 있다. 1990년대 교사들의 개인화된 성과급 도입 과정을 분석한 연구(Strath, 2004)에 따르면, 처음에 교사 노조는 스웨덴 학교를 관리하는 지방 정부가 '주관적 기준으로' 임금을 결정할 것을 우려해 임금 체계 개편에 반대했다. 이후 임금 결정의 '주관성(subjectivity)'을 극복하기 위해 교사 노조는 지방 정부와 5년 단위의 협약을 맺고, 개인화된 급여를 실행할 수 있는 조건을 설정했다. 협약의 목표는 "지방 정부와 교원 노조 간의 대화를 장려하는 것"이었다. 이러한 대화는 무엇보다 스웨덴에서 공공 부문 관리자가 누리는 정치적 독립성 때문에 가능했지만, "급여 검증이 공정한지 확인하기 위해" 지역 노조 대표가 참여할 수 있었기 때문이기도 하다. 그리고 몇몇 사례에서 이러한 대화에 실패한 경우가 있는데, 이는 정치인 등 지방 교육 시스템에 관련된 당사자들에 대한 '신뢰 부족' 때문이었다(Strath, 2004: 12).

반면 스페인에서 일어난 일들은 이와는 다르다. 기존 연구는 나폴레옹의 침공(1808년) 이후 구체제(ancien régime)가 붕괴하면서 스페인 행정이 체계적으로 정치화되었다고 본다. 나폴레옹의 침공으로 절대주의 시대의 행정은 붕

괴되었지만, 짧은 프랑스 점령기 동안 나폴레옹식 행정이 스페인에 자리 잡기에는 시간이 부족했다(Jiménez-Asensio, 1989. 18세기 후반의 스페인 절대주의 시대의 행정에 대해서는 De la Oliva and Gutiérrez Reñón, 1968; Nieto, 1976; 1986; 1996 참조). 1810년 초, 남부 도시 카디스(Cadiz)에서 새로운 정치 체제가 시작되고, 1812년에 자유주의적인 카디스 헌법이 제정되었다.[3] 이후 스페인에는 세산티아(cesantia) 시스템으로 알려진 엽관제에 기반한 새로운 유형의 행정이 나타났다(Jiménez-Asensio, 1989; Parrado, 2000).

스페인에서 공무원 지원자의 핵심 요건 중 하나는 "정당, 특히 정당 내 특정 계파, 또는 정치 보스에 대한 충성심"이었다(Nieto, 1996: 390~391). 1835년에 발표된 법령은 공무원에게 가장 중요한 것은 능력보다 정치적 충성심이라는 점을 보여준다. 해당 법령은 이렇다. "정부의 정치적 또는 행정적 과정에 동조하지 않는 사람, 좋은 자질을 가졌더라도 장관의 승인을 얻지 못한 사람은 해임될 수 있다." 또 19세기 후반, 스페인 의회에서 한 야당 의원은 중요한 것은 능력이 아니라 인맥이라는 점을 이렇게 비판했다. "정부의 충성 분자들은 아무 준비나 시험도 거치지 않고 최고위직을 차지함으로써 적성, 열의, 능력을 갖춘 사람들의 권리와 열망을 짓밟고 있다"(Jiménez-Asensio, 1989: 188에서 재인용).

이러한 정치화는 당시 조직 인센티브에 대한 신뢰성에도 영향을 미쳤다. 니에토(Nieto, 1976: 1996)에 따르면, 19세기 스페인 공공 부문 관리자의 가장 큰 걱정은 엽관제의 모호성으로 인해 직원들이 '감당할 수 없는 고민'에 빠져 있다는 사실이었다. 즉, 공무원들이 적절한 보상을 받을 수 있을지 여부에 대해 불확실성을 느꼈던 것이다. 1875년, 저명한 정치인 로렌소 도밍게스(Lorenzo

3 스페인은 나폴레옹 침공으로 의회[코르테스(Cortes)]를 남부 도시 카디스로 옮긴 뒤 나폴레옹의 영향을 받은 자유주의 세력이 득세하면서 1821년 헌법을 제정했다. 이 카디스 헌법(Constitucion de Cadiz)은 군주의 권한을 제한하는 입헌 군주제를 채택했다. _옮긴이

Domínguez)는 정부의 신뢰 부족으로 인한 문제점을 이렇게 말했다. "일선 공무원들은 자신의 도전, 성실함, 열정이 승진뿐 아니라 직장을 유지하는 데 거의 도움이 되지 않는다는 것을 알고 있다. 그들은 어떤 정치인이 친척, 친구 또는 제자에게 보상하기 위해 자신의 직위를 내놓으라고 협박할까 봐 계속 불안한 상태에서 살고 있다. 이 모든 것을 알아차리고, 보고, 두려워하는 공무원이 어떻게 열정을 가지고 일할 수 있겠는가. 그들은 어떤 종류의 자극을 받고 있을까?"(Domínguez, 1875: 27). 따라서 스페인에서는 행정의 정치화가 성과 인센티브 시스템이 도입되기 훨씬 이전부터 존재했으며, 이러한 행정의 정치화는 아마도 19세기 초 공무원들의 인센티브에도 치명적인 영향을 미쳤을 것이다.

오늘날 행정 개혁과 관련해 스페인은 일반적 측면(Ongaro, 2008; Barzelay and Gallego, 2010)에서도, 공무원 성과급제 측면(Dahlström and Lapuente, 2010; 2011)에서도 모두 개혁 수준이 낮은 국가이다. 반면 스페인의 몇몇 공공 기관은 주목할 만한 경영 관리 개혁, 심지어 경영 관리 혁명을 이뤄내기도 했다. 파라도(Parrado, 2008)는 스페인에서 이러한 차이가 나타난 이유를 이렇게 설명한다.

> 스페인의 다양한 정부 수준의 고위 공무원 및 관리자와 대화하고 교육하다 보면 스페인 행정의 모든 것이 NPM '지진아'라는 지적에 의문이 들 수 있다. 다양한 조직이나 현장에서 비슷한 일을 하는 관리자들이 서로 다른 언어를 쓰고 있다. 일부는 성과 지향적이고, 성과를 내려고 일하며, 성과급을 지급하고, 경영 관리적인 방식으로 일하는 반면, 다른 일부는 변화에 둔감한 오래된 관료주의 문화에 젖어 있다. 어떤 사람들은 경영 관리 개혁의 선도 국가에 있는 사람들과 같은 언어를 사용하는 반면, 어떤 사람들은 경영 관리 용어조차 이해하지 못한다.

이처럼 스페인 행정 내부에는 다양한 차이가 존재하지만, 이것이 이 책의 이론적 주장을 부정하는 것은 아니다(Dahlström and Lapuente, 2010). 왜냐하면 스페인의 일부 공공 기관이 야심 찬 NPM 개혁을 실행할 수 있었던 것은 이들 기관에서는 주류 관료 조직과 같은 수준으로 관료제의 정치화가 일어나지 않았기 때문이다. 예를 들어, 스페인의 NPM 개혁을 대표하는 기관인 국가사회보장연구소(Institute of National Social Service, INSS)는 "감독 부처로부터 자율성과 기능적 분리를 누리는 '반자율적 공공 기구'"이기 때문에 정치인과 관료의 경력이 잘 분리되어 있다(Parrado, 2008: 25). 이러한 제도적 구성으로 인해 이 기관은 성과급제 등을 포함한 다양한 행정 개혁에서 높은 역량을 보여주고 있다(OECD, 2005).

결론

이 장에서 던진 질문은 왜 어떤 국가들은 온갖 압박에도 불구하고, 행정 개혁에 나서지 않느냐는 것이었다. 2008년 경제 위기 이후 9년이 지난 지금쯤, 위기를 겪었던 남유럽 국가에서 행정 개혁이 일어났을 법하지만, 실제로는 아무 일도 일어나지 않았다.

그 이유 중 하나는 일선 공무원들이 관리자를 신뢰하지 않았기 때문이다. 스페인의 사례는 이를 잘 보여준다. 공무원은 노력한 만큼 보상받을 것이라는 확신이 없다면, 노력하지 않을 것이다. 민간 기업 등 여러 조직에 대한 기존 연구에 따르면, 소유주와 관리자가 분리되어 있을 때 직원들은 관리자를 신뢰할 이유가 많아진다(Falaschetti and Miller, 2001; Miller, 1992). 마찬가지로 공공 부문 관리자의 경력이 정치인의 경력과 분리되었을 때, 일선 공무원들은 관리자를 더 신뢰하게 되고, 행정 개혁이 일어날 가능성도 더 높아진다.

필자는 애초에 행정 개혁을 강제한 압력이 경제적 압력인지, 새로운 아이디어인지, 또 다른 것인지에 관심을 두지 않았다. 필자가 설명하려고 했던 것은 행정 개혁의 가능성을 높이거나 낮추는 정부의 유연성을 만들어내는 조직의 전제 조건이 무엇인가 하는 점이다. 그래서 수십 년 동안 행정 개혁의 압력이 강했던 사례를 선택했다. 1980년대부터 관심을 받아온 NPM 개혁 가운데 가장 혁신적인 개혁인 공공 부문 성과급제를 선택했다. 또한 성과급제는 공공 부문에서 새로운 것이었기 때문에 필자의 이론을 검증하기 좋은 사례가 될 수 있었다.

100여 국가를 대상으로 한 분석에서 필자의 이론이 예측한 대로, 공공 부문의 능력주의 임용은 성과급제 도입과 강력한 양(+)의 상관관계가 나타났다. 이러한 관계는 행정 개혁에 대한 기존의 설명 방식과 관련된 여러 변수를 통제했을 때도 유지되었다. 또한 연구 결과의 오류 가능성에 대한 지적에도 적절히 반박했다. 지적한 내용은 정치인과 관료의 경력 분리와 공공 부문 성과급제가 모두 NPM 개혁의 일부이기 때문에 양자의 상관관계는 내생성 편의에 의해 왜곡된 결과일 수 있다는 주장이다. 이러한 주장에 대해 도구 변수를 활용한 2단계 회귀 분석을 통해 정치인과 관료의 경력 분리가 공공 부문 성과급제 도입보다 역사적으로 선행했음을 입증했다. 또 스웨덴과 스페인의 사례를 통해서도 이러한 역사적 순서를 자세히 설명했다.

이러한 실증 분석 결과는 정치인과 관료의 경력 통합이 공공 부문의 개혁 역량을 훼손한다는 점을 보여준다. 만약 남유럽 국가가 행정 개혁 역량을 가진 보다 유연한 정부를 원한다면, 먼저 정치와 행정 간의 끈끈한 고리를 끊어야 할 것이다.

7

결론

정부의 질을 높이는 방법

지금까지 정치인과 관료의 경력이 분리된 국가에서 정부 실패(예컨대 부패)가 적고, 공공 부문의 경영 관리와 공공 서비스 제공이 더 효과적이며, 효율성을 높이는 행정 개혁이 더 잘 추진되는 이유가 무엇인지 설명했다. 일반적으로 인센티브를 올바르게 설계하는 것이 공식 규칙, 법률, 감사보다 더 중요하며, 정치와 행정에서 개인들이 자신의 경력 전망에 따라 행동하게 만드는 핵심 요소이다. 정치인과 관료가 서로 다른 경력 인센티브를 가지고 있다면 서로 감시하면서 용기 있게 부패와 낭비성 정부 지출을 폭로할 것이다. 또 근시안적 이익에서 벗어나 전문적이고 서비스 지향적인 목표를 추구하는 쪽으로 인센티브가 작동해 정부 효과성이 높아지고, 행정 개혁도 성공할 것이다.

이러한 주장은 정치인과 관료의 관계를 어떻게 조직할지에 대한 19세기 후반 이래로 계속된 학문적·실천적 논의에 뿌리를 두고 있다(Goodnow, 1900; Northcote and Trevelyan, 1853; Weber, 1978〔1921〕; Wilson, 1887). 실제로 정치학과 행정학에서 이 문제에 대한 논쟁이 계속되고 있지만, 여기서 얻은 통찰이 정부의 질과 관련된 논의에는 거의 영향을 미치지 못했다(Aberbach, Putnam, and Rockman, 1981; Grindle, 2012; Hood and Lodge, 2006; Lewis, 2008; Miller, 2000;

Peters and Pierre, 2004; Rauch and Evans, 2000; Rothstein, 2011).

따라서 이 책의 목적은 정치인과 관료의 관계가 정부의 질에 어떤 영향을 미치는지 파악하고, 다양한 국가를 대상으로 경험적으로 검증하는 것이다. 이를 통해 정치인과 관료의 경력 인센티브가 사회 발전에 영향을 미치는 인과 경로와 어떤 영역에서 그 효과가 나타나는지 보여주려고 했다.

앞서 언급한 바와 같이, 정치인과 관료의 경력 인센티브가 중요한 이유는, 그것이 공공 부문의 일상적 감시, 관리, 동기 부여에 영향을 미치기 때문이다. 그리고 정치인과 관료의 경력 인센티브는 채용 과정에 의해 크게 결정된다. 따라서 정치인과 관료의 경력 분리 시스템을 가진 국가일수록 부패가 적고, 정부 효과성이 높으며, 공공 부문의 효율성을 높이는 행정 개혁이 더 성공적으로 이루어질 것으로 기대할 수 있다.

현재와 과거 경험에 대한 사례 연구와 더불어, 일련의 실증 분석을 통해 필자는 정치인과 관료의 경력 분리가 기존 연구에서 사용된 통제 변수를 포함하더라도, 부패, 정부 효과성, 행정 개혁에 일관되게 긍정적 효과를 갖는다는 점을 확인했다. 예를 들어, 정부 성과와 관련된 다양한 지표에서 일부 국가가 다른 국가보다 높은 점수를 받는 이유는 정치 체제 유형, 경제 발전, 선거 제도, 정치적 다수제, 법적 기원, 행정 전통과는 관련이 없었지만, 국가 기구에서 정치인과 관료의 경력 분리 정도와는 깊은 관련이 있었다.

정부의 질에서 나타나는 국가 간 차이를 파악할 때 정치인과 관료의 경력 분리를 고려하지 않으면 편향된 결론을 내릴 수 있고, 개혁에 관심이 있는 사람에게 잘못된 정책적 시사점을 줄 수 있다. 예를 들어, 통상적인 정책적 시사점은 정치 제도의 개선에 관한 것이지만, 필자의 분석에 따르면 좋은 정부의 핵심 요소는 관료 제도였다. 삼권 분립 제도는 미국에서는 잘 작동하지만, 라틴 아메리카에서는 그렇지 않다. 다수제 선거 제도는 영국에서 법의 지배와 정부 효과성에 기여하지만, 자메이카에서는 분열적 정치와 나쁜 정부 성과를 만들어낸다. 비례제 선거 제도와 연립 정부는 북유럽에서는 잘 작동하지만, 남유럽에서는 그렇게 잘 작동하지 못한다.

이 책에 제시된 증거에 비추어 볼 때, 이러한 수수께끼의 해답은 관료 제도의 특성이 정치 제도의 특성 못지않게, 혹은 그보다 더 중요하다는 사실이다. 성과가 높은 정부들의 공통점은 국가 기구 내에서 상대적으로 높은 수준으로 정치인과 관료의 경력 분리가 이루어지고 있다는 점이다. 이들 국가에서 정책 과정은 서로 견제하는 두 집단, 즉 정치인과 관료 사이의 투쟁, 긴장, 협력으로 점철되어 있다. 반대로 성과가 낮은 정부에서 정책 과정은 한 집단이 사회 후생을 희생하면서까지 자신이 생각한 최선책을 강요하거나, 아예 독점한다.

다음 절에서는 이 책의 이론적 주장과 경험적 연구 결과를 요약한다. 여기서 나온 통찰을 따라 필자는 연구 결과의 광범위한 이론적 함의를 논의하고, 이 책의 주장이 경제적 자원과 제도의 질 간의 관계, 민주주의가 좋은 정부에 미치는 영향, 베버 관료제, 대규모 조직에 대한 관리 등 네 가지 쟁점에 대해 어떤 이론적 기여를 하는지 짚어볼 것이다. 마지막으로, 연구 결과의 정책적 시사점을 성찰해 볼 것이다.

리바이어던 조직하기

필자는 2장에서 행정학이 경제학과 정치학의 비교 연구에 생각보다 더 많은 통찰을 제공한다고 주장했다. 예컨대, 경제학은 제도와 권력 엘리트, 경제와 사회 후생 간의 관계에 대해 많은 것을 밝혔지만, 행정에 대해서는 대체로 무관심했다(예컨대 Acemoglu and Robinson, 2012; North, Wallis, and Weingast, 2009 참조).

그러나 행정과 행정 조직을 고려하지 않으면 정부의 질을 높일 수 있는 역동적 관계를 잘못 해석하게 되며, 잘못된 정책적 시사점을 도출할 수 있다.

예컨대 중동에 대한 외국의 개입 여부는 "정책 입안자와 정치학자 모두 민주주의를 최우선시"(Anderson, 2006: 191)하는 기준에 의해 결정되었다. 기존 학계는 민주주의 제도의 확립을 선호해 왔고, 지금도 그렇다(Mitchell, 2003). 콘돌리자 라이스(Condoleezza Rice) 미국 국무 장관과 같은 정책 입안자들은 모든 수단을 동원해서라도 민주주의를 확립하는 것을 "모든 국가의 이상적 경로"라고 주장했다(Rice, 2005). 그러나 리바이어던의 최상위 정치층에만 좁게 초점을 맞추는 것은 비용만 많이 들고, 별다른 소득이 없다.

이처럼 정치 체제나 민주주의 등에만 초점을 맞추는 관점은 최근 정부 효과성의 토대로서 관료제 구조의 중요성을 강조하는 학자들에게 비판받고 있다. 셰리 버먼(Sheri Berman, 2010)은 아프가니스탄에서 정부의 질을 높이기 위한 그동안의 노력을 비판적으로 검토하면서 "핵심 과제는 민주주의 증진이 아니라 국가 건설(state building)"이라고 말했다. 버먼의 입장은 밀러(Miller, 2000)와 그라이프(Grief, 2008)와 같이 좋은 정부의 행정적 토대를 강조하는 입장과 일치한다. 이러한 입장을 따라 우리는 모든 공직자가 특권적 지위 때문에 기회주의적 유혹을 받을 수 있지만, 정치인과 관료의 경력 인센티브가 어떻게 조직되는지에 따라 사회적으로 효율적인 행동을 하도록 인센티브가 작동할 수 있다고 주장했다.

정치학과 경제학의 비교 연구 중 상당수가 이론과 실증 분석 모델에서 정치와 행정의 관계를 고려하지 않았지만, 정치와 행정의 관계가 광범위한 영향을 미친다는 생각은 새로운 것이 아니다. 앞서 언급했듯이, 한 세기 전부터 정치와 행정의 관계를 어떻게 조직할 것인가에 대한 논쟁에 굿나우(Goodnow, 1900), 베버(Weber, 1978[1921]), 윌슨(Wilson, 1887) 등 행정학의 대가들이 참여했다. 필자는 이들의 통찰력을 바탕으로 정치인과 관료의 관계가 두 집단에 속한 개인들의 인센티브에 영향을 미친다고 주장했다.

보다 구체적으로, 정치와 행정에 속한 개인이 자신의 미래 경력을 어떻게 생각하는지에 따라 누구에게 충성할지, 어떤 목표를 우선시할지가 결정된다. 또한, 행정학에서 얻은 통찰에 따르면 미래 경력에 대한 가장 중요한 신호는 채용 방식에서 나온다. 예컨대, 관료가 능력과 정치적 성향 중 어떤 기준에 따라 채용되는지에 따라 관료의 충성심이 직접적 영향을 받는다. 능력에 따라 채용될 경우 관료들은 동료들에게 충성할 가능성이 높고, 정치적 충성심에 따라 채용될 경우 관료들은 자신을 고용한 정치인에게 충성할 가능성이 높다. 이러한 충성심은 부패와 같은 불법 행위를 감시하고 고발하려는 개인의 인센티브, 그리고 권력 획득보다 사회적·경제적 목표를 추구하려는 인센티브에 영향을 미친다.

따라서 정치인과 관료의 경력 분리는 근본적으로 중요하다. 이 책은 정치인과 관료의 경력 분리 정도가 정부 성과에 영향을 미치는 몇 가지 메커니즘에 대해 설명했다. 첫째, 관료의 직업적 미래가 정치인 상관의 의지에 달려 있다면, 상관의 위법 행위가 의심되는 경우 고발은커녕 의심을 품는 것조차 두려워할 것이며, 불편부당한 정책 집행과 충언을 포기하고 정치인의 비위를 맞추려는 행정 행태(administrative behavior)가 나타날 것이다. 책임성의 통로가 하나뿐인 시스템(즉, 정치인과 관료의 경력이 통합된 시스템)에서는 감시가 제대로 이루어지지 않고, 실제로 내부자도 그렇게 생각한다. 1장의 스페인 사례에서 알 수 있듯이, 정치인과 관료의 경력 통합 시스템에서 정치인들은 관료들의 이의 제기를 두려워하지 않는다. 그 관료들을 바로 자신이 고용했기 때문에 통제할 수 있다고 생각하기 때문이다.

반면, 정치인과 관료의 경력 분리 시스템에서는 관료와 정치인 상관의 직업적 운명이 분리되기 때문에 "'No'라고 말할 수 있는 독립적 관료가 존재한다"(Heclo, 1977: 248). 정치인 집단과 관료 집단에 속한 개인은 이 사실을 알기 때문에 불법적이거나 수상한 거래는 결국 만천하에 드러날 것이라고 생각할 것이다. 따라서 정치인과 관료의 경력 분리는 조직 내에 지속적인 쌍방향 감시 메커니즘을 만드는데, 이는 공식적 감시보다 더 효과적이다. 왜냐하면 첫째, 공식적 감시는 비용이 많이 들기 때문에 실제 운영되는 경우가 적고, 둘째, 외부 감시인은 일상적 문제를 처리할 때 필요한 내부 지식이 부족해 효율성이 떨어지기 때문이다.

내부 감시 메커니즘은 부패와 기타 불법 행위를 예방할 뿐 아니라 또 다른 측면에서 정부 효과성을 높인다. 첫째, 정치인과 관료의 경력이 분리되면 관료가 "권력에 진실을 말할" 가능성이 높아져 합법적인 낭비성 정부 지출이 줄어든다(Wildavsky, 1987). 1장의 스페인 사례를 다시 생각해보면, 고속 도로, 공항, 고속 철도와 같이 잘못 계획된 과시형 대규모 사업이 근시안적인 정치인에 의해 추진될 때, 관료들이 반대했어야 했다. 그러나 관료들은 보복이 두려워 그렇게 하지 못했다.

정치인과 관료의 경력 분리는 공공 부문 관리자와 직원들이 일상 업무의 우선순위를 정할 때도 영향을 미친다. 정치인과 관료의 경력 분리 시스템에서는 결정이 당파적으로 편향되지 않기 때문에 공공 부문 관리가 더 잘 이루어진다. 정치인과 관료의 경력 통합 시스템에서 공공 부문 관리자는 자신의 미래가 업무 목표 달성보다 정치적 후원자의 운명에 더 많이 좌우된다는 것을 안다. 그래서 그는 정부 효과성을 추구하기보다는 기회주의적으로 행동한다. 일선 공무원들도 비슷할 것이다. 반면 정치인과 관료의 경력 분리 시스템에서는 공무원들이 미래 경력을 위해 효과적으로 공공 서비스를 제공하려고 노력하며, 이는 정부 효과성을 높이는 방향으로 시스템을 작동시킨다. 이에 비해, 경력 통합 시스템에서는 자신을 밀어줄 집단의 일원이 되는 것이 중요하다.

지금까지 정치인과 관료의 경력 분리 시스템이 낮은 부패와 높은 정부 효과성 등과 높은 상관관계를 보이는 이유를 설명했다. 그러나 정반대의 결과에 빠질 수도 있는데, 그 이유 중 하나는 정치인과 관료의 경력 통합 시스템에서는 행정 개혁이 훨씬 어렵기 때문이다. 조직 연구자들(Miller, 1992)에 따르면, 대규모 조직의 직원들은 창의적이고 혁신적인 행동을 할 동기가 부족한데, 그 이유는 개인 차원의 혁신을 조직이 빼어가고, 개인의 혁신 성과를 계약이나 가격 메커니즘을 통해 보상받을 수 없기 때문이다. 따라서 자신의 혁신적 업무 성과를 보상받을 수 있을지, 심지어 자신의 혁신 노력이 어떻게 사용될지 알 수 없는 상황에서 직원들이 많은 시간과 에너지를 들여 혁신을 시도하는 것은 위험하다. 밀러(Miller, 1992)는 민간 부문에서 관리자와 소유주의 인센티브가 분리되어 있으면 이러한 문제가 최소화된다는 점을 보여준다. 공공 부문에서도 정치인(소유주)과 관료(관리자)의 경력이 분리되어 있다면 비슷한 결과를 얻을 수 있다. 따라서 정치인과 관료의 경력을 분리하면 정부의 질이 높아질 뿐 아니라 공공 부문도 외부 변화에 쉽게 적응할 수 있다. 반대로 정치인과 관료의 경력이 통합되면 침체에 빠진다.

필자의 이론은 행정학의 잘 알려진 아이디어에 근거하지만, 몇 가지 중요한 측면에서 행정학의 주류 입장과 다르다. 1990년대 후반부터 베버 관료제의 특성이 부패를 줄이고 정부 효과성을 높인다는 연구가 나오기 시작했다. 이들 연구의 주요 아이디어는 관료제는 공식적·비공식적 규정, 관료의 지위 보호를 통해 기회주의적 정치인을 견제한다는 것이었다(Du Gay, 2000; Evans and Rauch, 1999; Rauch and Evans, 2000). 그러나 이러한 관점은 전 세계 관료제 구조의 다차원성을 간과하고 있으며, 필자는 제도적으로 강하게 보호받는 폐쇄형 베버 관료제와 정치인과 관료의 경력 분리 시스템을 가진 관료제를 동일시해서는 안 된다는 점을 이론(2장)과 실증 분석(3장)을 통해 주장했다. 실증 분석 결과에 따르면, 폐쇄형 베버 관료제는 부패 통제, 정부 효과성, 행정 개혁과 아무 관계가 없었다. 그러나 정치인과 관료의 경력 분리 시스템은 상관관계가 있었다. 따라서 폐쇄형 베버 관료제가 아니라, 정치인과 관료의 경력 분리 시스템이 정답이다.

4, 5, 6장에서는 이러한 이론적 함의를 경험적으로 검증했다. 약 100개국의 관료제 구조를 비교할 수 있는 데이터가 거의 없다는 점에서 이 책의 분석은 독특하다. 독립 변수는 QoG 전문가 서베이(Teorell, Dahlström, and Dahlberg, 2011)를 사용했고, 통제 변수로 쓰인 경제, 정치, 문화, 지리적 변수는 주로 QoG 표준 데이터 세트(Teorell et al., 2013)에서 가져왔다. 종속 변수로 쓰인 부패 통제, 낭비성 정부 지출, 행정 개혁 관련 지표는 다양한 출처에서 가져왔다. 각 장에서 정치인과 관료의 경력 분리 시스템을 가진 국가가 낮은 부패, 높은 정부 효과성, 효율성 증진을 위한 행정 개혁에 성공한다는 이론적 예측을 검증했다. 분석 결과, 몇 가지 까다로운 통제 변수를 포함하더라도 정치인과 관료의 경력 분리가 이론적 예측에 부합하는 결과가 나타났다. 그리고 회귀 분석 결과를 올바로 해석할 수 있도록 현재와 과거의 역사적 사례를 분석했다. 실증 분석 결과를 통해 정치인과 관료의 경력 분리 시스템이 갖는 이론적 함의가 더욱 분명히 드러났다. 이제 실증 분석 결과의 이론적 함의와 정책적 시사점에 대해 논의할 차례이다.

이론적 함의

이 책에 제시된 많은 분석에서 필자 이론의 설명력은 기존 연구의 지배적인 설명 방식보다 높았다. 이는 해밀턴(Hamilton, 1788)이 좋은 행정부의 '요소'라고 언급한 것, 즉 권력 남용을 막기 위해 정부에서 일하는 사람들의 인센티브를 나누는 제도적 요소를 필자의 이론이 담고 있기 때문이다. 필자는 고전적 행정학의 접근법과 여기서 영감을 받은 개혁가들처럼 인사 정책에 초점을 맞췄다. 로(Rohr, 2009: xiii)는 "미국의 진보주의자들에게 공무원 제도 개혁보다 더 중요한 것은 없었다"고 말했다. 굿나우(Goodnow, 1900)는 정치와 행정의 분리를 가장 분명하게 주장한 사람 중 하나였다. 아무리 좋은 의도를 가지고 있더라도 행정에 대한 정치의 간섭은 "선보다는 악을 낳을 가능성이 높으며, 공무원이 업무 개선보다 정당의 요구에 순응하도록 압박한다는 점에서 비효율적 행정을 초래한다"(Goodnow, 1900: 82~83). 따라서 이 책은 정치와 행정(관료제)을 분리한 국가에서 가장 큰 발전이 이루어진다는 가설에 새로운 증거를 제공한다.

굿나우(Goodnow, 1900)는 다른 학자들(Weber, 1978[1921]; Wilson, 1887)의 연구와 마찬가지로, 정치와 행정의 분리를 정치인과 관료의 '경력 분리'와 '업무 분리'라는 두 가지 측면으로 이해했다. 그런데 서구 국가의 행정 개혁은 정치인과 관료의 업무 분리라는 한 가지 측면에만 초점을 맞췄다. 이로 인해 정치인과 관료의 경력 분리라는 측면은 소홀히 다뤄졌다. 예를 들어, 나폴레옹 행정 전통에 속하는 국가의 지방 정부에서는 선출직 공직자는 정책 결정을 독점하고, 관료는 그 결정의 법적 측면을 검토할 뿐 실질적인 정책 논의에는 제한적으로만 참여한다는 식의 엄격한 업무 분리가 이뤄졌다(Mouritzen and Svara, 2002). 관료에 의한 법적 견제가 흠잡을 데 없이 완벽하더라도, 관료는 정치인의 정책 결정이 진짜 공정한지, 아니면 누군가의 이익을 위한 것은 아닌지 실질적으로 평가할 수가 없다. 이런 식으로 정치인과 관료를 서로 고립시키면 관료가 정치인을 감시할 수 없고, 반대의 경우도 마찬가지이다(Heclo, 1977). 결과적으로 정치인과 관료의 업무를 분리하면 정치 영역과 행정 영역 모두에서 파벌이 생겨난다.

일반적으로 정치인과 관료의 경력 분리의 중요성에 대한 우리의 주장은 다양한 사회 과학 연구에 기여할 수 있다. 특히 ① 경제적 자원과 제도, ② 민주주의와 좋은 정부, ③ 베버 관료제와 정부의 질, ④ 대규모 조직의 관리 등 네 가지 쟁점에 대해 필자의 이론이 어떤 기여를 하는지 설명하겠다.

경제적 자원과 제도

정부의 질 연구에서 가장 중요한 쟁점 중 하나는 어떻게 파당적 정부에서 불편부당한 정부로(Rothstein and Teorell, 2008), '폐쇄 사회'에서 '개방 사회'로(North, Weingast, and Wallis, 2009: 2), '착취적' 제도에서 '포용적' 제도로(Acemoglu and Robinson, 2012: 73) 이행하냐는 것이다. 많은 학자들이 좋은 제도는 정부 능력을 벗어난 경제적 풍요나 사회적 힘의 결과라고 주장한다. 예를 들어 클라크(Clark, 2007)는 산업 혁명의 제도적 토대를 강조하는 설명 방식을 비판했고, 웰젤과 잉글하트(Welzel and Inglehart, 2008)의 근대화 이론은 좋은 제도는 궁극적으로 경제 발전의 산물이라고 주장했다. 사회가 부유해지면 개인이 정부의 질에 더 많은 관심을 갖게 된다는 것이다.

반면 다른 학자들은 천연자원이나 값싼 신용(cheap credit)과 같은 횡재로 얻은 경제적 풍요는 열악한 제도를 만든다는 '풍요의 역설'(Karl, 1997)을 주장했다. 풍부한 자원은 약탈의 대상이 되기 때문에 정치적 차원의 도덕적 해이를 더욱 심화시키기 때문이다.

그러나 통치 엘리트의 인센티브를 만드는 제도에 따라 경제적 자원이 정부의 질에 미치는 영향이 다르게 나타날 수 있다(Fernandez-Villaverde, Garicano, and Santos, 2013; Mehlum, Moene, and Torvik, 2006; Roldan, 2013). 이것이 이 책이 주장하는 바이다. 천연자원은 호주, 캐나다, 미국, 노르웨이와 같이 '생산자 친화적' 제도를 가진 국가에서는 긍정적 효과를 낳았지만, 시에라리온, 앙골라, 수단, 베네수엘라와 같이 '약탈자 친화적' 제도를 가진 국가에서는 부정적 효과를 낳았다(Mehlum, Moene, and Torvik, 2006: 1121). 마찬가지로, 유로화 창설은 많은 유럽 국가에 금융 호황을 가져왔지만, 그리스, 이탈리아, 포르투갈과 같이 관련 제도가 취약한 국가에는 부정적 영향을 미쳤다(Roldan, 2013).

그럼에도 이러한 연구들은 좋은 제도를 나쁜 제도로 만들거나, 또는 생산자 친화적 제도를 약탈자 친화적 제도로 바꾸는 요인이 무엇인지 설명하지 못했다. 이와 관련해 경제학자는 나쁜 균형이라는 개념(Murphy, Shleifer, and Vishny, 1993)으로, 정치학자는 정치 체제가 높은 수준의 정부의 질 균형 상태에 놓이는 '선순환' 또는 낮은 수준의 정부의 질 균형 상태에 갇히는 '악순환'(Rothstein and Uslaner, 2005: 67)이라는 개념으로 현재 상태의 고착 현상을 설명했다. 그러나 기존 연구는 어떤 힘에 의해 현재와 같은 균형 상태가 만들어졌는지에 대해 명쾌하게 설명하지 못했다. 필자는 무엇이 그러한 힘 중 하나가 될 수 있을지 제안했다. 즉, 정치인과 관료의 인센티브가 밀접하게 일치하게 되면 나쁜 정부가 되고, 그들의 이해관계가 분리되면 좋은 정부가 된다.

민주주의와 좋은 정부

오래된 또 다른 논쟁은 민주주의 제도가 좋은 정부를 만들 수 있는가라는 쟁점이다. 책임성 관련 연구에 따르면, 민주적 책임성을 지는 통치자는 시민에게 책임지지 않는 통치자보다 정부 성과를 개선하려는 인센티브가 강하다(Adserà, Boix, and Payne, 2003; Barro, 1973; Besley and Case, 1995; Ferejohn, 1986; Przeworski et al., 2000). 이는 학계 밖에서도 지배적 견해이며, 좋은 정부에 대한 국제기구의 권고 그리고 세계 곳곳에서 군사력을 동원해서라도 민주주의 제도를 이식하려는 주장의 근거가 되고 있다.

그러나 민주주의 수준과 정부 성과 사이의 관계를 분석한 국가 비교 연구의 결과는 기대한 만큼 분명하지 않다(Harris-White and White, 1996; Montinola and Jackman, 2002; Sung, 2004). 실제로 일부 민주주의 국가는 권위주의 국가보다 정부 성과가 나쁜데, 왜 그런지에 대한 합의된 설명이 없다. 어쩌면 이들 민주주의 국가에는 권력 남용에 대한 적절한 상향식 통제 메커니즘(Bäck and Hadenius, 2008), 신뢰할 수 있는 정당(Keefer, 2007), 또는 단기 소비재보다 장기적 투자를 원하는 비판적 시민(Charron and Lapuente, 2010) 등이 부재하기 때문일지 모른다. 반면 시민의 자유와 정치적 자유에서 높은 점수를 받은 민주주의 국가(Bäck and Hadenius, 2008), 오래된 민주주의 국가(Keefer, 2007), 부유한 민주주의 국가(Charron and Lapuente, 2010)는 정부의 질이 높았다.

이 책은 민주주의 국가 사이에서 정부 성과의 현저한 차이를 설명하는 또 다른 요인으로 정치인과 관료의 인센티브라는 관점을 제시했다. 이 책의 실증 분석 결과에 따르면, 시민의 자유와 정치적 자유, 민주주의 지속 기간, 경제적 풍요 등과 관계없이, 민주화된 국가라도 행정이 정치화된 국가는 정부 성과가 저조한 반면 능력에 기반한 행정부(merit-based administration)가 운영하는 국가는 정부의 질이 높았다. 즉, 시민에게 책임지는 정치인이 통치하는 정부라고 하더라도, 정치인 상관에게 종속되지 않는 관료가 필요한 것이다.

민주주의 수준과 정부의 질 사이에는(U자형의) 비선형 관계가 나타나는데, 이는 장기적으로 민주화와 행정의 조직화 방식 사이에 상호 작용이 나타나기 때문이다. 이 책은 이 현상에 대해 설명한다. 정치인과 관료의 상호 감시 시스템이 갖는 효과는 완전히 민주화된 정치 체제에서만 나타날 것이다. 4장에서 지적했듯이, 민주주의와 정치인·관료의 경력 분리 사이에는 상호 작용 효과가 있으며, 이는 정치와 행정 사이에 상호 작용이 있음을 의미한다. 시민에게 민주적 책임을 지는 정치인과 정치인 상관에 대해 민주적 책임성이 없는 관료의 조합으로 운영되는 국가가 가장 높은 수준의 정부 성과를 올린다.

이러한 상호 작용 효과는 이론적 함의가 매우 크기 때문에 추가 연구가 필요하다. 콜먼과 페레존(Coleman and Ferejohn, 1986: 25)은 다양한 유형의 집단적 의사 결정에서 나타나는 편차를 입증하기 위해 "민주주의 제도가 정부 성과에 미치는 효과를 더 많이 연구해야 한다"고 말했다. 이 책은 파스퀴노(Pasquino, 2008: 7)가 말한 "민주주의와 포퓰리즘 사이의 밀접한 연관성"을 끊을 수 있는 메커니즘을 보여줌으로써 민주주의 체제에서 정부 성과를 이해하는 데 도움을 준다.

견제와 균형의 시스템에 대한 미국의 역사적 경험에 근거해 많은 정치 철학자들이 다수 지배에 대한 강력한 헌법적 제한을 주장했다. 윌리엄 라이커(William Riker)는 『포퓰리즘에 반대하는 자유주의(Liberalism against Populism)』(1982)에서 이런 주장을 옹호했다. 라이커에 따르면, 헌법적 제한은 다수의 의사가 즉각적으로 법률화되는 것을 막는다. 다수에 의한 폭정을 막기 위해 민주주의는 정치권력을 공유하면서도 분리된 제도(Neustadt, 1991), '시장 보존적 연방주의'(Weingast, 1995)와 같은 정치권력의 수평적·수직적 분할(Pasquino, 2008)을 통해 국민 대표자들의 손을 묶어둘 필요가 있다. 따라서 하나의 큰 조직 아래 권력이 집중되는 것을 막기 위해 여러 개의 하위 조직을 만들 필요가 있다.

그럼에도 그런 식의 헌법적 제약이 없는 많은 민주주의 국가들이 좋은 정부 성과를 거둔다는 사실은 정치권력을 나누는 것이 진짜 중요할까라는 의문을 제기한다. 예컨대 영국의 의원 중심제는 집권당에 권력이 집중되고, 스칸디나비아 국가는 정치가 고도로 중앙 집권적이다. 이들 국가는 단일 정당 또는 집권 연정이 놀라울 정도로 권력을 독점하지만, 좋은 정부 순위에서 언제나 상위권에 오른다. 이들 국가에서 장기적인 사회 후생을 희생하고, 선거에서 승리한 다수파에게 휘둘리는 포퓰리즘이 억제되는 것은 고도로 능력주의적인 행정부가 균형을 잡기 때문이다. 예를 들어 영국이나 덴마크의 경우 새로 임명된 장관은 혈혈단신으로 또는 10여 명 정도의 정당 동료와 함께 부처에 입성하는데, 장관이 부처 직원 수천 명의 경력에 영향을 미치지 못한다. 부처 직원들은 장관의 모든 명령을 성실히 따르겠지만, 그 명령이 자신의 직업적 평판과 향후 경력 전망에 지장을 주지 않는 범위 내에서만 그렇게 한다. 영국의 의원 중심제와 북유럽 민주주의를 비롯해 정치인과 관료의 경력 분리가 확고한 민주주의 국가에서는 이러한 관료의 전문가주의적 규범이 다수파의 자의적 의사가 법률이 되는 것을 막는다. 정치에 의존하지 않는 관료의 전문가주의적 규범은 경직된 헌법적 제약보다 다수에 의한 폭정을 더 효과적이고 유연하게 견제할 수 있다.

베버 관료제와 정부의 질

이 책에서 다루는 세 번째 이론적 쟁점은 베버(Weber, 1978[1921])부터 에번스와 로치(Evans and Rauch, 1999)에 이르기까지 지난 한 세기 동안 행정학에서 다뤄진 쟁점인데, 베버 관료제가 좋은 정부의 필요조건인지, 아니면 반대로 지나친 보호로 관료제를 "비효율적이고 낭비적이며 통제 불능"(Johnson and Libecap, 1994: 3)으로 만드는지, 즉 '관료제 문제'를 야기하는지에 관한 것이다. 후자의 견해는 예산을 극대화하려는(budget-maximizing) 관료가 특권적으로 보호받는 지위를 이용해 국민 전체로부터 지대를 약탈하려고 한다는 공공 선택 이론에 근거하고 있다(Niskanen, 1971: 41, ch. 4). 베버 관료제는 정부 활동에서 경쟁을 제거하기 때문에 관료는 독점적 지위를 누린다. 이러한 주장은 공공 선택 이론뿐 아니라 직접적인 정치적 책임이 없는 관료가 정책 추진을 훼방 놓을 것이라고 우려하는 정치인들에게도 지지를 받고 있다(Johnson and Libecap, 1994: 1). 그래서 관료가 정치인 상관에게 직접 책임지도록 하는 것이 "전반적인 조직 관리와 국가 운영을 위해 좋다"는 주장이 나온다(Grindle, 2012: 23).

행정 구조와 정부의 질에 관한 논쟁에는 비교적 명확한 두 가지 주장이 있다. 친베버주의자들은 관료제를 강력하게 보호해야 한다고 주장하는 반면, 반베버주의자들은 정치인 상관이나 시장 경쟁에 반응하는, 보다 책임성이 강한 관료제가 필요하다고 주장한다. 전자는 고립된 관료제를 요구하고, 후자는 정치 세력 또는 시장에 배태된(embedded) 관료제를 요구한다.

베버 관료제에 대한 이러한 상반된 주장은 모두 정부 행정을 일차원적으로 이해한다는 점에서 공통적이다. 존슨과 리버캡(Johnson and Libecap, 1994: 7)은 많은 사회 과학자들이 관료제를 '하나의 단일 실체'로 취급한다고 비판했다. 관료의 임명이 후견주의적 또는 능력주의적인지와 관계없이, 관료제를 단일한 조직으로 간주했기 때문에 관료제의 효율성에 대한 결론을 내리기 어려웠던 것이다.

관료제에 대한 영향력 있는 두 가지 연구인 존슨과 리버캡의 연구(Johnson and Libecap, 1994)와 그린들의 연구(Grindle, 2012)는 공무원 임명 제도를 재량 임명에서부터 고도로 규제된 임명까지 분류하는 작업을 통해 관료제에 대한 이해를 심화시켰다. 그러나 이 책이 제안한 베버 관료제의 양면성을 고려하지 않는다면, 관료제의 효율성에 대한 결론을 확실히 내릴 수 없다. 베버 관료제의 기저에는 공식 규정과 경력 인센티브라는 두 가지 독립적인 차원이 있다. 이 사실을 인정한다면, 베버 관료제가 정부 성과에 미치는 이중적 효과를 더 잘 이해할 수 있다. 앞서 여러 실증 분석 결과에서 봤듯이, 관료의 인센티브와 관련된 차원은 좋은 정부를 만드는 데 유의미하고 강력한 영향을 미치지만, 관료제 규정과 관련된 차원은 그렇지 않다.

브라질의 사례를 통해 베버 관료제의 이러한 이중성을 확인할 수 있다. 이웃 국가들과 비교해 보면, 브라질은 관료의 능력주의 임용 측면에서 높은 순위를 차지한다(Grindle, 2012: 149). 이는 베네수엘라, 볼리비아, 니카라과 등 다른 라틴 아메리카 국가들과 비교했을 때, 브라질 정부가 부패 통제, 정부 효과성, 행정 개혁 가능성 등에서 상대적으로 좋은 평가를 받는 이유일 것이다(하지만 브라질의 정부 성과는 OECD뿐만 아니라 신흥 경제 발전국인 칠레보다 훨씬 낮다).

그런데 브라질은 두 번째 차원, 즉 관료 관련 규정의 존재 여부에서도 상위권을 차지한다. 예를 들어, 브라질은 공무원을 보호하는 특별 고용법 측면에서 세계적 선두 주자이다(3장 참조). 브라질 관료제에 대한 광범위한 비판은 베버 관료제의 첫 번째 차원(정치인과 관련의 경력 분리 여부)이 아니라 두 번째 차원(관료 관련 규정 여부)과 관련이 있다. 그린들은 동물원을 탈출한 사자 이

야기로 브라질 관료제를 풍자했다(Grindle, 2012). 동물원을 탈출한 사자는 정부 부처 건물로 피신해서 공무원들을 잡아먹으면서 살았다. 그런데 하루는 모닝커피를 가져온 급사를 잡아먹는 바람에 붙잡혔다는 것이다.[1] 세계적으로 유명한 브라질 관료제의 비효율과 낭비를 고려하면, 이러한 풍자가 지나친 것은 아닐 것이다.

이코노미스트지는 "관료들이 납세자를 강탈하는 방법"(The Economist, 2012. 6.16)이라는 기사에서 상파울루(São Paulo) 시장인 지우베르투 카사브(Gilberto Kassab)가 퇴임하고 시의회 차고 일자리에 지원할 것이라고 보도했는데, 공무원 자리인 이 자리는 비슷한 민간 부문 자리보다 최대 열두 배나 많은 급여를 받는다. 1년 후 이코노미스트지는 "석양의 나라"(The Economist, 2013.9.28)라는 기사에서 일부 고위직 공무원의 연금이 전국 평균 급여의 최대 열 배에 달한다고 비판했다. 공무원은 매우 관대한 연금 때문에 매우 일찍 은퇴한다. 많은 교사가 50세에 은퇴하곤 한다. 2002년에는 비활동 공무원에게 지급된 연금과 퇴직금이 브라질 정부 전체 급여의 45%에 달했다(Iacoviello and Rodríguez-Gustá, 2006). 브라질 공무원은 헌법적 보호로 인해 높은 경직성(Marconi, 2002)을 갖지만, 개선의 여지가 있다(Longo, 2007).

그린들의 사자 이야기 풍자는 브라질의 능력주의 관료제의 결과가 어떤지 판단하기 어렵다는 점을 보여준다(Grindle, 2012). 브라질의 관료제는 능력주의적이지만, 비효율을 없애지 못했다. 이는 여러 학자들(Johnson and Libecap, 1994; Heclo, 1977)의 기본 관점, 즉 능력주의 시스템은 후견주의라는 심각한 문제를 해결하지만, 관료주의라는 또 다른 문제를 낳았다는 관점이다. 필자는 이런 관점에 반대한다. 브라질 공무원, 규제가 심한 일부 미국 공공 기관(Moe and

1 급사가 아닌 공무원만 계속 잡아먹었으면 아무 탈이 없었다는 의미로, 브라질 공무원 사회의 태만과 무사안일을 풍자하고 있다. _옮긴이

Caldwell, 1994), 또는 나폴레옹 행정 전통 국가들의 낭비와 비효율은 능력주의 때문이 아니라 엄격한 공무원 규정 때문에 생겨난 것이다. 그런 비효율과 낭비는 관료제에 고유한 것이 아니라, 관료 관련 규정 때문에 생겨난다.

베버 관료제의 이러한 두 가지 차원(경력 인센티브와 관료 규정)이 브라질처럼 반드시 동시에 나타나는 것은 아니다. 브라질과 문화적·지리적으로 멀리 떨어진 두 나라, 뉴질랜드와 스웨덴의 예를 들어보자. 관리형 관료제 유형에 속하는 이들 두 나라는 정부의 질 관련 지표에서 항상 상위권을 차지하는데, 이는 능력주의적 인센티브가 존재하면서도 번거로운 관료 관련 규정이 없는 조합이 가능하다는 점을 보여준다.

스웨덴은 정치인과 관료의 경력 분리 지표에서 상위 5위 안에 드는데, 이는 스웨덴에서 정치인과 관료의 경력 분리 정도가 높다는 기존 연구와도 일치한다(Dahlström and Pierre, 2011; Pierre, 1995; Pollitt and Bouckaert, 2011). 그럼에도 스웨덴의 관료주의적 규제 순위는 하위권에 속한다. 이는 엄격한 관료 규정 없이도 능력주의 채용이 가능하다는 점을 보여주는 것으로, 스웨덴의 공공 부문 채용에서는 민간 부문의 이력서 심사나 면접 같은 절차가 활용된다. 뉴질랜드와 스웨덴의 관료제는 '직업 이동성 조건부 전문가주의(mobility-contingent professionalism)'[2](Teodoro, 2010)의 좋은 사례이다. 전문가가 운영하는 제도는 더 좋은 성과를 낼 것인데, 여기서 전문가는 폐쇄형 베버 관료제처럼 내부에서 채용된 관리자를 의미하지 않는다. 실제로 외부에서 채용된 공공 부문 관리자는 내부에서 승진한 간부보다 정책 혁신가가 될 가능성이 높고, 더 나은 결과를 낼 수 있다(Teodoro, 2009; 2014). 본질적으로 전문가주의란 특정 전문 분야 안에서 제약 없이 자유롭게 활동할 수 있는 정도를 의미하

---

2 공무원을 능력에 따라 임용하면서도 법률 등으로 과도하게 보호하지 않기 때문에 직업 이동성이 높은 관료제를 의미한다. _옮긴이

기 때문에 공무원이 유연하지 않고, 이동성이 없다면 진정한 전문가라고 할 수 없을 것이다(Misner, 1963).

대규모 조직 관리

마지막으로, 이 책은 조직 이론, 특히 기업 지배 구조와 관련한 쟁점에 몇 가지 시사점을 준다. 고전적 조직 이론가인 바너드(Barnard, 1938), 톰슨(Thompson, 1965), 밀러(Miller, 1992) 등은 대규모 조직에는 창의적이고 혁신적인 행동에 대한 동기가 본질적으로 부족하다고 봤는데, 이 책은 이러한 통찰에 동의한다. 완벽한 계약서를 작성하는 것이 불가능하고, 노력에 대해 보상해 주는 가격 메커니즘이 없기 때문에 중하위급 직원들이 창의적 시도를 하는 것은 매우 위험한 모험이다. 이런 상황에서 생산성 향상을 위해 노력하는 직원은 상사가 자신의 노력을 기회주의적으로 사용하지 않을 것이라고 확신할 수 없다. 다시 말해, 기업가 정신이 투철한 직원이 더 효율적인 새로운 서비스 제공 방법을 개발했을 때, 그는 어떻게 자신의 성과가 상사에게 도용하거나, 직원들의 업무량을 늘리는 데 악용되지 않을 것이라고 확신할 수 있을까?

그래서 모든 대규모 조직에서 혁신은 어렵다. 특히 상급자와 부하 직원 사이에 긴장이 있고, 직원의 경제적 인센티브가 많은 제약을 받는 관료제에서는 더욱 그렇다. 사실 베버는 이러한 조직 문제를 예견하고 이렇게 말했다 "역사적으로 봤을 때, 대부분 잠재적이긴 하지만, 상관과 직원 사이에는 서로에 대한 전유와 수용을 둘러싼 지속적인 갈등이 존재한다"(Weber, 1978〔1921〕: 264). 그러나 주인·대리인 이론은 이러한 통찰을 무시해 왔다(Perrow, 1990; Kiser and Baer, 2005). 이 이론은 조직 비효율성이 대리인(직원) 때문이라고 보고, 주인(고용주)의 도덕적 해이에 대해서는 간과했다. 베버의 통찰을 재발견한 영향력 있는 정치학자들, 특히 게리 밀러(Gary Miller, 1992)와 마거릿 레비(Margaret Levi, 2005)는 최근 20년 동안 대리인(여기서는 공무원) 관점에서 주인(여기서는 정치인)의 신뢰성이 얼마나 중요한지를 강조해 왔다.

주인·대리인 이론의 강조점을 정보 우위를 악용하는 대리인 문제에서 대리인의 성과를 착취하는 주인에 대한 신뢰 문제로 이동시킨 것은 주목할 만한 규범적 함의를 갖는다. 예를 들어, 주인의 인센티브와 대리인의 인센티브를 일치시켜야 한다는 주인·대리인 이론의 표준적 관점에서 봤을 때, 소유권과 일상적인 통제를 분리한 미국 기업 조직은 매우 이상해 보일 것이다. 다양한 이견이 있지만, 실제로 미국 기업 문제에 대해 상당히 비판적인 학자들 대부분은 그렇게 생각한다(Baumol, 1959; Berle and Means, 〔1932〕1968; Marris, 1964). 그렇지만 밀러(Miller, 1992)의 연구에 따르면, 관리자의 인센티브와 소유주의 인센티브를 일치시키면 관리자는 부하 직원과의 관계에서 기회주의적으로 행동하게 되고, 부하 직원은 그런 관리자를 불신하게 된다. 따라서 미국 기업의 특징인 소유와 경영의 분리는 단점이 아니라 오히려 장점, 즉 세계적 성공의 열쇠이다. 마찬가지로, 국가 차원에서도 소유자인 정치인(민주주의 국가에서는 일시적 소유자)과 관리자인 관료를 분리해야 한다. 정치인과 관료의 경력 전망이 각각 정당과 전문가 동료라는 서로 다른 책임성 통로에 반응한다면, 일선 공무원의 효율성 향상 시도가 억제되지 않고 자극될 수 있는 신뢰 가득한 근무 환경이 만들어질 것이다.

아세모글루와 로빈슨은 정치권력이 고도로 집중된 사회에서는 경제에서 기업가 정신이 극도로 위축된다고 주장했다(Acemoglu and Robinson, 2012). 통치자는 언제든지 게임의 규칙을 일방적으로 바꿀 수 있기 때문에 기업가 정신을 가진 개인들이 통치자를 불신해 생산성이 낮고 덜 위험한 활동에 시간과 노력을 쏟을 것이라고 주장했다. 비슷한 맥락에서, 소유주와 관리자가 운명을 공유하면서 권력을 독점한 조직에서는 하급 직원들이 기업가 정신을 발휘하기 어렵다. 내각 장관과 같은 고위 정치인과 중간 관리자의 경력 인센티브가 완벽하게 일치한다면, 일선 공무원들은 자연스럽게 최고위층이 자신들의 혁신 성과를 훔쳐 갈 것이라고 믿을 것이다. 반대로 두 집단(정치인과 관료)이 서로 견제하고 균형을 이룬다면, 일선 공무원들은 어떤 문제에 부딪히든 창의적 해결책을 찾으려고 할 것이다.

마지막으로 6장에서는 정치인과 관료의 경력 구조와 이와 연관된 신뢰가 어떻게 행정 개혁 역량에 영향을 미치는지 설명했다. 이는 왜 어떤 나라의 행정 개혁은 성공하고, 다른 나라의 행정 개혁은 실패하는지를 이해하는 데 중요하다. 이에 대해 이 책은 NPM 개혁에 대한 기존 설명 방식이 다루지 않은 제도적 설명 방식을 제시하고, 실증 분석을 통해 검증했다(NPM 연구에 대해서는 Christensen and Lægreid, 2011; Peters and Pierre, 2001; Pollitt and Bouckaert, 2011 참조). NPM 개혁에 대한 기존 연구는 행정 개혁을 위한 제도적 전제 조건(즉, 정치인과 관료의 경력 분리)을 고려하지 않음으로써 행정 개혁 성공의 핵심 요인을 놓쳤다.

좋은 정부로 가는 흐릿한 길

좋은 정부는 풍요롭고 평등하며 건강하고 행복한 사회를 유지하는 데 필수적이다(Holmberg, Rothstein, and Nasiritousi, 2009). 따라서 전 세계적으로 정부 성과를 높이려는 많은 행정 개혁이 국제기구 등에 의해 추진되었지만, 그 결과가 항상 만족스러운 것은 아니었다. 라틴 아메리카의 경우 1954년에 이미 7개국이 직업 공무원 제도의 법적 토대를 마련했고, 2000년대에는 대부분의 국가가 법률적 차원에서 공무원 제도의 개혁을 추진했다(Grindle, 2012: 144).

이러한 지속적인 노력과 개혁에도 불구하고, 브라질과 칠레와 같은 일부 예외를 제외하면(Iacoviello and Zuvanic, 2005), "현실적으로 이들 국가는 공공 정책을 실행할 역량이 부족"하다(Zuvanic, Iacoviello, and Rodríguez Gusta, 2010: 148). 이는 라틴 아메리카의 대부분 국가에서 고도로 정치화된 관료제가 만연하기 때문이다(Prats, 2003). 정치인과 관료의 관계라는 측면에서 관료가 거의 전적으로 정치인에 의존하는 관계는 라틴 아메리카 국가 구조의 "가장 취약한 고리"이다(Zuvanic, Iacoviello, and Rodríguez Gusta, 2010: 147). 또한 사하라 이남 아프리카 국가의 경우 지난 30년 넘게 국제 원조에 의한 행정 개혁이 추진되었지만, 공공 서비스의 질은 "여전히 열악해서 대다수 빈곤층에게 공공재와 서비스를 제공하는 정부 역량이 심각하게" 취약하다(Srivastava and Larizza, 2012: 2). 행정 개혁 실패의 주된 이유는 "정치인과 공무원을 움직이는 인센티브"를 진지하게 고려하지 않았기 때문이다(Scott, 2011; Srivastava and Larizza, 2012).

거버넌스 개혁의 실패는 개발 도상국만의 문제는 아니다. OECD 국가 사례를 기록한 문서에 따르면, 유로존 주변국들은 공동 통화 채택 이후 행정 개혁을 포기했는데, 주로 국가와 준국가 기구의 광범위한 정치화 때문이다(Fernández-Villaverde, Garicano, and Santos, 2013). 이들 국가는 수년간의 경제 침체를 겪고도 심도 있는 행정 개혁을 추진하지 못하고 있다. 그리스가 대표적인 사례다. 그리스는 IMF와 EMU 회원국들로부터 차관을 받는 조건으로 행정 개혁을 약속했지만, "개혁의 속도는 느리고, 종종 지연되며, 당초 계획과 이행 수준 간의 괴리"가 커지고 있다(Ladi, 2012: 28).

세계은행이 인정한 것처럼(World Bank, 2012), 제도적 맥락이 다른 국가들이 행정 개혁에 성공한 국가들의 모범 사례를 모방하는 식의 행정 개혁은 거의 성공하지 못했다. 안타깝게도 비교 제도 연구의 두 흐름은 왜 이들 국가의 행정 개혁이 실패했는지 제대로 설명하지 못했다.

비교 정치 경제학은 관료 제도를 소홀히 한 채 투입 측면의 제도(주로 정치 제도)에만 초점을 맞췄다. 정책 결정(policy-making)을 잘하기 위한 인센티브는 폭넓게 연구되었지만, 그에 비례해 정책 집행(policy implementation)을 잘하기 위한 인센티브는 제대로 연구되지 않았다. 이처럼 국가를 피상적으로 이해했기 때문에 기존 연구에는 안타깝게도 정책적 시사점이 부족하다. 예컨대, 아세모글루와 로빈슨의 『국가는 왜 실패하는가』는 성장을 촉진하는 정부와 성장을 억제하는 정부의 차이를 탁월하게 설명했지만 정책적 시사점에 대한 논의는 거의 없다. 마찬가지로, 정부의 질을 결정하는 요인에 대한 국가 간 연구도 자주 언급된 변수들이 어떤 정책적 시사점을 갖는지 말하지 않는다. 이들 연구는 주로 정치 제도를 다루면서도 신생 국가들이 양질의 정부를 만들려면 어떤 선거 제도 또는 어떤 정치 체제가 적절한지 말하지 않는다.

한편 행정학의 주요 연구 주제는 둘 중 하나였다. 주로 미국 학자들이 선호하는 관료제에 대한 정치적 통제 관련 연구(Bendor, Glazer, and Hammond, 2001; Calvert et al., 1987; Epstein and O'Halloran, 1994; Huber and Shipan, 2002; Knott and Hammond, 2003; McCubbins, Noll, and Weingast, 1987)이거나, 또는 비교 연구자들이 관심을 갖는 전 세계 관료제 유형과 행정 개혁 과정에 대한 연구(Christensen and Lægreid, 2001; Hood and Lodge, 2006; Peters, 2002; Pollitt and Bouckaert, 2011)이다. 그럼에도 미국 관료제에 대한 루이(Lewis 2008; Lewis, Krause, and Douglas, 2006)와 테오도로(Teodoro, 2009; 2011)의 연구, 신흥국에 대한 에번스와 로치의 연구(Evans and Rauch, 1999; 2000) 등 일부 예외를 제외하면, 관료제 유형에 따른 차이는 거의 연구되지 않았다.

이처럼 관료제의 효과가 무시된 이유는 재량적 인사 시스템은 유연하고 직접적 책임성을 높이는 장점이 있지만, 동시에 정치적 후견주의의 위험이 있다는, 즉 정치와 행정 사이에는 근본적인 상충 관계(trade-off)가 존재한다는 생각이 기본적으로 깔려 있기 때문이다. 예컨대 관료제의 정치화를 막기 위해 공무원 관련 규정을 더욱 엄격히 만들면 정치인의 손을 묶어둘 수 있지만, 그럴 경우 너무 경직된 규정으로 인한 부작용이 발생한다. 즉, 관료제의 정치화를 막으면 유연성과 효율성을 포기해야 한다. 반대로 공무원을 길들이고 민주화하고 적절하게 보상(또는 처벌)하면, 공무원에게 정치적 기회주의의

문이 열린다.

이러한 정치·행정의 상충 관계를 고려할 때, 정부의 질을 높이려는 개혁 노력은 주로 베버주의적 특성을 가진 관료제를 만드는 데 필요한 새로운 규정을 적용하려는 데 맞춰졌다. 이 책은 정치·행정의 근본적인 상충 관계가 존재한다는 주장에 반대하며, 베버 관료제의 두 가지 차원(경력 인센티브와 관료 규정)은 서로 독립적이기 때문에 능력주의적이면서도 유연한 관료제가 가능하다고 주장했다. 어떤 국가는 능력에 기반한 전문가적 경력 시스템이면서 개방적인 관료제 구조를 갖고 있다. 이처럼 유연성과 전문가주의를 조합한 스칸디나비아 국가, 캐나다, 호주, 뉴질랜드 등 관리형 관료세로 분류되는 국가들은 정부의 질과 관련된 거의 모든 순위에서 상위권을 차지한다. 마찬가지로 많은 관료 규정이 있는데도 공무원이 고도로 정치화된 국가도 있다.

초기 행정 개혁의 실수는 폐쇄형 베버 관료제에만 초점을 맞췄다는 점인데, 이 책의 분석에서는 폐쇄형 베버 관료제의 긍정적 효과를 발견할 수 없었다. 또 폐쇄형 베버 관료제는 경력 인센티브 관점을 거의 무시하는 문제가 있는데, 최근 관점의 변화가 나타나기 시작했다. OECD는 21세기 행정 개혁을 지원하는 대규모 프로젝트의 핵심 과제를 이렇게 말했다. "후견주의와 부패를 방지하는 인사 규정을 약화시키지 않으면서 공공 서비스의 인적 자원 관리와 고용 규정을 보다 유연하게 만들어야 한다"(OECD, 2011: 12). 이 책은 이것이 오직 정치인과 관료의 경력 인센티브를 분리한 국가에서만 가능하다고 주장했다. 공무원은 민간 부문과 비슷한 방식으로 채용되고 승진하고 일하면서도, 정치적 기준이 아닌 전문가주의적 기준에 따라 보상을 받을 수 있다. 이를 위해서는 정치인이 관료의 채용과 승진에 관여하지 않아야 하고, 관료 역시 정치인이 되지 않아야 한다. 정치의 관료화는 관료제의 정치화만큼이나 정부의 질을 악화시킬 수 있다. 두 경우 모두 정치인과 관료의 직업적 운명이 하나로 통합되기 때문이다.

감사의 말

이 책은 동료, 친구, 가족에게 많은 빚을 지고 있다. 특히 관료제, 정치, 부패가 어떻게 연관되어 있는지를 함께 분석하기 시작한 얀 테오렐(Jan Teorell)에게 감사한다. 얀과의 대화를 통해 아이디어가 떠올랐고, 이 책에서 개발하고 검토한 경험적 패턴을 발견했다. 몇 년 전 스웨덴 서해안의 섬 마르스트란트(Marstrand)에서 열린 콘퍼런스에서 우리 셋이 이 문제에 대해 이야기하기 시작한 이래, 얀은 처음에는 공동 저자로, 그다음에는 동료이자 친구로서 이 작업에 큰 기여를 해왔다.

이 연구는 주로 예테보리 대학 정치학과의 정부의 질 연구소에서 진행되었다. 이 연구소에서 일할 수 있었던 것은 특권이었으며, 특히 보 로스타인(Bo Rothstein)의 지휘 아래 활기찬 연구 환경이 조성되어 있어 더욱 영광이었다. 이에 대해 정부의 질 연구소의 모든 분들께 감사드린다. 이 책에 실린 주장은 보 로스타인에게 신세를 지고 있는데, 이에 대해 매우 감사한다.

우리는 다음과 같이 많은 학자들의 도움을 받을 수 있는 특권을 누렸다. 안드레아스 베르크(Andreas Bergh), 셰리 버먼(Sheri Berman), 필립 베즈(Philippe Bezes), 라스무스 브롬스(Rasmus Broms), 안드레아스 보겐홀름(Andreas Bågenholm), 니콜라스 샤롱(Nicholas Charron), 앙네스 코르넬(Agnes Cornell), 스테판 달베르그(Stefan Dahlberg), 미셸 다시(Michelle D'Arcy), 기수르 에르링손(Gissur Erlingsson), 야디라 곤살레스 데라라(Yadira González de Lara), 마르시아 그리메스(Marcia Grimes), 쇠렌 홀름베리(Sören Holmberg), 필립 키퍼(Phillip Keefer), 에드가 키서(Edgar Kiser), 데이비드 루이스(David Lewis), 페르 레그레이드(Per Lægreid), 요하네스 린드발(Johannes Lindvall), 마틴 로지(Martin Lodge), 프랜시

스코 롱고(Francisco Longo), 게리 밀러(Gary Miller), 알리나 문지우-피피디(Alina Mungiu-Pippidi), 마리나 니스토츠카야(Marina Nistotskaya), 안나 페르손(Anna Persson), B. 가이 피터스(B. Guy Peters), 욘 피에레(Jon Pierre), 콜린 프로보스트(Colin Provost), 얀 로브뉘(Jan Rovny), 다비드 루에다(David Rueda), 안데르스 순델(Anders Sundell), 앤 타운스(Ann Towns), 앤디 휘트퍼드(Andy Whitford), 소피아 빅베르흐(Sofia Wickberg), 레나 벵네루드(Lena Wängnerud). 기타 많은 사람들이 원고의 일부에 대해 귀중한 의견을 제시하거나 다른 방식으로 우리의 작업을 지원해 주었다. 케임브리지 대학교 출판부(Cambridge University Press)의 익명의 검도자 세 명은 원고를 개선하는 방법에 대한 자세한 조언을 줬다. 케임브리지 대학 출판부 정치학과 사회학 분야 총괄 발행인인 존 하슬럼(John Haslam)은 우리를 너그럽게 받아주고 작업 과정을 능숙하게 도와줬다.

또한 우리는 다양한 세미나, 콘퍼런스, 워크숍에서 연구 결과를 발표할 기회를 가졌으며, 그 자리에 참석하신 분들께 감사의 말씀을 드린다. 그 자리는 다음과 같다. 옥스퍼드 대학교(University of Oxford) 정치 국제 관계 학과와 비교 정치 경제학 세미나, 룰레오 공과대학교(Luleå University of Technology) 경영학, 기술 및 사회 과학부 세미나, 런던 공공 정책 세미나〔킹스칼리지 런던(King's College London), 런던 경제정치대학(London School of Economics and Political Science), 런던 퀸메리 대학(Queen Mary University of London), 유니버시티 칼리지 런던(University College London)이 공동 주최〕, 헤르티 스쿨(Hertie School)의 공공 경영 및 거버넌스 연구 콜로키움, 룬드 대학교(Lund University)의 정치 경제 세미나, 시앙스포(Sciences Po, Paris)의 유럽 연구 센터 세미나 시리즈 등. 또한 2013년 네덜란드 암스테르담(Amsterdam)에서 열린 유럽연구협의회(Council for European Studies) 연례 회의의 "정치와 행정 관계의 사회적 의미(Societal Consequences of Political and Administrative Relations)" 패널과 2014년 미국 시카고에서 열린 제72회 중서부정치학회(Midwest Political Science Association) 연례 회의의 "비교 관점에서 본 정치 제도와 정책 과정(Political Institutions and the Policy Process in Comparative Perspective)" 패널에 참여한 동료 패널에게도 감사의 말을 전한다.

알리스 요한손(Alice Johansson)은 원고 작성을 도와줬고, 리카르드 스벤손(Richard Svensson)은 그래프와 데이터 작성을 도와줬다. 또한 많은 도움을 준 안나 코멘코(Anna Khomenko), 페트루스 올란데르(Petrus Olander), 달릴라 사바닉(Dalila Sabanic)에게도 감사의 말을 전한다. 야넷 베스테르룬드(Janet Vesterlund)는 용어 편집에 큰 도움을 주었다.

페테르 에사이아손(Peter Esaiasson), 미카엘 길얌(Mikael Gilljam), 요하네스 린드발이 아니었다면 우리의 지적 수준은 지금보다 못했을 것이다. 그들은 우리의 주장에 의문을 제기함으로써 더 날카롭게 만들었고, 우리를 격려함으로써 우리가 그 주장을 관철할 수 있도록 도와주었다.

이 책은 정부의 질 연구소와 ANTICORRP(http://anticorrp.eu/)의 성과의 일부이다. 스웨덴 인간 및 사회 과학 재단(Riksbankens Jubileumsfond)과 유럽연합 제7차 연구개발 프레임워크 프로그램(프로젝트 번호 290529)의 재정 지원에 감사한다. 이 책에서 제시된 아이디어 중 일부는 이미 발표한 논문〔C. Dahlström, V. Lapuente, and J. Teorell, "The Merit of Meritocratization: Politics, Bureaucracy, and the Institutional Deterrents of Corruption," *Political Research Quarterly*, 65(3), 2012와 C. Dahlström and V. Lapuente, "Explaining Cross-country Differences in Performance-related Pay in the Public Sector," *Journal of Public Administration Research and Theory*, 20(3), 2010, pp. 577~600〕에서 가져왔다. 이들 논문을 이 책에 싣도록 허락해 준 출판사와 공동 저자에게 감사드린다.

마지막으로 칼은 소피아(Sofia), 이삭(Isak), 데이비드(David)에게, 빅터는 알바르(Alvar)와 빌고트(Vilgot)에게 고마움을 전한다. 그대들이 없다면, 이 모든 것은 무의미하다. 함께해줘서 고맙다!

옮긴이 후기

이 책의 원제와 부제는 Organizing Leviathan: Politicians, Bureaucrats, and the Making of Good Government이다. 원제를 직역하면 '리바이어던 조직하기'인데, 여기서 '리바이어던'은 영국의 정치 철학자 홉스(Thomas Hobbes)가 1651년 출간한 책 제목이기도 하고, 홉스가 그런 의미로 썼듯이 강력한 국가 권력을 상징하기도 한다. 홉스의 책 『리바이어던』이 국가 권력의 기원과 정당성에 대한 탐구였다면, 이 책은 그 국가 권력을 어떻게 조직화할 것인가에 대해 탐구한다. 국가 권력의 기원과 정당성에 대한 탐구가 정치학의 오랜 주제였다면, 이 책은 국가 권력의 조직화라는 행정학의 고유 주제에 초점을 맞추고 있다. 부제에서 알 수 있듯이, 국가 권력의 조직화는 결국 정치와 행정의 관계를 어떻게 조직할 것인가가 핵심인 만큼 이 책은 '좋은 정부'를 만들기 위해 정치와 행정의 관계, 또는 정치인과 관료의 관계를 어떻게 조직화하는가에 초점을 맞추고 있다. 그래서 한국어판의 제목을 '좋은 정부, 정치인, 관료'로 정했다.

'좋은 정부가 무엇인가'라는 질문은 1990년대 이후 전 세계 학계가 매달려 온 주제이다. 좋은 정부에 대한 관심이 커진 데는 선진 민주주의 국가를 중심으로 정부에 대한 불만이 증가하면서 정부 신뢰가 하락하고, 제3의 민주화 물결로 민주화된 아시아, 동유럽, 남미의 신생 민주주의 국가들이 민주화 이후에도 부패가 만연하는 등 정부의 질적 개선과 사회 경제적 발전을 달성하지 못한 것이 배경으로 작용했다. 특히 저개발 국가에 대한 대규모 개발 원조에도 불구하고 사회 경제적 발전은커녕 정부 실패와 국가 붕괴가 되풀이된 것도 좋은 정부에 대한 관심이 고조된 배경이다.

이 책의 저자인 달스트룀과 라푸엔테는 '좋은 정부'에 대한 이러한 세계적 연구 흐름에서 중요한 기여를 해온 스웨덴 예테보리 대학의 정부의 질 연구소(Quality of Government Institute)의 연구 그룹을 대표하는 학자들이다. '정부의 질' 연구 그룹은 정치 체제를 투입과 산출, 즉 정치적 측면과 행정적 측면으로 나눴을 때, 기존 연구가 민주주의, 선거 제도 등 주로 정치 체제의 정치적 측면(투입 측면)에만 집중하고, 정작 중요한 정치 체제의 행정적 측면(산출 측면)을 소홀히 했다고 비판한다. 이들은 좋은 정부는 결국 효과적으로 정책을 결정하고, 이를 효율적으로 집행하는 국가 기구의 행정 역량(administrative capacity)에 달려 있는 만큼 그러한 행정 역량을 담보하는 각국의 관료제를 비교·분석하는 데 초점을 맞춘다. 이를 위해 해당 국가의 전문가를 대상으로 각국 관료제의 특징을 측정하는 대규모 데이터를 수집하고 이를 공개하고 있다.

이 책은 이렇게 수집한 전 세계 관료제 데이터(이 책에서 활용된 'QoG 전문가 서베이'와 'QoG 데이터 세트')를 바탕으로 관료제의 어떤 요소가 좋은 정부를 만들며, 그 결과로써 부패 억제, 낭비성 정부 지출 감소, 효율성 증대를 위한 행정 개혁을 가능케 하는 관료제적 요인이 무엇인지 실증적으로 보여준다. 이 책의 강점은 좋은 정부를 만드는 관료제적 요인이 무엇인지에 대한 이론을 제시하고, 이를 실증적으로 검증함으로써 해당 이론을 믿을 수 있게 한다는 점이다. 또한 각국 관료제의 형성 과정을 역사적으로 추적함으로써 이론과 실증 분석 결과에 역사적 생명력을 불어넣고 있다.

좋은 정부의 행정적 토대, 정치인과 관료의 경력 분리

19세기 말과 20세기 초반에 대서양을 사이에 두고 미국의 정치학자 우드로 윌슨과 프로이센의 사회학자 막스 베버는 좋은 정부를 만드는 방안으로 '정치와 행정의 분리'라는 비슷한 결론에 도달했다. 그러나 같은 결론에 이르는 역사적 맥락은 전혀 달랐다. 막스 베버는 프로이센의 근대 국가 등장 이후 선거권 확대에 따른 대중 민주주의의 출현과 국가 역할의 확대에 의한 관료제의 발전을 목도하면서 두 가지 새로운 직업이 등장했다고 말했다. 대중 민주주의에 따른 정당 정치의 발전은 '직업 정치인'의 등장을, 국가 역할 확대에 따른 관료제의 발달은 '직업 공무원'의 등장을 가져왔다. 문제는 당시 황제에게만 책임을 지는 군인과 관료 들이 충동적인 빌헬름 2세(Wilhelm II)를 부추겨 1914년 1차 세계 대전 참전을 결정함으로써 독일 제2제국을 패망으로 이끌었다는 점이다. 이를 지켜본 베버는 참전과 같은 정치적 결정은 의회를 중심으로 정치인이 전담해야 하며, 정치에서 관료를 배제할 것을 강력히 요청한다.

정치와 행정의 관계에서 베버가 '정치에서 관료의 배제'를 요청했다면, 비슷한 시기 미국에서 우드로 윌슨은 '행정에서 정치인의 배제'를 요청한다. 당시 미국은 고속 성장하는 산업과 국가 역할의 확대에 부응해 새로운 국가 건설(state building)이 필요한 시점이었다. 그러나 선거에서 승리한 정당이 관직을 독식하는 잭슨 데모크라시(Jacksonian democracy)의 유산인 엽관제로 인해 정부 관료제는 무능했고, 부패가 끊이질 않았다. 전문적이고 자율적인 정부 관료제의 건설을 요구하는 미국 진보주의 운동의 자장(磁場) 속에 있었던 윌슨은 이러한 시대적 요구를 반영해 '행정에서 정치인의 배제'를 요청했던 것이다.

이처럼 전혀 다른 역사적 배경에서 도달한 비슷한 결론, 즉 '정치와 행정의 분리'라는 시대적 요청 속에서 행정학이라는 새로운 학문이 탄생했다. 이는 행정학이 태생적으로 좋은 정부를 만들기 위해 정치와 행정의 관계를 어떻게 조직할 것인가라는 시대적 도전에 대한 응전이었음을 의미한다.

그렇다면 좋은 정부를 만드는 정치와 행정의 분리는 무엇을 의미하는가. 정치와 행정의 분리는 정치인과 관료가 하는 일을 분리하는 '업무의 분리'와 양자의 경력 경로를 분리하는 '경력의 분리'가 있는데, 좋은 정부를 만드는 핵심 요소는 후자, 즉 '정치인과 관료의 경력 분리'이다. 관료는 능력에 따라 선발해서 업무 실적에 따라 승진하고, 정치인은 선거에 의해 선출되고 선거를 통해 주기적으로 평가받는 식으로 두 직업 집단의 경력 경로를 분리함으로써 두 집단의 이해관계가 겹치지 않도록 해야 한다. 이를 통해 정치인은 유권자에게 책임지고, 관료는 동료 관료들에게 책임지도록 인센티브 구조를 설계함으로써 두 집단의 상호 감시와 견제가 가능하도록 국가 기구를 조직해야 한다.

이와 달리 19세기 말, 미국의 엽관제처럼 관료들이 정치적 연줄이나 정치적 이해관계에 의해 선발되거나 승진하게 되면, 즉 관료제의 정치화(politicization of bureaucracy)가 일어나면 나쁜 정부가 된다. 또한 1차 세계 대전 참전이라는 재앙적 결정을 내렸던 프로이센의 관료들처럼 관료가 정치에 참여하는 정치의 관료화(bureaucratization of politics) 역시 나쁜 정부를 만든다. '관료제의 정치화'와 '정치의 관료화'는 모두 정치인과 관료의 이해관계가 통합되기 때문에 상호 감시와 견제의 시스템이 무너짐으로써 나쁜 정부로 귀결된다.

이 책은 정치적 영향력을 배제하고, 오직 능력에 따라 관료를 선발하는 능력주의 관료제 시스템일 경우 부패가 억제되고, 낭비성 정부 지출이 감소하며, 시대 변화에 능동적으로 대응하는 행정 개혁이 더 쉽게 일어난다는 점을 실증적으로 보여준다. 이는 능력에 의해 선발된 관료들이 정치인에 비해서 도덕적 인간이거나, 행정 윤리로 무장했기 때문이 아니다. 능력주의 임용 시스템에서는 관료들의 이해관계가 정치인의 이해관계와 분리되기 때문에 서로 결탁해 이익을 공유하는 카르텔을 만들 인센티브가 없기 때문이다. 서로 분리된 책임성 통로에 따라 이뤄지는 상호 감시와 견제는 국가 기구를 활용해 사익을 취하는 부패와 합법적이지만 공적 자원을 낭비하는 비효율성을 억제한다.

특히 정부 관료제와 같은 대규모 조직에서는 현상 변경을 목표로 하는 개혁이 일어나기 힘들다. 왜냐하면 고위층이 주도하는 개혁의 목표와 의도를 하위층의 일선 공무원들이 신뢰할 수 없기 때문이다. 개혁을 명분으로 내세우지만, 진짜 목적은 고위층의 사익 추구라고 의심하는 것이다. 그러나 정부 관료제의 고위층을 구성하는 정치인과 고위 관료의 이해관계가 분리되어 있다면, 일선 공무원들은 선배인 고위 관료가 정치인과 결탁해 자신들을 속일 것이라고 의심하지 않을 것이다. 행정 개혁의 성패는 개혁의 목표와 의도에 대한 일선 공무원의 신뢰에 달려 있다. 따라서 정치인과 관료의 경력 분리 시스템에서는 이러한 신뢰를 확보하는 데 유리하기 때문에 행정 개혁이 더 쉽게 일어난다.

베버주의 관료제의 두 가지 차원

정치적 영향력으로부터 절연된 정부 관료제를 어떻게 만들 것인가. 기존 학계의 정설은 베버주의 관료제의 이념형에 충실한 관료제를 만들라는 것이다. 베버주의 관료제의 핵심은 관직(또는 행정 수단)과 개인을 분리하고 법과 규정에 의거해 관직을 운영하는 것이다. 근대의 법적·합리적 지배는 이러한 초개인적 관료제를 통해 가능해진다. 문제는 관료제적 규칙이 많아질수록 형식주의와 문서주의 등 관료제의 비효율성이 증가한다는 점이다. 이에 대해 한때 유행했던 행정 개혁 대안이 신공공관리(NPM) 개혁이다. 정부 관료제를 옥죄는 각종 규정과 규칙을 걷어냄으로써 정부 관료제를 기업 조직처럼 날렵하고, 효율적으로 만들 수 있다는 주장이다. 여기에 깔린 기본 전제는 관료제를 정치적 영향력으로부터 절연시키기 위해 법과 규정을 늘릴수록 관료제 특유의 병폐가 증가하는 딜레마에서 벗어날 수 없다는 것이다. 따라서 선택 가능한 옵션은 비효율을 감수하고 베버주의 관료제를 고수하거나, NPM론자처럼 과감히 베버주의 관료제를 포기하는 것, 둘 중 하나이다.

그러나 이 책은 그러한 딜레마는 베버주의 관료제가 갖고 있는 두 가지 차원, 즉 관료제 보호를 위한 각종 규정 차원(관료제 폐쇄성 차원)과 정치인과 관료의 경력 분리 차원(능력주의 임용 차원)을 분리하지 못해 생겨난 가짜 딜레마라고 주장한다. 전 세계 관료제를 관료제 보호 규정 차원과 정치인과 관료의 경력 분리 차원으로 구분해 보면, 두 차원은 상호 독립적임을 알 수 있다(그림 〈3-2〉 참조). 즉, 스칸디나비아 국가와 앵글로 색슨 국가처럼 관료제 보호 규정이 촘촘하지 않으면서도, 정치인과 관료의 경력 분리가 잘 이뤄진 관료제가 존재하는데, 이 책에서는 이러한 유형을 '관리형 관료제'라고 부른다. 한국은 독일과 함께 관료제 보호 규정이 강하지만, 정치인과 관료의 경력 분리가 잘 이뤄진 '자율형 관료제' 유형에 속한다. 정치인과 관료의 경력 분리가 잘 이뤄진 국가는 좋은 정부에서 기대할 수 있는 정부 성과(부패 억제, 높은 정부 효과성, 유연한 행정 개혁)를 거둔다.

반면 나폴레옹 행정 전통에 속하는 국가들(프랑스, 스페인, 이탈리아 등)은 역사적으로 강한 관료제 보호 규정을 발전시켰다. 폐쇄형 베버 관료제 가설에 따르면 각종 규정으로 보호되는 관료제는 좋은 정부의 성과를 보여줘야 하지만, 실제 분석 결과는 그렇지 않다. 이는 이들 국가에서 정치인과 관료의 경력 분리가 제도화되지 않음으로써 정치인과 관료의 상호 감시와 견제가 작동하지 않기 때문이다. 이처럼 베버주의 관료제의 다차원성에 근거해 베버주의 관료제의 장점(정치인과 관료의 경력 분리)을 살리면서 단점(각종 규제로 인한 비효율성)을 극복할 수 있는 관료제 조직화가 가능함을 보여준 것이 이 책의 이론적 기여일 것이다.

민주화 이후 한국 관료제에 주는 함의

일각에서는 1987년 민주화 이후 관료제의 정치화로 인해 관료 역량이 크게 하락했다고 우려한다. 그러나 민주화 이후 정치와 행정 관계의 질적 변화라는 역사적 맥락을 고려하지 않은 채 정치화를 비판하는 것은 정당하지 않다.

박정희의 발전 국가에서는 정치권력의 교체가 사실상 불가능했기 때문에 정치권력과 관료 사이에는 안정적 교환 관계가 성립했다. 즉, 관료들은 정치권력에게 충성과 복종을 제공하고, 그 대가로 정치권력으로부터 신분 보장과 승진 등의 보상을 받는 거래가 일어났다고 볼 수 있다. 특히 관료제에 대한 사회 집단의 영향력이 강력한 통치자에 의해 차단됐기 때문에 관료 집단은 자율성을 누렸다. 발전 국가 관료제의 자율성은 이처럼 사회 집단으로부터의 자율성이지, 정치권력으로부터의 자율성이 아니었다. 따라서 발전 국가 관료제에서 겉으로 보이는 정치적 중립성(또는 자율성)은 정치권력과 관료 집단 사이의 복종과 보상이라는 암묵적 교환 관계에 근거해 성립된 정치와 행정의 분리라는 특수한 역사적 맥락 속에서 이해되어야 한다.

한국의 민주화는 대통령 직선제 쟁취를 목표로 했기 때문에 민주화 이후 정치권력의 교체가 주기적으로 일어났다. 이는 과거와 같은 복종과 보상의 교환 관계가 불가능해졌음을 의미한다. 따라서 관료 집단은 민주화 이후 자유화된 시장과 사회 영역에서 영향력을 키우던 재벌, 언론 등과 네트워크를 구축하면서 독자적인 권력 자원을 확보하는 한편 정치권력의 향배에 따라 기회주의적으로 행동할 필요성이 커졌다. 다음에 어떤 정치 세력이 집권할지 확신할 수 없기 때문에 현 집권 세력에게 맹목적으로 충성하는 것은 무모한 일이 된다. 그렇다고 저항할 수도 없는 상황에서 관료 집단은 퇴직(exit)할 수도 없고, 저항(voice)할 수도 없고, 충성(loyalty)할 수도 없다. 유일한 선택지는 복지부동(neglect)이다. 이러한 맥락에서 민주화 이후 공무원의 지배적 행위 유형으로 '복지부동'이 일상화됐다.

민주화 이후 정치 세력은 이러한 관료 집단의 기회주의를 통제하고, 새로운 정책 목표를 추진하기 위해 관료제의 정치화를 시도한다. 정치화는 우선 관료제의 고위층을 충성파로 채우는 '인사의 정치화'로 나타난다. 문제는 충성파로 물갈이하면 정책의 방향도 정반대로 바뀌는 '정책의 정치화'가 일어나고, 출세 지향적 관료들의 기회주의적 행동('행위의 정치화')의 유인도 점점 증가한다는 점이다(증세/감세, 4대강 사업, 탈원전 사업 등 정권이 교체될 때마다 바뀌는 정책과 그것을 추진하던 공무원을 떠올려보라!)

이런 맥락에서 두 가지 상반되는 관료제 개혁 방안이 제시됐다. 첫 번째 방안은 관료 집단의 기회주의를 통제하기 위해 더 많은 정치화가 필요하다는 입장이다.

두 번째 방안은 관료제의 도구화를 막을 수 있도록 관료제의 자율성이 강화되어야 한다는 입장이다. 관료제의 자율성을 강화하는 방안으로는 '공직 윤리 강화'와 '정치적 중립성 수호'가 거론된다. 먼저 공직 윤리 강화론은 정치권력의 부당한 압력에 저항할 수 있도록 공무원의 전문가주의적 윤리(또는 그에 대한 교육 훈련)를 강화하자는 것인데, 평범한 개인에 불과한 공무원들이 부당한 정치적 압력에 맞서는 윤리적 초인이 될 것이라고 가정하는 것은 비현실적이다. 어떤 공무원은 그럴 수 있지만, 모든 공무원이 그럴 수는 없기 때문이다. 다음으로 정치적 중립성 수호론은 정치적 중립성이라는 헌법 가치를 지키자는 것인데, 문제는 정치적 중립 개념 자체가 모순적이라는 점이다. 즉, 정치적 중립은 공무원이 '자신의 이념이나 선호와 관계없이 현 집권 세력에 충성한다'는 의미와 '집권 세력의 입장과 관계없이 독립적, 객관적으로 판단한다'는 의미를 모두 갖고 있다. 현 집권 세력을 지지하는 공무원이라면 전자의 정치적 중립성을 옹호하겠지만, 그렇지 않다면 후자의 정치적 중립성을 고수할 것이다. 이는 정치적 중립성이 절대적 규범이 아니라 정치권력이 주기적으로 교체되는 정당 정치의 맥락에서 해석되어야 할 유동적이고 맥락 의존적인 개념임을 의미한다.

민주화 이후 관료제 개혁에 대한 이러한 상반된 입장에 대해 이 책이 함의하는 바는 무엇일까. 첫째, 민주적 통제를 위한 관료제의 정치화는 일정하게 필요하지만, 과도한 정치화로 행정을 도구화해서는 안 된다는 점이다. 둘째,

관료제가 완전 자율화되어서 정치 영역까지 식민화하는 것은 위험하다는 점이다. 완전 자율화된 관료제는 한국의 검찰처럼 또 다른 정치세력이 될 수 있다. 도구화된 관료제든, 정치세력화된 관료제든 양자는 정치와 행정이 통합됐다는 점에서 나쁜 정부의 징표이다. 좋은 정부를 만들려면 정치인과 관료의 이해관계를 분리하는 제도적 방화벽이 튼튼해야 한다.

참고문헌

Aberbach, J. D. and T. Christensen. 2001. "Radical Reform in New Zealand: Crisis, Windows of Opportunity, and Rational Actors." *Public Administration*, 79(2), pp. 403~422.

Aberbach, J. D., R. D. Putnam, and B. A. Rockman. 1981. *Bureaucrats and Politicians in Western Democracies*. Cambridge, MA: Harvard University Press.

Abrahamson, E. 1997. "The Emergence and Prevalence of Employee Management Rhetoric: The Effects of LongWaves, Labor Unions, and Turnover, 1875 to 1992." *Academy of Management Journal*, 40(3), pp. 491~533.

Acemoglu, D. and J. Robinson. 2012. *Why Nations Fail: The Origins of Power, Prosperity, and Poverty*. Random House Digital Inc.

Acemoglu, D., S. Johnson, and J. A. Robinson. 2001. "The Colonial Origins of Comparative Development: An Empirical Investigation." *American Economic Review*, 91(5), pp. 1369~1401.

______. 2005. "Institutions as a Fundamental Cause of Long-Run Growth." *Handbook of Economic Growth*, 1, pp. 385~472.

Acemoglu, D., T. Verdier, and J. A. Robinson. 2004. " Kleptocracy And Divide-and-Rule: A Model of Personal Rule." *Journal of the European Economic Association*, 2(2-3), pp. 162~192.

Ades, A. and R. Di Tella. 1997. "The New Economics of Corruption: A Survey and Some New Results." *Political Studies*, 45(3), pp. 496~515.

______. (1999). "Rents, Competition, and Corruption." *The American Economic Review*, 89(4), pp. 982~993.

Adserà, A., C. Boix, and M. Paine. 2003. "Are You Being Served? Political Accountability and Quality of Government." *Journal of Law, Economics, & Organization*, 19(2), pp. 445~490.

Aghion, P., Y. Algan, P. Cahuc, and A. Shleifer. 2010. "Regulation and Distrust." *Quarterly Journal of Economics*, 125(3), pp. 1015~1049.

Alba, C. 2001. "Bureaucratic Politics in Spain: A Long-Standing Tradition." In B. G. Peters and J. Pierre. eds. *Bureaucrats, Politicians and Administrative Reform*. London: Routledge, pp. 93~105.

Alchian, A. & D. Harold. 1972. "Production, Information Costs, and Economic Organization." *American Economic Review*, 62(5), pp. 777~795.

Alesina, A. and G. Tabellini. 2007. "Bureaucrats or Politicians? Part I: A Single Policy Task." *American Economic Review*, 97(1), pp.169~179.

Alesina, A., R. Baqir, and W. Easterly. 1999. "Public Goods and Ethnic Divisions." *Quarterly Journal of Economics*, 114(4), pp. 1243~1284.

Anderson, L. 2006. "Searching Where the Light Shines: Studying Democratization in theMiddle East." *Annual Review of Political Science*, 9, pp. 189~214.

Andersson, C. 2004. "Tudelad trots allt - dualismens överlevnad i den svenska staten 1718 1987." Doctoral dissertation. Stockholm: Stockholm University, Department of Political Science.

Andrews, J. T. and G. R. Montinola. 2004. "Veto Players and the Rule of Law in Emerging Democracies." *Comparative Political Studies*, 37(1), pp. 55~87.

Ansell, C., and J. Gingrich. 2003. "Reforming the Administrative State." In B. E. Cain, R. J. Dalton, and S. E. Scarrow. eds. *Democracy Transformed? Expanding Political Opportunities in Advanced Industrial Semocracies*. New York, NY: Oxford University Press, pp. 164~191.

Argyris, C. 1960. *Understanding Organizational Behaviour*. Homewood, IL: Dorsey Press.

Arnold, P. E. 2003. "Democracy and Corruption in the 19th Century United States: Parties, Spoils and Political Participation." In S. Tiihonen. ed. *The History of Corruption in Central Government*, no. 7. Washington, DC: IOS Press, pp. 197~212.

Auer, A., C. Demmke, and R. Poltet. 1996. *Civil Services in the Europe of Fifteen: Current Situation and Prospects*. Maastricht: European Institute of Public Administration.

Axelrod, Robert. 1984. *The Evolution of Cooperation*. New York, NY: Basic Books.

Bach, S. 1999. "Changing Public Service Employment Relations." In S. Bach, L. Bordogna, G. Della Rocca, and D. Winchester. eds. *Public Service Employment Relations in Europe, Transformation, Modernization and Inertia*. London: Routledge, pp. 1~17.

Baena, M. 1999. *Elites y conjuntos de poder en España (1939–1992)*. Madrid: Tecnos.

Bagues, M. F. and B. Esteve-Volart. 2008. "Top Civil Service: Meritocracy or Nepotism?" [Unpublished working paper]. Available at: www.iza.org/conference_files/TAM_08/bagues_m4229.pdf. [Retrieved 15 May, 2013].

Baker, G., R. Gibbons, and K. J. Murphy. 2002. "Relational Contracts and the Theory of the Firm." *The Quarterly Journal of Economics*, 117(1), pp. 39~84.

Ballart, X. and E. Zapico. 2010. "Budget Reforms in Spain." In J. Wanna, L. Jensen, and J. de Vries. eds. *The Reality of Budget Reform: Counting the Consequences in 11*

Advanced Democracies. Cheltenham: Edward Elgar, pp. 240~259.

Barberis, P. 2011. "The Weberian legacy." *International Handbook on Civil Service Systems*, pp. 13~30.

Barlow, J., D. Farnham, S. Horton, and F. F. Ridley. 1996." Comparing Public Managers." In D. Farnham, S. Horton, J. Barlow, and A. Hondeghem. eds. *New Public Managers in Europe: Public Servants in Transition*. London: Macmillan Business, pp. 3~25.

Barnard, C. (1938). *The Functions of the Executive*. Cambridge, MA: Cambridge University Press.

Barro, R. 1973. "The Control of Politicians: An Economic Model." *Public Choice*, 14(1), pp. 19~42.

Barzelay, M. and R. Gallego. 2010. "The Comparative Historical Analysis of Public Management Policy Cycles in France, Italy, and Spain: Symposium Introduction." *Governance*, 23(2), pp. 209~223.

Baumol, W. J. 1959. *Business Behavior, Value, and Growth*. New York: MacMillan.

BBC. 2014.7.1. "Hundreds of Turkish Police Officers Dismissed."

BBC News. 2012.7.26. "The White Elephants that Dragged Spain into the Red."

Becker, G. and G. Stigler. 1974. "Law Enforcement. Malfeasance, and the Compensation of Enforces." *Journal of Legal Studies*, 3(1), pp. 1~19.

Bekke, H. A. G. M., J. L. Perry, and T. A. J. Toonen. 1996. "Introduction: Conceptualizing Civil Service Systems." In H. A. G. M. Bekke, J. L. Perry, and T. A. J. Toonen. eds. *Civil Service Systems in a Comparative Perspective*. Bloomington, IN: Indiana University Press, pp. 1~12.

Bekke, H. A. G. M. and F. M. van der Meer. 2000. *Civil Service Systems in Western Europe*. Cheltenham: Edward Elgar.

Bel i Queralt, G. 2010. "La racionalización de las infraestructuras de transporte en España." *Cuadernos económicos de ICE*, 80, pp. 211~228.

Beltrán Villalva, M. 2001. "La Función Pública en el siglo XX." In A. Morales Moya. ed. *La Organización del Estado*. Madrid: España Nuevo Milenio-Generalitat Valenciana. Las Claves de la España del Siglo XX.

Bendor, J., A. Glazer, and T. H. Hammond. 2001. "Theories of Delegation." *Annual Review of Political Science*, 4, pp. 235~269.

Bennett, C. J. 1997. "Understanding the Ripple Effects: The Cross-National Adoption of Policy Instruments for Bureaucratic Accountability." *Governance*, 10(3), pp. 213~233.

Berle, A. A. and G. C. Means. 1968[1932]. *The Modern Corporation and Private Property*.

New York, NY: Harcourt, Brace & World.

Berman, S. 2010. "From the Sun King to Karzai Lessons for State Building in Afghanistan." *Foreign Affairs*, March-April.

Bertelsmann Transformation Index 2012. Available at: www.bti-project.org/index/ [Retrieved 15 May, 2013].

Besley, T. and R. Burgess. 2001. "Political Agency, Government Responsiveness and the Role of the Media." *European Economic Review*, 45(4-6), pp. 629~640.

Besley, T. and A. Case. 1995. "Does Electoral Accountability Affect Economic Policy Choices? Evidence from Gubernatorial Term Limits." *Quarterly Journal of Economics*, 110(3), pp. 769~798.

Besley, T. and J. McLaren. 1993. "Taxes and Bribery: The Role of Wage Incentives." *The Economic Journal*, 103(416), pp. 119~141.

Bezes, P. 2010. "Path-dependent and Path-breaking Changes in the French Administrative System: The Weight of Legacy Explanations." In M. Painter and G. B. Peters. eds. *Tradition and Public Administration*. New York, NY: Palgrave Macmillan, pp. 158~174.

Bezes, P. and M. Lodge. 2007. *Historical Legacies and Dynamics of Institutional Change in Civil Service Systems*. London: Macmillan Publishers Limited.

Bezes, P. and S. Parrado. 2013. "Trajectories of Administrative Reform: Institutions, Timing and Choices in France and Spain." *West European Politics*, 36(1), pp. 22~50.

Blanchard, O. and F. Giavazzi. 2003. "Macroeconomic Effects of Regulation and Deregulation in Goods and Labor Markets." *Quarterly Journal of Economics*, 118(3), pp. 879~907.

Boix, C. and S. C. Stokes. 2003. "Endogenous Democratization." *World Politics*, 55(4), pp. 517~549.

Bouckaert, G. 2007. "Cultural Characteristics from Public Management Reforms Worldwide." *Research in Public Policy Analysis and Management*, 16(4), pp. 29~64.

Bossaert, D., C. Demmke, K. Nomden, R. Polet, and A. Auer. 2001. *Civil Services in the Europe of Fifteen. Trends and New Developments*. Maastricht: European Institute of Public Administration.

Brehm, J. and S. Gates. 1997. *Working, Shirking and Sabotage*. Ann Arbor, MI: The University of Michigan Press.

Browne, C., T. Geiger, and T. Gutknecht. 2012. "The Executive Opinion Survey: The Voice of the Business Community." In K. Schwab. ed. *The Global Competitiveness Report*.

World Economic Forum.

Brunetti, A. and B. Weder. 2003. "A Free Press is Bad News for Corruption." *Journal of Public Economy*, 87(7-8), pp. 1801~1824.

Buchanan, J. M. and G. Tullock. 1962. *The Calculus of Consent: Logical Foundations of Constitutional Democracy*. Ann Arbor, MI: University of Michigan Press.

Bågenholm, A. 2015. "Corruption and Anti-corruption in 19th Century Sweden." Paper to be presented at the Conference on the History of Anticorruption in Amsterdam, 7-9 September, 2015.

Bäck, H. and A. Hadenius. 2008. "Democracy and state capacity: Exploring a J-shaped relationship." *Governance*, 21(1), pp. 1~24.

Bågenholm, A. 2015. "Corruption and Anti-corruption in 19th Century Sweden." Paper to be presented at the Conference on the History of Anticorruption in Amsterdam, 7-9 September, 2015.

Cadena SER. 2014.12.15. "En AENA había orden 'de contactar con Correa desde que el PP ganó las elecciones'."

Cádiz Deleito, J. L. 1987. "Notas sobre la carrera profesional del funcionario público." *Documentación administrativa*, 210, pp. 97~120.

Caldwell, L. K. 2000. "Is Leviathan Manageable?" *Public Administration Review*, 60(1), pp. 72~74.

Calvert, R., M. D. McCubbins, and B. Weingast. 1987. "Congressional Influence over Policy Making: The Case of the FTC." In M. D. McCubbins and T. Sullivan. eds. *Congress: Structure and Policy*. New York, NY: Cambridge University Press, pp. 272~298.

Cassese, S. 2003. "The Age of Administrative Reforms." In J. Hayward and A. Menon. eds. *Governing Europe*. Oxford: Oxford University Press, pp. 128~139.

Cassese, Sabino. 1993. "Hypotheses on the Italian Administrative System." *West European Politics*, 16(3), 316~328.

Castles, F. G. and V. Merrill. 1989. "Towards a General Model of Public Policy Outcomes." *Journal of Theoretical Politics*, 1(2), pp. 177~212.

Cejudo, Guillermo M. 2006. *New Wine in Old Bottles: How New Democracies Deal with Inherited Bureaucratic Apparatuses. The Experiences of Mexico and Spain*. Mexico: Documentos de Trabajo del CIDE.

Chang, E. C. C. and M. A. Golden. 2007. "Electoral Systems, District Magnitude and Corruption." *British Journal of Political Science*, 37(1), pp. 115~137.

Chapman, R. A. and J. R. Greenaway. 1980. *The Dynamics of Administrative Reform*.

London: Croom Helm.

Charron, N. and V. Lapuente. 2010. "Does Democracy Produce Quality of Government?" *European Journal of Political Research*, 49(4), pp. 443~470.

Charron, N., C. Dahlström, and V. Lapuente. 2012. "No Law without a State." *Journal of Comparative Economics*, 40(2), pp. 176~193.

Chong, A., R. La Porta, F. Lopez-de-Silanes, and A. Shleifer. 2014. "Letter Grading Government Efficiency." *Journal of the European Economic Association*, 12(2), pp. 277~299.

Christensen, T. and P. Lægreid. eds. 2001. *New Public Management. The Transformation of Ideas and Practice*. Aldershot: Ashgate.

Christensen, T. and P. Lægreid. 2007. *Transcending New Public Management. The Transformation of Public Sector Reforms*. Burlington: Ashgate Publishing Limited.

_____. 2010. *The Ashgate Research Companion to New Public Management*. Aldershot: Ashgate.

_____. 2011. *The Ashgate Companion to New Public Management*. Burlington: Ashgate Publishing Limited.

_____. 2012. "Competing Principles of Agency Organization - The Reorganization of a Reform." *International Review of Administrative Sciences December*, 78(4), pp. 579~596.

Ciccone, A. and E. Papaioannou. 2006. "Red Tape and Delayed Entry." Centre for Economic Policy Research Discussion Paper 5996. London: Centre for Economic Policy.

Clark, G. 2007. *A Farewell to Alms: A Brief Economic History of the World*. New Jersey, NJ: Princeton University Press.

Coleman, J. and J. Ferejohn. 1986. "Democracy and Social Choice." *Ethics*, 97(1), pp. 6~25.

Collier, P. 2009. *Wars, Guns, and Votes: Democracy in Dangerous Places*. New York, NY: Harper Collins.

Cope, S., F. Leishman, and P. Starie. 1997. "Globalization, New Public Management and the Enabling State: Futures of Police Management." *International Journal of Public Sector Management*, 10(6), pp. 444~460.

Coppedge, M. 1994. *Strong Parties and Lame Ducks: Presidential Partyarchy and Factionalism in Venezuela*. Stanford, CA: Stanford University Press.

Crespo M. and L. Fernando. 2003. *Mitos y Ritos de la Administración Española*. Madrid: Instituto Nacional de Administración Pública.

Crossman, R. 1977. *The Diaries of a Cabinet Minister, Volume HI: Secretary of State for Social Services 1968–70*. London: Hamish Hamilton and Jonathan Cape.

Dahl, R. 1947. "The Science of Public Administration: Three Problems." *Public Administration Review*, 7(1), pp. 1~11.

Dahlberg, S., C. Dahlström, P. Sundin, and J. Teorell. 2013. "The Quality of Government Expert Survey 2008-2011: A Report." QoG Working Paper Series 2013:15. Gothenburg: Gothenburg University, The Quality of Government Institute.

Dahlström, C. 2012. "Political and Administration." In B. G. Peters and J. Pierre. eds. *The SAGE Handbook of Public Administration*. London: SAGE Publications Ltd, pp. 361~367.

Dahlström, C. and V. Lapuente. 2015. "Democratic and Professional Accountability." In C. Dahlström and L. Wängnerud. eds. *Elites, Institutions and the Quality of Government*. London: Palgrave Macmillan.

_____. 2010. "Explaining Cross-Country Differences in the Adoption of Performance-Related Pay in the Public Sector." *Journal of Public Administration Research and Theory*, 23(4), pp. 577~600.

_____. 2011. "Has New Public Management a Trust Problem?" In J-M. Eymeri-Douzans and J. Pierre. eds. *Administrative Reforms and Democratic Governance*. London: Routledge, pp. 27~40.

_____. 2012. "Weberian Bureaucracy and Corruption Prevention." In S. Holmberg and B. Rothstein. eds. *Good Government. The Relevance of Political Science*. Cheltenham: Edward Elgar, pp. 150~173.

Dahlström, C. and J. Pierre. 2011. "Steering the Swedish State. Politicization as a Coordinating Strategy." In C. Dahlström, B. G. Peters, and J. Pierre. eds. *Steering from the Centre: Strengthening Political Control in Western Democracies*. Toronto: University of Toronto Press, pp. 3~26.

Dahlström, C., V. Lapuente, and J. Teorell. 2012a. "The Merit of Meritocratization Politics, Bureaucracy, and the Institutional Deterrents of Corruption." *Political Research Quarterly*, 65(3), pp. 656~668.

_____. (2012b). "Public Administrations around the World." In S. Holmberg and B. Rothstein. eds. *Good Government. The Relevance of Political Science*. Cheltenham: Edward Elgar, pp. 40~67.

de Cervantes Saavedra, M. 1833[1615]. *El Ingenioso hidalgo don Quijote de la Mancha*. Madrid: Mariano Arévalo.

De Francesco, F. 2012. "Diffusion of Regulatory Impact Analysis among OECD and EU

Member States." *Comparative Political Studies*, 45(10), pp. 1277~1305.

De la Oliva, A. and A. Gutiérrez-Reñón. 1968. "Los Cuerpos de Funcionarios." *Documentación Administrativa*, 124.

De Long, J. B. and A. Shleifer, (1993). "Princes and Merchants: European City Growth before the Industrial Revolution." *The Journal of Law and Economics*, 36(2), pp. 671~702.

De Vries, J. and A. K. Yesilkagit. 1999. "Core Executive and Party Politics: Privatisation in The Netherlands." *West European Politics*, 22(1), pp. 115~137.

Deakin, N. and K. Walsh, 1996. "he Enabling State: The Role of Markets and Contracts." *Public Administration*, 74(1), pp. 33~47.

Demetriades, P. O. and T. Mamuneas. 2000. "Intertemporal Output and Employment Effects of Public Infrastructure Capital: Evidence from 12 OECD Economies." *The Economic Journal*, 110(465), pp. 687~712.

Demmke, C. 2010. "Civil Services in the EU of 27 - Reform Outcomes and the Future of the Civil Service." *EIPASCOPE*, 2010/2.

Demmke, C., and T. Moilanen. 2010. *Civil Services in the EU of 27: Reform Outcomes and the Future of the Civil Service*. Frankfurt am Main: Peter Lang.

Demsetz, H. 1967. "Towards a Theory of Property Rights." *American Economic Review*, 57(2), pp. 61~70.

Di Tella, R. and E. Schargrodsky. 2003. "The Role of Wages and Auditing during a Crackdown on Corruption in the City of Buenos Aires." *Journal of Law and Economy*, 46(1), pp. 269~292.

Dierickx, G. .2004. "Politicization in the Belgian Civil Service." In B. G. Peters and J. Pierre. eds. *Politicization of the Civil Service in Comparative Perspective. The Quest for Control*. London: Routledge, pp. 178~205.

Djankov, S., E. Glaeser, R. La Porta, F. Lopez-de-Silanes, and A. Shleifer. 2002. "The Regulation of Entry." *Quarterly Journal of Economics*, 117(1), pp. 1~37.

_____. 2003a. "Courts: The Lex Mundi Project." *Quarterly Journal of Economics*, 118(2), pp. 453~517.

_____. 2003b. "The New Comparative Economics." *Journal of Comparative Economics*, 31(4), pp. 595~619.

_____. 2010. "Disclosure by Politicians." *American Economic Journal: Applied Economics*, 2(2), pp. 179~209.

Dobbin, F., B. A. Simmons, and G. Garrett. 2007. "The Global Diffusion of Public Policies: Social Construction, Coercion, Competition, or Learning?" *Annual Review of*

Sociology, 33, pp. 449~472.
Dollar, D. and A. Kraay. 2003. "Institutions, Trade, and Growth." *Journal of Monetary Economics*, 50(1), pp. 133~162.
Dollar, D., R. Fisman, and R. Gatti. 2001. "Are Women Really the Fairer Sex? Corruption and Women in Government." *Journal of Economic Behavior and Organization*, 46(4), pp. 423~429.
Dominguez, J. I. ed. 1997. *Technopols: Ideas and Leaders in Freeing Politics and Markets in Latin America in the 1990s*. Pennsylvania, PA: Penn State University Press.
Domínguez, L. 1875. *La Cuestión de los Empleados Públicos en España*. Biblioteca Nacional de España.
Drori, G. S., Y. S. Jang, and J. W. Meyer. 2006. "Sources of Rationalized Governance: Cross-national Longitudinal Analyses, 1985-2002." *Administrative Science Quarterly*, 51(2), pp. 205~229.
Du Gay, P. 2000. *In Praise of Bureaucracy*. London: Sage.
Dunleavy, P. and C. Hood. 1994. "From Old Public Administration to New Public Management." *Public Money and Management*, 14(3), pp. 9~16.
East, J. P. 1965. *Council-manager Government: The Political Thought of Its Founder, Richard S. Childs*. Chapel Hill: University of North Carolina Press.
Easterly, W. and R. Levine. 1997. "Africa's Growth Tragedy: Policies and Ethnic Divisions." *Quarterly Journal of Economics*, 112(4), pp. 1203~1250.
El Confidencial. 2013.10.18. "Interior liquida al comisario de Policía que investigaba los papeles de Bárcenas."
El País. 2000.12.12. "Gil suspende y expedienta al interventor de Marbella."
_____. 2006.10.10. "El interventor y el ex secretario de Marbella cobraron un plus temporal durante 12 años."
_____. 2009.6.27. "Las guerras internas de Estepona desvelaron la corrupción municipal."
_____. 2010.7.4. "Un voluminoso sumario de 50.000 páginas en 291 tomos."
_____. 2010.4.18. "Corrupción a la Sombra del Poder."
_____. 2011.1.8. "Ciudad de la Cultura... y de los excesos."
_____. 2011.6.2. "El vasto patrimonio del cabecilla."
_____. 2011.11.12. "Monumento a la incoherencia."
_____. 2013.2.13. "Otro aeropuerto sin aviones."
_____. 2013.2.17. "Un funcionario de Estepona pide amparo por supuesto acoso laboral."
_____. 2013.5.30a. "Viajes Gurtel: de Disney a Laponia."
_____. 2013. 5.30b. "La Comunidad de Madrid fraccionaba contratas para la red Gürtel y

eludir la ley."
_____. 2013.6.17. "El exedil Peñas reafirma que Correa presumía de ser el amo en Valencia."
_____. 2013.6.23. "Relojes de 2.000 euros a la cúpula del PP."
_____. 2013.7.26. "Los visitadores de la trama Gürtel."
_____. 2013.8.6. "López Viejo cobró una mordida del 10% por cada acto que montó Gürtel."
_____. 2013.9.8. "La derrota debilita a Botella."
_____. 2013.9.23. "Una quiebra evitable."
_____. 2013.10.4. "Marbella era la 'corrupción generalizada'."
_____. 2013.11.22. "Los inspectores: 'Con Cemex se ha cruzado una línea roja."
_____. 2013.12.6. "Montoro acusa a los directores de Hacienda dimitidos de ser socialistas."
_____. 2013.12.10. "El director de Hacienda asegura que no pide el carné político a nadie."
_____. 2015.3.6. "As the case goes to trial, who's who in the Gürtel investigation."
_____. 2016.2.14. "Volvería a denunciar el caso Gürtel. Porque no tengo hijos."
El Periodico. 2013.12.8. "Els rescats de les infraestructures fantasma, a 'Salvados'."
El Periodista Digital. 2009.10.2. "El PSOE o Enchufes Estepona S.A." Available at: www.periodistadigital.com/politica/partidos-politicos/2009/10/02/el-psoe-o-enchufes-estepona-s-a.shtml. [Retrieved 3 November, 2013].
Epstein, D. and S. O'Halloran. 1994. "Administrative Procedures, Information, and Agency Discretion." *American Journal of Political Science*, 38(3), pp. 697~722.
Ertman, T. 1997. *The Birth of Leviathan: Building States and Regimes in Medieval and Early Modern Europe*. Cambridge, MA: Cambridge University Press.
Evans, P. 1995. *Embedded Autonomy: States and Industrial Transformation*. Princeton, NJ: Princeton University Press.
Evans, P. and J. Rauch. 1999. "Bureaucracy and Growth: A Cross-National Analysis of the Effects of 'Weberian' State Structures on Economic Growth." *American Sociological Review*, 64(5), pp. 748~765.
Fageda, X. 2013. "El despilfarro del AVE." *El País*, 2013.1.8. Available at: http://politica.elpais.com/politica/2013/01/08/actualidad/1357672895_538712.html [Retrieved 8 January, 2014].
Falaschetti, D. 2002. "Golden Parachutes: Credible Commitments or Evidence of Shirking?" *Journal of Corporate Finance*, 8(2), pp. 159~178.
Falaschetti, D. and G. J. Miller. 2001. "Constraining Leviathan: Moral Hazard and Credible

Commitment in Institutional Design." *Journal of Theoretical Politics*, 13(4), pp. 389~411.

Farazmand, A. 1999. "Globalization and Public Administration." *Public Administration Review*, 59(6), pp. 509~522.

Feldbaek, O. 2000. "The Historical Role of the Nordic Countries in Europe." *European Review*, 8(1), pp. 123~128.

Ferejohn, J. 1986. "Incumbent Performance and Electoral Control." *Public Choice*, 50(1), pp. 5~25.

Fernandez-Villaverde, J., L. Garicano, and T. Santos. 2013. "Political Credit Cycles: The Case of the Euro Zone." NBER Working Paper No. 18899. Cambridge, MA: National Bureau of Economic Research.

Ferraro, A. 2011. "A Splendid Ruined Reform: The Creation and Destruction of a Civil Service in Argentina." In A. Massey. ed. *International Handbook on Civil Service Systems*. Cheltenham: Edward Elgar, pp. 152~177.

Financial Times. 2013.5.15. "Spain's Ghost Highway." Available at: http://blogs.ft.com/photo-diary/2013/05/spains-ghost-highway/?Authorised=false [Retrieved 8 January, 2014].

Finer, H. 1932. *The Theory and Practice of Modern Government*. London: Methuen.

Finnemore, M. 1996. *National Interests in International Society*. New York, NY: Cambridge University Press.

Fischer, W. and P. Lundgren. 1975. "The Recruitment of Administrative Personnel." In C. Tilly. ed. *The Formation of National States in Western Europe*. Princeton, NJ: Princeton University Press, pp. 456~561.

Fisman, R. and V. Sarria-Allende. 2004. "Regulation of Entry and the Distortion of Industrial Organization." NBER Working Paper No. 10929. Cambridge, MA: National Bureau of Economic Research.

Fleischer, J. 2011. In C. Dahlström, G. B. Peters, and J. Pierre. eds. *Steering from the Centre. Strengthening Political Control in Western Democracies*. Toronto: University of Toronto Press, pp. 54~79.

Folke, O., S. Hirano, and J. M. Snyder. 2011. "Patronage and Elections in U.S. States." *American Political Science Review*, 105(3), pp. 567~585.

Foss, K., N. J. Foss, and X. H. Vázquez. 2006. " 'Tying the Manager's Hands': Constraining Opportunistic Managerial Intervention." *Cambridge Journal of Economics*, 30(5), pp. 797~818.

Frant, H. 1993. "Rules and Governance in the Public Sector: The Case of Civil Service."

American Journal of Political Science, 37(4), pp. 990~1007.

Freedom House. 2013. *Freedom of the World and Freedom of the Press*. published online [Retrieved 15 May, 2013].

Freibert, A. 1997. "Public Pay Programs in OECD Countries." In H. Risher and C. Fay. eds. *New Strategies for Public Pay: Rethinking Government Compensation Programs*. San Francisco, CA: Jossey-Bass, pp. 294~311.

Frisk Jensen, M. 2008. "Korruption og embedsetik - danske embedsmænds korruption i perioden 1800 - 1866." Doctoral dissertation. Aalborg: Aalborg University, Department of History.

Frisk-Jensen, M. and A. Mungiu-Pippidi. 2011. "Becoming Denmark: Understanding Good Governance Historical Achievers." In M. Frisk-Jensen and A. Mungiu-Pippidi. eds. *The Development of Good Governance*. Available at: www.against-corruption.eu/uploads/norad/Becoming-Denmark-Historical-Lessons-Learned.pdf. [Retrieved 12 January, 2014].

Fry, G. K. 2000. "The British Civil Service System." In H. A. G. M. Bekke and F. M. Van der Meer. *Civil Service Systems in Western Europe*. Cheltenham: Edward Elgar, pp. 12~35.

Fukuyama, F. 2011. *The Origins of Political Order: from Prehuman Times to the French Revolution*. New York, NY: Farrar: Straus & Giroux.

_____. 2012. "The Strange Absence of the State in Political Science." The American Interest's blog, 2012.10.2. Available at: http://blogs.the-americaninterest.com/fukuyama/2012/10/02/the-strange-absence-of-the-state-inpolitical-science/ [Retrieved 15 December, 2013].

_____. 2013. "What Is Governance?" *Governance*, 26(3), pp. 347~368.

Gailmard, S. and J. Patty. 2007. "Slackers and Zealots: Civil Service, Policy Discretion, and Bureaucratic Expertise." *American Journal of Political Science*, 51(4), pp. 873~889.

_____. 2012. *Learning While Governing: Expertise and Accountability in the Executive Branch*. University of Chicago Press.

Gallego, R. 2003. "Public Management Policy Making in Spain, 1982-1996: Policy Entrepreneurship and (in) Opportunity Windows." *International Public Management Journal*, 6(3), pp. 283~307.

Gallego, R. and M. Barzelay. 2010. "Public Management Policymaking in Spain: The Politics of Legislative Reform of Administrative structures, 1991-1997." *Governance*, 23(2), pp. 277~296.

Garvey, G. and N. Gaston. 1991. "Delegation, the Role of Managerial Discretion as a Bonding Device, and the Enforcement of Implicit Contracts." In T. B. Fomby. *Advances in Econometrics 9*. Greenwich, CT: JAI Press Inc, pp. 87~119.

Gaus, J. M. 1936. "The Responsibility of Public Administration." In J. M. Gaus, L. D. White, and M. E. Dimock. eds. *The Frontiers of Public Administration*. Chicago, IL: University of Chicago Press, pp. 26~44.

Geddes, B. 1994. *Politician's Dilemma: Building State Capacity in Latin America, vol. 25*. Berkeley, CA: University of California Press.

Gelb, A. 1988. *Oil Windfalls: Blessing or Curse?* New York, NY: Oxford University Press.

Gennaioli, N., R. La Porta , F. Lopez-de-Silanes, and A. Shleifer. 2013. "Human Capital and Regional Development." *Quarterly Journal of Economics*, 128(1), pp. 105~164.

Gerring J. and S. Thacker. 2004. "Political Institutions and Corruption: The Role of Unitarism and Parliamentarism." *British Journal of Political Science*, 34(2), pp. 295~330.

Gerring J. and S. Thacker. 2005. "Do Neoliberal Policies Deter Political Corruption?" *International Organization*, 59(1), pp. 233~254.

Glaeser, E. L., R. La Porta, F. Lopez-de-Silanes, and A. Shleifer. 2004. "Do Institutions Cause Growth?" *Journal of Economic Growth*, 9(3), pp. 271~303.

Golden, M. A. 2000. "Political Patronage, Bureaucracy and Corruption in Postwar Italy." Annual Meeting of the APSA 2000 Annual Meeting Paper. Washington, DC.

______. 2003. "Electoral Connections: The Effects of the Personal Vote on Political Patronage, Bureaucracy and Legislation in Postwar Italy." *British Journal of Political Science*, 33(2), pp. 189~212.

González De Lara, Y., A. Greif, and S. Jha. 2008. "The Administrative Foundations of Self-enforcing Constitutions." *American Economic Review*, 98(2), pp. 105~109.

Goodnow, F. J. 1900. *Politics and Administration*. NewYork, NY: Macmillan.

Gow, J. I. and C. Dufour. 2000. "Is the New Public Management a Paradigm? Does It Matter?" *International Review of Administrative Sciences*, 66(4), pp. 573~597.

Greenaway, J. 2004. "Celebrating Northcote/Trevelyan: Dispelling the Myths." *Public Policy and Administration*, 19(1), pp. 1~14.

Greif, A. 2008. "The Impact of Administrative Power on Political and Economic Development: Toward a Political Economy of Implementation." In E. Helpman. ed. *Institutions' Economic Performance*. London: Harvard University Press, pp. 17~63.

Grindle, M. S. 1977. *Bureaucrats, Politicians, and Peasants in Mexico: A Case Study in Public Policy*. Berkeley, CA: University of California Press.

_____. 2012. *Jobs for the Boys: Patronage and the State in Comparative Perspective*. Cambridge, MA: Harvard University Press.

Grønnegaard Christensen, J. 2004. "Political Responsiveness in a Merit Bureaucracy: Denmark." In B. G. Peters and J. Pierre. eds. *Politicization of the Civil Service in Comparative Perspective*. London: Routledge, pp. 14~40.

Grzymala-Busse, A. 2007. *Rebuilding Leviathan: Party Competition And State Exploitation in Post-Communist Democracies*. Cambridge: Cambridge University Press.

Hall, R. E. and C. I. Jones. 1999. "Why do Some Countries Produce so Much More Output per Worker than Others?" *The Quarterly Journal of Economics*, 114(1), pp. 83~116.

Hall, R. H. 1963. "The Concept of Bureaucracy: An Empirical Assessment." *American Journal of Sociology*, 69, pp. 32~40.

Halligan, J. 1996. "Learning from Experience in Australian Reform: Balancing Principle and Pragmatism." In J. P. Olsen and G. B. Peters. eds. *Lessons from Experience: Experiential Learning in Administrative Reforms in Eight Democracies*. Stockholm: Scandinavian University Press, pp. 71~112.

_____. 2001. "Politicians, Bureaucrats and Public Sector Reform in Australia and New Zeeland." In G. B. Peters and J. Pierre. eds. *Politicians, Bureaucrats and Administrative Reform*. New York, NY: Routledge, pp. 157~168.

Hamilton, A. 1788. *Federalist No. 70 The Executive Department Further Considered*. The Federalist Papers.

Harling, P. 1995. "Rethinking "Old Corruption"." *Past & Present*, 147(1), pp. 127~158.

_____. (1996). *The Waning of Old Corruption: The Politics of Economical Reform in Britain, 1779-1846*. Oxford: Clarendon Press.

Harris-White, B. and G. White. eds. 1996. *Liberalization and New Forms of Corruption*. Brighton: Institute of Development Studies.

Havro, G. and J. Santiso. 2008. "To Benefit from Plenty: Lessons from Chile and Norway." *OECD Policy Brief No. 37*.

Hawkins, K., G. Rosas, and M. Johnson. 2011. "The Misiones of the Chávez Government." In D. Smilde and D. Hellinger. eds. *Venezuelas Bolivarian Democracy: Participation, Politics, and Culture Under Chávez*. Duke University Press, pp. 186~218.

Hayek, F. A. 1960. *The Constitution of Liberty*. Chicago, IL: University of Chicago Press.

Hays, L. 1988. "All Eyes on Du Pont's Incentive-Pay Plan." *Wall Street Journal*, 1: A1.

Heady, F. 1996. "Configurations of Civil Service Systems." In A. J. G. M. Bekke, J. L. Perry, and T. A. J. Toonen. eds. *Civil Service Systems in Comparative Perspective*. Bloomington, IN: Indiana University Press, pp. 207-226.

_____. 2001. *Public Administration, a Comparative Perspective*. Sixth edition. CRC Press.

Heclo, H. 1977. *A Government of Strangers*. Washington, DC: The Bookings Institution.

Heinrich, C. J. 2003. *Measuring Public Sector Performance and Effectiveness*. In G. B. Peters and J. Pierre. eds. *The SAGE Handbook of Public Administration*. London: SAGE Publications, pp. 25~37.

Helpman, E., M. J. Melitz, and Y. Rubinstein. 2008. "Estimating Trade Flows: Trading Partners and Trading Volumes." *Quarterly Journal of Economics*, 123(2), pp. 441~487.

Henisz, W. J. 2000. "The Institutional Environment for Economic Growth." *Economics and Politics*, 12(1), pp, 1~31.

Hollyer, J. 2011. "Patronage or Merit?" Civil Service Boards in US Cities. Working paper, Yale University, MacMillan Center for International and Area Studies.

Holmberg, S., B. Rothstein, and N. Nasiritousi. 2009. "Quality of Government: What You Get." *Annual Review of Political Science*, 12, pp. 135~161.

Holmstrom, B. 1982. "Moral Hazard in Teams." *The Bell Journal of Economics*, 13(2), pp. 324~340.

Hood, C. 1991. "A Public Management for All Seasons?" *Public Administration*, 69(1), pp. 3~19.

_____. 1996. "Exploring Variations in Public Management Reforms of the 1990s." In H. A. G. M. Bekke, J. L. Perry, and T. A. Toonen. eds. *Civil Service Systems in Comparative Perspective*. Bloomington, IN: Indiana University Press, pp. 268~287.

_____. 2000. "Paradoxes of Public-sector Managerialism, Old Public Management and Public Service Bargains." *International Public Management Journal*, 3(1), pp. 1~22.

_____. 2002. "Control, Bargains, and Cheating: The Politics of Public Service Reform." *Journal of Public Administration Research and Theory*, 12(3), pp. 309~332.

_____. 2007. "What Happens When Transparency Meets Blame-Avoidance?" *Public Management Review*, 9(2), pp. 191~210.

Hood, C. and M. Lodge. 2006. *The Politics of Public Service Bargains Reward, Competency, Loyalty - and Blame*. Oxford: Oxford University Press.

Hood, C. and G. B. Peters. 2004. "The Middle Aging of New Public Management: Into the Age of Paradox?" *Journal of Public Administration Research and Theory*, 14(3), pp. 267~282.

Hoogenboom, A. 1961. *Outlawing the Spoils: A History of the Civil Service Reform Movement, 1865–1883*. Urbana, IL: University of Illinois Press.

Hopkin, J. and M. Blyth. 2012. "What can Okun Teach Polanyi? Efficiency, Regulation and

Equality in the OECD." *Review of International Political Economy*, 19(1), pp. 1~33.

Hopkin, J., V. Lapuente, and L. Möller. 2013. "Varieties of Statism. Economic Regulation and Economic Redistribution in Southern Europe." Paper presented at the 20th International Conference of Europeanists (CES), Amsterdam, June 2013.

Horton, S. 2000. "Competency Management in the British Civil Service." *International Journal of Public Sector Management*, 13(4), pp. 354~368.

_____. 2011. "Contrasting Anglo-American and Continental European civil service systems." In Andrew Massey. ed. *International Handbook on Civil Service Systems*. Cheltenham, Glos: Edward Elgar, pp. 31~54.

Howard, D. 1998. "The French Strikes of 1995 and their Political Aftermath." *Government and Opposition*, 33(2), pp. 199~220.

Huber, J. D. and C. R. Shipan. 2002. *Deliberate Discretion: The Institutional Foundations of Bureaucratic Autonomy*. New York, NY: Cambridge University Press.

Hyden, Goran. 2010. "Where Administrative Traditions and Alien: Implications for Reform in Africa." In M. Painter and B. G. Peters. eds. *Tradition and Public Administration*. Basingstoke: Palgrave Macmillan, pp. 69~83.

Iacoviello, M. and A. Rodríguez-Gustá. 2006. "Síntesis del Diagnóstico. Caso Brasil." In K. Echebarría. *Informe sobre la situación del servicio civil en América Latina*. Banco Interamericano de Desarrollo, Diálogo Regional de Política, Departamento de Integración y Programas Regionales, Departamento de Desarrollo Sostenible.

Iacoviello, M. and L. Zuvanic. 2005. "Diagnóstico Institucional de los Servicios Civiles de América Latina. Informe Final Diálogo Regional de Política, BID." Paper presented at the V Reunión de la Red de Gestión y Transparencia de la Política Pública, Washington, DC, pp. 17-18.

Iglesias, F. ed. 2007. *Urbanismo y democracia. Alternativas para evitar la corrupción, Madrid: Fundación Alternativas.*

Instrument of Government, chapter 7, § 2.

International Country Risk Guide. 2013. Available at: www.prsgroup.com/ICRG.aspx. [Retrieved 15 May, 2013].

Jiménez-Asensio, R. 1989. *Políticas de selección en la Función Pública española (1808–1978)*. Madrid: Instituto Nacional de Administración Pública (INAP).

Johnson, R. N. and G. D. Libecap. 1994. *The Federal Civil Service System and the Problem of Bureaucracy: Economics and Politics of Institutional Change*. Chicago, IL: University of Chicago Press.

Jones, P. 2013. "History Matters: New Evidence on the Long Run Impact of Colonial Rule on Institutions." *Journal of Comparative Economics*, 41(1), pp. 181~200.

Karl, T. L. 1986. "Petroleum and Political Pacts: The Transition to Democracy." In P. C. Schmitter and L. Whitehead. eds. *Transitions from Authoritarian Rule: Latin America*. Baltimore: The Johns Hopkins University Press, pp. 196~219.

______. 1997. *The Paradox of Plenty: Oil Booms and Petro-states*. Chicago, IL: University of California Press.

Kaufman, H. 1960. *The Forest Ranger: A Study in Administrative Behavior*. London: Routledge.

Kaufmann, D., A. Kraay, and M. Mastruzzi. 2010. "The Worldwide Governance Indicators. Methodology and Analytic Issues." The World Bank Policy Research Working Paper No. 5430. The World Bank: The World Bank Group.

Keefer, P. 2002. "The Political Economy of Public Spending Decisions in the Dominican Republic: Credibility, Clientelism and Political Institutions." Report prepared for the Public Expenditure and Institutional Review, The Dominican Republic. The World Bank.

______. 2007. "Clientelism, Credibility, and the Policy Choices of Young Democracies." *American Journal of Political Science*, 51(4), pp. 804~821.

______. 2009. *Database of Political Institutions: Changes and Variable Definitions. Development Research Group*. Washington, DC: The World Bank: Development Research Group.

______. 2010. *Database of Political Institutions: Changes and Variable Definitions*. Washington, DC: The World Bank: Development Research Group.

Keefer, P. and R. Vlaicu. 2008. "Democracy, Credibility, and Clientelism." *Journal of Law, Economics, and Organization*, 24(2), pp. 371~406.

Keller, B. 1999. "Germany: Negotiated Change, Modernization and the Challenge of Unification." In S. Bach, L. O. Bordogna, G. Della Rocca, and D. Winchester. eds. *Public Service Employment Relations in Europe, Transformation, Modernization and Inertia*. London: Routledge, pp. 56~93.

Kelman, S. 1987. *Making Public Policy: A Hopeful View of American Government*. New York, NY: Basic Books.

Kettl, D. F. 1993. *Sharing Power: Public Governance and Private Markets*. Washington, DC: Brookings Institution.

______. 2000. *The Global Public Management Revolution: A Report on the Transformation of Governance*. Washington, DC: Brookings Institution's Press.

Kickert, W. 2007. "Public Management Reforms in Countries with a Napoleonic State

Model: France, Italy and Spain." In C. Pollitt, S. Van Thiel, and V. Homburg. eds. *New Public Management in Europe. Adaptation and Alternatives*. London: Palgrave MacMillan, pp. 26~51.

_____. 2011. "Distinctiveness of Administrative Reform in Greece, Italy, Portugal and Spain. Common Characteristics of Context, Administrations and Reforms." *Public Administration*, 89(3), pp. 801~818.

Kiser, E. and J. Baer. 2005. "The Bureaucratisation of States: Toward an Analytical Weberianism." In J. Adams, E. Clemens, and A. S. Orloff. eds. *The Making and Unmaking of Modernity: Politics and Processes in Historical Sociology*. Durham: Duke University Press, pp. 224~248.

Kitschelt, H. and S. I. Wilkinson. eds. 2007. *Patrons, Clients and Policies: Patterns of Democratic Accountability and Political Competition*. Cambridge, MA: Cambridge University Press.

Klapper, L., L. Laeven, and R. Rajan. 2006. "Entry Regulation as a Barrier to Entrepreneurship." *Journal of Financial Economics*, 82(3), pp. 591~629.

Klein, B., R. T. G. Crawford, and A. A. Alchian. 1978. "Vertical Integration, Appropriable Rents, and the Competitive Contracting Process." *Journal of Law and Economics*, 21(2), pp. 297~326.

Knack, S. and P. Keefer. 1995. "Institutions and Economic Performance: Cross-country Tests using Alternative Institutional Measures." *Economics & Politics*, 7(3), pp. 207~227.

Knott, J. H. 2011. "Federalist No. 10: Are Factions the Problem in Creating Democratic Accountability in the Public Interest?" *Public Administration Review*, 71(Issue Supplement), pp. 29~36.

Knott, J. H. and T. H. Hammond. 2003. "Formal Theory and Public Administration." In G. B. Peters and J. Pierre. eds. *Handbook of Public Administration*. London: SAGE Publications, pp. 138~149.

Knott, J. H. and G. J. Miller. 2008. "When Ambition Checks Ambition Bureaucratic Trustees and the Separation of Powers." *The American Review of Public Administration*, 38(4), pp. 387~411.

Knudsen, T. 2006. *Fra enevælde til folkestyre. Dansk demokratihistorie indtil 1973*. Copenhagen: Akademisk Forlag.

Kopecký, P. and P. Mair. 2012. "Party Patronage as an Organizational Resource." In P. Kopecký, P. Mair, and M. Spirova. eds. *Party Patronage and Party Government in European Democracies*. Oxford University Press.

Kopecký, P. and G. Scherlis. 2008. "Party patronage in contemporary Europe." *European Review*, 16(3), pp. 355~371.

Krasner, S. D. 1988. "Sovereignty an Institutional Perspective." *Comparative Political Studies*, 21(1), pp. 66~94.

Krause, G. A., D. E. Lewis, and J. W. Douglas. 2006. "Political Appointments, Civil Service Systems, and Bureaucratic Competence: Organizational Balancing and Executive Branch Revenue Forecasts in the American States." *American Journal of Political Science*, 50(3), pp. 770~787.

Kuhlmann, S. and J. Bogumil. 2007. "Public Servants at Sub-national and Local Levels of Government: A British-German-French Comparison." In J. Raadschelders, T. Toonen, and F. M. Van der Meer. eds. *Comparative Civil Service Systems in the 21st Century*. Houndmills: Palgrave Macmillan, pp. 137~151.

Kunicova, J. and S. Rose-Ackerman. 2005. "Electoral Rules and Constitutional Structure as Constraints on Corruption." *British Journal of Political Science*, 35(4), pp. 573~606.

Kydland, F. E. and E. C. Prescott. 1977. "Rules Rather than Discretion: The Time Inconsistency of Optimal Plans." *Journal of Political Economy*, 85(3), pp. 473~491.

La Información. 2015.9.15. "Maite Carol, el origen del 'caso Pretoria': 'Me dije: me iré a vender barras de pan, pero no me callo'."

La Porta, R., F. Lopez-de-Silanes, and A. Shleifer. 2008. "The Economic Consequences of legal Origins." *Journal of Economic Literature*, 46(2), pp. 285~332.

La Porta, R, F. Lopez-de-Silanes, A. Shleifer, and R. Vishny. 1997. "Legal Determinants of External Finance." *Journal of Finance*, 52(3), pp. 1131~1150.

______. 1998. "Law and Finance." *Journal of Political Economy*, 106(6), pp. 1113~1155.

______. 1999. "The Quality of Government." *Journal of Law, Economics and Organization*, 15(1), pp. 222~279.

Ladi, S. 2012. "The Eurozone Crisis and Austerity Politics: A Trigger for Administrative Reform in Greece?" Hellenic Observatory Papers on Greece and Southeast. Paper No. 57. London: London School of Economics.

Lægreid, P. 2001. "Administrative Reforms in Scandinavia-Testing the Cooperative Model." In B. C. Nolan. ed. *Public Sector Reform. An International Perspective*. London: Palgrave Macmillan, pp. 66-82.

Lægreid, P. and O. K. Pedersen. eds. 1996. *Integration og decentralisering. Personale og forvaltning i Skandinavien*. Copenhagen: Jurist- og økonomforbundet.

Lægreid, P. and L. Recascino Wise. 2007. "Reforming Human Resource Management in

Civil Service systems." In J. C. N. Raadschelders, T. A. J. Toonen, and F. M. Van der Meer. eds. *The Civil Service in the 21st Century: Comparative Perspectives*. Basingstoke: Palgrave Macmillan, pp. 169~182.

Lafontaine, F. and J. Sivadasan. 2007. "The Microeconomic Implications of Input Market Regulations: Cross-Country Evidence from within the Firm." Ross School of Business Paper No. 1069. University of Michigan, Ann Arbor, MI.

Landes, D. S. 1998. *The Wealth and Poverty of Nations: Why Some Countries Are So Rich and Some So Poor*. New York, NY: W.W. Norton & Company.

Lapuente, V. 2007. "A Political Economy Approach to Bureaucracies." Doctoral dissertation. Oxford: University of Oxford.

_____. 2010. "A Tale of Two Cities. Bureaucratization in Mayor-Council and Council-Manager Municipalities." *Local Government Studies*, 36(6), pp. 739~757.

Lapuente, V. and M. Nistotskaya. 2009. "To the Short-Sighted Victor Belong the Spoils: Politics and Merit Adoption." *Governance*, 22(3), pp. 431~458.

Lazear, E. 1996. "Performance Pay and Productivity." NBER Working Paper Series 1996: 5672. Cambridge, MA: National Bureau of Economic Research.

Lederman, D., L. Norman, and R. R. Soares. 2005. "Accountability and Corruption: Political Institutions Matter." *Economy and Politics*, 17(1), pp. 1~35.

Lee, C. K. and D. Strang. 2006. "The International Diffusion of Public-sector Downsizing: Network Emulation and Theory-driven Learning." *International Organization*, 60(4), pp. 883~909.

Leslie, W. J. 1987. *The World Bank and Structural Adjustment in Developing Countries: The Case of Zaire*. Boulder, CO: Lynne Rienner Publishers.

Levi, M. 2005. "Inducing Preferences within Organizations." In I. Katznelson and B. R. Weingast. eds. *Preferences and Situations: Points of Intersection Between Historical and Rational Choice Institutionalism*. New York, NY: Russell SAGE Foundation, pp. 219~246.

Levine, R. 2005. "Law, Endowments and Property Rights." *Journal of Economic Perspectives*, 19(3), pp. 61~88.

Lewis, C. W. and B. L. Catron. 1996. "Professional standards and ethics." *Handbook of Public Administration 2*, pp. 699~712.

Lewis, D. E. 2008. *The Politics of Presidential Appointments: Political Control and Bureaucratic Performance*. Princeton, NJ: Princeton University Press.

Lindert, P. H. 2006. "The Welfare State is the Wrong Target: A Reply to Bergh." *Economic Journal Watch*, 3(2), pp. 236~250.

Lipset, S. M. 1960. *Political Man: The Social Basis of Modern Politics*. New York, NY: Doubleday.

Lodge, M. and C. Hood. 2012. "Into an Age of Multiple Austerities? Public Management and Public Service Bargains across OECD Countries." *Governance*, 25(1), pp. 79~101.

Lodge, M. and K. Wegrich. 2012. "Public Administration and Executive Politics: Perennial Questions in Changing Contexts." *Public Policy and Administration*, 27(3), pp. 212~229.

Longo, F. 2007. *Mérito e flexibilidade: a gestão das pessoas no serviço público*. São Paulo: Edições Fundap.

Lynn, L. E. J. 2001a. "The Myth of the Bureaucratic Paradigm: What Traditional Public Administration Really Stood For." *Public Administration Review*, 61(2), pp. 144~160.

_____. 2001b. "Globalization and Administrative Reform: What Is Happening in Theory?" *Public Management Review*, 3(2), pp. 191~208.

Lyrintzis, C. 1984. "Political Parties in Post-junta Greece: A Case of Bureaucratic Clientelism?" *West European Politics*, 7(2), pp. 99~118.

Madison, J. 1787. "Federalist No. 10: The Same Subject Continued: The Union as a Safeguard Against Domestic Faction and Insurrection." *New York Daily Advertiser*, November 22, 1787.

_____. 1788. "The Federalist No. 51: The Structure of the Government Must Furnish the Proper Checks and Balances between the Different Departments." *Independent Journal*, 6.

Mahoney, P. G. 2001. "The Common Law and Economic Growth: Hayek Might Be Right." *Journal of Legal Studies*, 30(2), pp. 503~525.

March, J. G. and J. P. Olson. 1983. "Organizing Political Life: What Administrative Reorganization Tells Us about Government." *American Political Science Review*, 77(2), pp. 281~296.

Marconi, N. 2002. *Diagnóstico do Sistema de Serviço Civil do Governo Federal no Brasil*. Washington, DC: Banco InterAmericano de Desarrollo.

Marris, R. 1964. *The Economic Theory of Managerial Capitalism*. Glencoe, IL: Free Press of Glencoe.

Marsden, D. 1997. "Public Service Pay Reforms in European Countries." *Transfer*, 3(1), pp. 62~85.

Mascarenhas, R. C. 1993. "Building an Enterprise Culture in the Public Sector: Reform of the Public Sector in Australia, Britain, and New Zealand." *Public Administration Review*, 53(4), pp. 319~328.

Massey, A. ed. 2011. *International Handbook on Civil Service Systems*. Cheltenham: Edward Elgar.

Mauro, P. 1995. "Corruption and Growth." *Quarterly Journal of Economics*, 110(3), pp. 681~712.

McCubbins, M. D., R. G. Noll, and B. R. Weingast. 1987. "Administrative Procedures as Instruments of Political Control." *Journal of Law, Economics, & Organization*, 3(2), pp. 243~277.

McMillan, J. and P. Zoido. 2004. "How to Subvert Democracy: Montesinos in Peru." *Journal of Economic Perspectives*, 18(4), pp. 69~92.

Mehlum, H., K. Moene, and R. Torvik. 2006a. "Cursed by Resources or Institutions?" *The World Economy*, 29(8), pp. 1117~1131.

_____. 2006b. "Institutions and the Resource Curse." *The Economic Journal*, 116(508), pp. 1~20.

Meiniger, M-C. 2000. "The Development and Current Features of the French Civil Service System." In H. A. G. M. Bekke and F. M. Van der Meer. eds. *Civil Service Systems in Western Europe*. Bodmin, Cornwall: MPG Books Ltd.

Meyer, R. and G. Hammerschmid. 2006. "Public Management Reform: An Identity Project." *Public Policy and Administration*, 21(1), pp. 99~115.

Meyer-Sahling, J-H. 2010. "In Search of the Shadow of the Past: Legacy Explanations and Administrative Reform in Post-Communist East Central Europe." In M. Painter and G. B. Peters. eds. *Tradition and Public Administration*. Basingstoke: Palgrave Macmillan, pp. 203~214.

Meyer-Sahling, J-H. and T. Veen. 2012. "Governing the Post-Communist State: Government Alternation and Senior Civil Service Politicisation in Central and Eastern Europe." *East European Politics*, 28(1), pp. 4~22.

Micco, A. and C. Pagés. 2006. "The Economic Effects of Employment Protection: Evidence from International Industry-Level Data." Institute for the Study of Labor Discussion Paper No. 2433. Bonn: Institute for the Study of Labor.

Miller, G. J. 1992. *Managerial Dilemmas: The Political Economy of Hierarchy*. Cambridge, MA: Cambridge University Press.

_____. 1997. "The Impact of Economics on Contemporary Political Science." *Journal of Economic Literature*, 35(3), pp. 1173~1204.

_____. 2000. "Above Politics: Credible Commitment and Efficiency in the Design of

Public Agencies." *Journal of Public Administration Research and Theory*, 10(2), pp. 289~328.

_____. 2005. "The Political Evolution of Principal-Agent Models." *Annual Review of Political Science*, 8(1), pp. 203~225.

Miller, G. J. and T. H. Hammond. 1994. Why "Politics Is More Fundamental than Economics." *Journal of Theoretical Politics*, 6(1), pp. 5~26.

Miller, G. J. and A. B. Whitford. 2002. "Trust and Incentives in Principalagent Negotiations." *Journal of Theoretical Politics*, 14(2), pp. 231~267.

_____. 2016. *Above Politics. Bureaucratic Discretion and Credible Commitment*. Cambridge: Cambridge University Press.

Mills, C. W. 1956. *The Power Elite*. Oxford: Oxford University Press.

Misner, G. 1963. "Mobility and the Establishment of a Career System in Police Personnel Administration." *Journal of Criminal Law, Criminology, and Police Science*, 54(4), pp. 529~539.

Mitchell T. 2003. The Middle East in the Past and Future of Social Science. UCIAS Ed. Vol. 3. The Politics of Knowledge: Area Studies and Disciplines. Available at: http://repositories.cdlib.org/uciaspubs/editedvolumes/3/3/.

Moe, T. M. 1984. "The New Economics of Organization." *American Journal of Political Science*, 28(4), pp. 739~777.

_____. 1990. "Political Institutions: The Neglected Side of the Story." *Journal of Law, Economics, and Organization*, 6, pp. 213~253.

_____. 1997. "The Positive Theory of Public Bureaucracy." In D. Mueller. eds. *Perspectives on Public Choice: A Handbook*. New York, NY: Cambridge University Press, pp. 455~480.

Moe, T. and M. Caldwell. 1994. "The Institutional Foundations of Democratic Government: A Comparison of Presidential and Parliamentary Systems." *Journal of Institutional and Theoretical Economics*, 150(1), pp. 171~195.

Molinas, C. 2013. *Qué hacer con España*. Barcelona: Ediciones Destino.

Montero, D. 2009. *La casta. El increíble chollo de ser político en España*. 4th edn. Madrid: La Esfera de los Libros.

Montinola, G. R. and R. W. Jackman. 2002. "Sources of Corruption: A Crosscountry Study." *British Journal of Political Science*, 32(1), pp. 147~170.

Morris, S. D. 2009. *Political Corruption in Mexico: The Impact of Democratization*. Boulder, CO: Lynne Rienner Publishers.

Mouritzen, M. P. E. and J. H. Svara. 2002. *Leadership at the Apex: Politicians and Admin-*

stration in Western Local Governments. Pittsburgh, PA: University of Pittsburgh Press.

Murnighan, K. J., D. Malhotra, and M. J. Weber. 2004. "Paradoxes of Trust: Empirical and Theoretical Departures from a Traditional Model." In R. M. Kramer and K. S. Cook. eds. *Trust and Distrust Across Organizational Contexts: Dilemmas and Approaches*. New York, NY: Russell SAGE Foundation, pp. 293~326.

Murphy, K. R. and J. Cleveland. 1995. *Understanding Performance Appraisal: Social, Organizational, and Goal-based Perspectives*. London: SAGE Publications Inc.

Murphy, K., A. Shleifer, and R. Vishny. 1993. "Why is Rent-seeking so Costly to Growth?" *The American Economic Review*, 83(2), pp. 409~414.

Nelson, M. 1982. "A Short Ironic History of American National Bureaucracy." *Journal of Politics*, 44(3), pp. 747~778.

Neustadt, R. E. 1991. *Presidential Power and the Modern Presidents: The Politics of Leadership from Roosevelt to Reagan*. Simon and Schuster.

Nieto, A. 1976. *La burocracia. El pensamiento burocrático*. Madrid: Instituto de Estudios Administrativos.

_____. 1986. *Concepciones burocráticas y reformas funcionariales. AAVV Estudios históricos sobre Administración y Derecho Administrativo*. Madrid: INAP.

_____. 1996. *La nueva organización del desgobierno*. Madrid: Ed. Ariel.

Nilsson, T. 2000. Ämbetsmannen I själva verket - rekrytering och avancemang I en moderniserad stat 1809-1880. Score rapportserie 2000:5. Stockholm: Stockholm University, Stockholms centrum för forskning om offentlig sektor.

Niskanen,W. 1971. *Bureaucracy and Representative Government*. Chicago, IL: Aldine Atherton.

North, D. C. 1981. *Structure and Change in Economic History*. New York, NY: Norton & Co.

_____. 1990. *Institutions, Institutional Change, and Economic Performance*. New York, NY: Cambridge University Press.

North, D. C. and R. P. Thomas. 1973. *The Rise of the Western World: A New Economic History*. New York, NY: Cambridge University Press.

North, D. C. and B. R. Weingast. 1989. "Constitutions and Commitment: The Evolution of Institutions Governing Public Choice in Seventeenth Century England." *Journal of Economic History*, 49(4).

North, D.C, J. J. Wallis, and B. Weingast. 2009. *Violence and Social Orders. Violence and Social Orders: A Conceptual Framework for Interpreting Recorded Human History*. New York, NY: Cambridge University Press.

Northcote, S. and C. Trevelyan. 1853. *Report on the Organisation of the Permanent Civil Service*. London: House of Commons.

O'Gorman, F. 2001. "Patronage and the Reform of the State in England, 1700-1860." In S. Piattoni. ed. *Clientelism, Interests, and Democratic Representation: The European Experience in Historical and Comparative Perspective*. Cambridge, MA: Cambridge University press, pp. 54~76.

OECD. 1995. *Governance in Transition: Public Management Reforms in OECD Countries*. Paris: OECD.

OECD Public Governance Review. 2012. Greece: Reform of Social Welfare Programmes. Available at: www.oecd-ilibrary.org/governance/greecesocial-welfare-programmes_9789264196490-en;jsessionid=3kumbubinbs7e.x-oecd-live-02 [Retrieved 17 December, 2013].

______. 2003. Country Reports on Performance-related Pay from France, Germany, the UK and Sweden. [Unclassified document].

______. 2004. Performance-related Pay Policies for Government Employees: Main Trends in OECD Member Countries. [Unclassified document].

______. 2005. Performance-related Pay policies for Government Employees: Main Trends in OECD Member Countries. [Unclassified document]. Available at: http://www.oecd-ilibrary.org/governance/performance-related-paypolicies-for-government-employees_9789264007550-en [Retrieved 15 May, 2013].

______. 2008. *The State of the Public Service*. Paris: OECD.

______. 2009. Gender, Institutions and Development Database. Available at: http://stats.oecd.org/Index.aspx?DatasetCode=GID2 [Retrieved 15 May, 2013].

______. 2009. *Government at a Glance*. Paris: OECD Publishing.

______. 2011. *Public Servants as Partners for Growth. Toward a Stronger, Leaner and More Equitable Workforce*. Paris: OECD Publishing.

Olsen, J. P. 2003. "Towards a European Administrative Space?" *Journal of European Public Policy*, 10(4), pp. 506~531.

______. 2005. "Maybe it is Time to Rediscover Bureaucracy." *Journal of Public Administration Research and Theory*, 16(1), pp. 1~24.

______. 2008. "The Ups and Downs of Bureaucratic Organization." *Annual Review of Political Science*, 11(14), pp. 13~37.

Olson, M. 1965. *The Logic of Collective Action: Public Goods and the Theory of Groups*. Vol. 124. London: Harvard University Press.

______. 1982. *The Rise and Decline of Nations. Economic Growth, Stagflation and Social*

Rigidities. London: Yale University Press.

______. 1993. "Dictatorship, Democracy, and Development." *American Political Science Review*, 87(3), pp. 567~576.

______. 2000. *Power and Prosperity: Outgrowing Communist and Capitalist Dictatorships*. New York, NY: Basic Books.

Ongaro, E. 2008. "Introduction: The Reform of Public Management in France, Greece, Italy, Portugal and Spain." *International Journal of Public Sector Management*, 21(2), pp. 101~117.

______. 2010. "The Napoleonic Administrative Tradition and Public Management Reform in France, Greece, Italy and Portugal." In M. Painter and B. G. Peters. eds. *Tradition and Public Administration*. Basingstoke: Palgrave MacMillan, pp. 174~190.

______. 2011. "The Role of Politics and Institutions in the Italian Administrative Reform Trajectory." *Public Administration*, 89(3), pp. 738~755.

______. 2012. "From Reluctant to Compelled Reformers? Reflections on Three Decades of Public Management Reform in France, Greece, Italy, Portugal, and Spain." In J. Diamond and J. Liddle. eds. *Emerging and Potential Trends in Public Management: An Age of Austerity (Critical Perspectives on International Public Sector Management, Volume 1)*. Bingley: Emerald Group Publishing Ltd, pp. 105~127.

Osborne, D. and T. Gaebler. 1992. *Reinventing Government: How the Entrepreneurial Spirit Is Transforming Government*. Reading, MA: Addison Wesley Public Company.

Page, E. C. 2012. "Comparative and International Public Administration." In G. Peters and J. Pierre. eds. *The Sage Handbook of Public Administration*. London: SAGE Publications Ltd, pp. 507~510.

Page, E. C. and V. Wright. eds. 1999. *Bureaucratic Elites in Western European States: A Comparative Analysis of Top Officials*. Oxford: Oxford University Press.

Painter, M. and B. G. Peters. 2010. "Administrative Traditions in Comparative Perspective: Families, Groups and Hybrids." In M. Painter and G. B. Peters. eds. *Tradition and Public Administration*. Basingstoke: Palgrave Macmillan, pp. 19~30.

Panizza, U. 2001. "Electoral Rules, Political Systems, and Institutional Quality." *Economics and Politics*, 13(3), pp. 311~342.

Panozzo, F. 2000. "Management by Decree. Paradoxes in the Reform of the Italian Public Sector." *Scandinavian Journal of Management*, 16(4), pp. 357~373.

Parrado, S. 2000. "The Development and Current Features of the Spanish Civil Service System." In H. A. G. M. Bekke and F. M. Van der Meer. eds. *Civil Services Systems in Western Europe*. London: Edward Elgar, pp. 247~274.

_____. 2004. "Politicization of the Spanish Civil Service: Continuity in 1982 and 1996." In G. B. Peters and J. Pierre. eds. *Politicization of the Civil Service in Comparative Perspective. The Quest for Control*. London: Routledge, pp. 227~256.

_____. 2008. "Failed Policies but Institutional Innovation through "Layering" and 'Diffusion' in Spanish Central Administration." *International Journal of Public Sector Management*, 21(2), pp. 230~252.

_____. 2012. "Rewards for High Public Offices in Spain (1990-2009)." In M. Brans and G. B. Peters. eds. *Rewards for High Public Office in Europe and North America*. London: Routledge, pp. 111~124.

Pasquino, G. 2008. *Populism and Democracy. Twenty-First Century Populism. The Spectre of Western Democracy*. Basingstoke: Palgrave Mac-Millan, pp. 15~29.

Peltzman, Sam. 1976. "Toward a More General Theory of Regulation." *Journal of Law and Economics*, 19(2), pp. 211~240.

Pérez Boga, R. 2013. "Riña a Garrotazos." *El País*, 11 December, 2013.

Perrow, C. 1990. "Economic Theories of Organization." In S. Zukin and P. Dimaggio. eds. *Structures of Capital*. New York, NY: Cambridge University Press, pp. 121~152.

Persson, T. and G. Tabellini. 2003. *The Economic Effects of Constitutions. Munich Lectures in Economics*. London: The MIT Press.

Persson, T., G. Roland, and G. Tabellini. 2000. "Comparative Politics and Public Finance." *Journal of Political Economy*, 108(6), pp. 1121~1161.

Persson, T., G. Tabellini, and F. Trebbi. 2003. "Electoral Rules and Corruption." *Journal of the European Economic Association*, 1(4), pp. 958~989.

Peters, B. G. 1992. "Government Reorganization: A Theoretical Analysis." *International Political Science Review/Revue internationale de science politique*, 13(2), pp. 199~217.

_____. 1997. "Policy Transfers between Governments: The Case of Administrative Reforms." *West European Politics*, 20(4), pp. 71~88.

_____. 2001. *The Future of Governing: Four Emerging Models*. Lawrence, KS: University Press of Kansas.

_____. 2002. *Politics of Bureaucracy*. London: Routledge.

_____. 2008. "The Napoleonic Tradition." *International Journal of Public Sector Management*, 21(2), pp. 118~132.

Peters, B. G. and J. Pierre. 2001a. "Civil Servants and Politicians: The Changing Balance." In G. B. Peters and J. Pierre. eds. *Politicians, Bureaucrats and Administrative Reform*.

London: Routledge, pp. 1~10.

_____. 2001b. "Developments in Intergovernmental Relations: Towards Multilevel Governance." *Policy and Politics*, 29(2), pp. 131~136.

_____. 2004. "Politicization of the Civil Service: Concepts, Causes, Consequences." In B. G. Peters and J. Pierre. eds. *Politicization of the Civil Service in Comparative Perspective*. London: Routledge, pp. 1~13.

_____. 2012. *The SAGE Handbook of Public Administration*. London: SAGE Publications.

Petersson, O. and D. Söderlind. 1993. *Förvaltningspolitik*. Stockholm: C.E. Fritzes AB.

Piattoni, S. 2001. *Clientelism, Interests, and Democratic Representation: The European Experience in Historical and Comparative Perspective*. New York, NY: Cambridge University Press.

Pierre, J. 1993. "Legitimacy, Institutional Change, and the Politics of Public Administration in Sweden." *International Political Science Review*, 14(4), pp. 387~401.

_____. 1995a. "A Framework of Comparative Public Administration." In J. Pierre. ed. *Bureaucracy in the Modern State*. London: Edward Elgar, pp. 205~218.

_____. 1995b. "Governing the Welfare State: Public Administration, the State and Society in Sweden." In J. Pierre. ed. *Bureaucracy in the Modern State*. London: Edward Elgar, pp. 140~160.

_____. 2004. "Politicization of the Swedish Civil Service: A Necessary Evil - Or Just Evil?" In B. G. Peters and J. Pierre. eds. *Politicization of the Civil Service in Comparative Perspective*. London: Routledge, pp. 1~13.

_____. 2011. "Stealth Economy? Economic Theory and the Politics of Administrative Reform." *Administration & Society*, 43(6), pp. 672~692.

Pinotti P. 2012. "Trust, Regulation, and Market Failures." *Review of Economics and Statistics*, 94(3), pp. 650~658.

Pollit, C. 1990. "Performance Indicators: Root and Branch." In M. Cave, M. Kogan, and R. Smith. eds. *Output and Performance Measurements in Government: The State of the Art*. London: Jessica Kingsley, pp. 167~178.

_____. 1993. *Managerialism and the Public Service*. Oxford: Blackwell.

Pollitt, C. and G. Bouckaert. 2011. *Public Management Reform: A Comparative Analysis - New Public Management, Governance, and the Neo-Weberian State: 3rd edition*. Oxford: Oxford University Press.

Prats, J. 1984. "Administración Pública y Transición Democrática." *Pensamiento Iberoamericano*, 5b, pp. 445~462.

Prats, J. in J. Catalá. 2003. Reinventar la burocracia y construir la nueva gerencia pública.

Spain: Virtual Library of the Instituto Internacional de Gobernabilidad de Cataluña. Interview with Joan Prats at Institut Internacional de Gobernabilitat de Catalunya, 21 May 2005, Barcelona.

Premfors, R. 1991. "The "Swedish Model" and Public Sector Reform." *West European Politics*, 14(3), pp. 83~95.

Przeworski, A., M. Alvarez, J. Cheibub, and F. Limongi,. 2000. *Democracy and Development: Political Institutions and Well-being in the World, 1950–1990*. Cambridge, MA: Cambridge University Press.

Público, 2011.1.12. "400 millones de euros para un proyecto vacío."

______. 2011.2.27. "Las estaciones fantasma del AVE."

______. 2013.1230. "El SUP acusa a Interior de 'politizar' las unidades anticorrupción."

Raadschelders, J., T. Toonen, and F. Van der Meer. 2015. "Civil Service Systems and the Challenges of the 21st Century." In F. Van der Meer, T. Toonen, and J. Raadschelders. eds. *Comparative Civil Service Systems in the 21st Century*. London: Palgrave Macmillan, pp. 1~14.

Radin, B. A. 2000. "The Government Performance and Results Act and the Tradition of Federal Management Reform: Square Pegs in Round Holes?" *Journal of Public Administration Research and Theory*, 10(1), pp. 111~135.

Rauch, J. and P. Evans. 2000. "Bureaucratic Structure and Bureaucratic Performance in Less Developed Countries." *Journal of Public Economics*, 75(1), pp. 49~71.

Rice, C. 2005. Remarks at the American University in Cairo, June 20. Available at: www.state.gov/secretary/rm/2005/48328.htm.

Riker, W. H. 1982. *Liberalism against Populism*. San Francisco: W. H. Freeman.

Riksdagens revisorer. 2002. *Statens personalpolitik. En uppföljning av 1985 års personalpolitiska beslut. 2001/02:12*. Stockholm: Riksdagens revisorer.

Riley, J. G. 2001. "Silver Signals: Twenty-five Years of Screening and Signaling." *Journal of Economic Literature*, 39(2), pp. 432~478.

Risher, H. 1999. "Are Public Employers Ready for a "New Pay" Program?" *Public Personnel Management*, 28(3), pp. 323~343.

Robinson, J. A. and R. Torvik. 2005. "White Elephants." *Journal of Public Economics*, 89(2), pp. 197~210.

Robinson, J. A., R. Torvik, and T. Verdier. 2006. "Political Foundations of the Resource Curse." *Journal of Development Economics*, 79(2), pp. 447~468.

Rodrik, D., A. Subramanian, and F. Trebbi. 2004. "Institutions Rule: The Primacy of Institutions over Geography and Integration in Economic Development." *Journal of*

Economic Growth, 9(2), pp. 131~165.

Roeder, P. G. 2001. *Ethnolinguistic Fractionalization (ELF) Indices, 1961 and 1985*. February 16. Available at: http://weber.ucsd.edu/~proeder/elf.htm [Retrieved 15 May, 2013].

Rohr, J. 2009. "Introduction." In F. J. Goodnow. ed. *Politics and Administration: A Study in Government, 5th edition*. Transaction Publishers.

Roldan, A. 2013. Financial Windfalls and Institutional Deterioration: Evidence from the EMU. Working Paper. London: Mimeo, London School of Economics.

Root, H. 1989. "Tying the King's Hands: Royal Fiscal Policy during the Old Regime." *Rationality and Society*, 1(2), pp. 240~259.

Rosenbloom, D. 1971. *Federal Service and the Constitution: The Development of the Public Employment Relationship*. Ithaca: Cornell University Press.

Rosta, M. 2011. "What Makes a New Public Management Reform Successful? An Institutional Analysis." Research Paper. Budapest: Corvinus University of Budapest.

Rothstein, B. 1998. *Just Institutions Matter: The Moral and Political Logic of the Universal Welfare State*. Cambridge, MA: Cambridge University Press.

______. 2009. "Creating Political Legitimacy Electoral Democracy versus Quality of Government." *American Behavioral Scientist*, 53(3), pp. 311~330.

______. 2011. *The Quality of Government: Corruption, Social Trust and Inequality in International Perspective*. Chicago, IL: University of Chicago Press.

Rothstein, B. and J. Teorell. 2008. "What Is Quality of Government: A Theory of Impartial Political Institutions." *Governance*, 21(2), pp. 165~190.

______. 2012. "Defining and Measuring Quality of Government." In B. Rothstein and S. Holmberg. eds. *Good Government, The Relevance of Political Science*. Cheltenham: Edward Elgar Publishing Limited, pp. 13~39.

______. 2015. "Getting to Sweden, Part II: Breaking with Corruption in the Nineteenth Century." *Scandinavian Political Studies*, 38(3), pp. 238~254.

Rothstein, B. and E. Uslaner. 2005. "All for All: Equality, Corruption, and Social Trust." *World Politics*, 58(1), pp. 41~72.

Rouban, L. 2004. "Politicization of the Civil Service in France: From Structural to Strategic Politicization." In B. G. Peters and J. Pierre. eds. *Politicization of the Civil Service in Comparative Perspective*. London: Routledge, pp. 81~100.

______. 2008. "Reform without Doctrine: Public Management in France." *The International Journal of Public Sector Management*, 21(2), pp. 133~149.

_____. 2012. "Politicization of the Civil Service." In B. G. Peters and J. Pierre. eds. *Handbook of Public Administration*. London: SAGE Publications Ltd, pp. 380~391.

Rubinstein, W. D. 1983. "The End of Old Corruption in Britain, 1780-1860." *Past & Present*, 101, pp. 55~86.

Rugge, F. 2003. "Administrative Tradition in Western Europe." In B. G. Peters and J. Pierre. eds. *Handbook of Public Administration*. London: SAGE Publications Ltd, pp. 177~191.

Ruhil, A. V. S. 2003. "Urban Armageddon or Politics as Usual? The Case of Municipal Civil Service Reform." *American Journal of Political Science*, 47(1), pp. 159~170.

Ruhil, A. V. S. and P. J. Camões. 2003. "What Lies Beneath: The Political Roots of State Merit Systems." *Journal of Public Administration Research and Theory*, 13(1), pp. 27~42.

Ruin, O. 1991. "The Duality of the Swedish Central Administration: Ministeries and Central Agencies." In A. Farzmand. ed. *Handbook of Comparative and Developmental Public Administration*. Basel: Marcel Dekker.

Sachs, J. D. 2001. "The Curse of Natural Resources." *European Economic Review*, 45(4-6), pp. 827~838.

_____. 2003a. "Institutions Don't Rule: Direct Effects of Geography on Per Capita Income." NBER Working Paper No. 9490. Cambridge, MA: National Bureau of Economic Research.

_____. 2003b. "Institutions Matter, but not for Everything." *Finance and Development*, 40(2), pp. 38~41.

Sachs, J. D. and A. M. Warner. 1995. "Economic Reform and the Process of Global Integration." *Brookings Papers on Economic Activity*, 26(1), pp. 1~118.

Sahlin-Andersson, K. 2001. "National, International and Transnational Construction of New Public Management." In T. Christensen and P. Lægreid. eds. *New Public Management: The Transformation of Ideas and Practice*. Aldershot: Ashgate, pp. 43~72.

Salvados. 2013a. El denominador común de las infraestructuras es que el contribuyente es el que sale perdiendo La Sexta TV, December 8, 2013. Available at: www.lasexta.com/programas/salvados/noticias/%E2%80%9Cel-denominador-comun-infraestructuras-que-contribuyente-que-saleperdiendo%E2%80%9D_2013120800123.html [Retrieved 8 January, 2014].

_____. 2013b. En el negocio de las autopistas de peaje un 50%de lo que facturas va al bolsillo La Sexta TV, December 8, 2013. Available at: www.lasexta.com/programas/

salvados/noticias/%E2%80%9Cen-negocio-autopistas-peajeque-facturas-bolsillo%E2%80%9D_2013120800124.html [Retrieved 8 January, 2014].
Sánchez-Cuenca, I. 2009. "Estado de Derecha." *El País*, August 2, 2009.
Sandholtz, W. and M. M. Gray. 2003. "International Integration and National Corruption." *International Organization*, 57(4), pp. 761~800.
Sandholtz, W. and W. A. Koetzle. 2000. "Accounting for Corruption: Economic Structure, Democracy, and Trade." *International Studies Quarterly*, 44(1), pp. 31~50.
Santiso, J. 2011. "Peligro de 'exitomanía." *El País*, April 24, 2011.
Saura, P. 2013. "La Crisis en la Agencia Tributaria." *El País*, November 26, 2013.
Sausman, C. and R. Locke. 2004. "The British civil service: examining the question of politicization." In B. G. Peters and J. Pierre. eds. *Politicization of the Civil Service in Comparative Perspective*. London: Routledge, pp. 101~124.
Schaffer, B. 1973. *The Administrative Factor: Papers in Organization, Politics and Development*. London: Frank Cass Publishers.
Schelling, T. 1960. *The Strategy of Conflict*. Oxford: Oxford University Press.
Schneider, B. R. 2004. *Business Politics and the State in Twentieth-century Latin America*. New York, NY. Cambridge University Press.
Schultz, D. A. and R. Maranto. 1998. *The Politics of Civil Service Reform*. New York, NY: Peter Lang.
Schuster, C. 2014. "When the Victor Cannot Claim the Spoils: Patronage Control and Bureaucratic. Professionalization in Latin America." Paper presented at the 64th Annual Conference of the Political Science Association, April 14-16, 2014, Manchester, United Kingdom.
Schuster, J. and P. Zingheim. 1992. *The New Pay. Linking Employee and Organizational Performance*. New York, NY: Impressum Lexington Books.
Schwab, K. 2012. *The Global Competitiveness Report*. Geneva: World Economic Forum.
Scott, Z. 2011. *Evaluation of Public Sector Governance Reforms 2001–2011. Literature Review*. Oxford. Oxford Policy Management.
Selznick, P. 1957. *Leadership in Administration: A Sociological Interpretation*. West Sussex: University of California Press.
Shleifer, A. 2010. "Efficient Regulation." NBER Working Paper No. 15651. Cambridge, MA: National Bureau of Economic Research.
Silberman, B. 1993. "Cages of Reason: The Rise of the Rational State in France, Japan, the United states, and Great Britain." Chicago, IL: Chicago University Press.
Sjölund, M. 1989. "Statens Lönepolitik 1966-1988." Doctoral Dissertation. Uppsala:

Uppsala University, Department of Government.

Sotiropoulos, D. A. 1999. "A Description of the Greek Higher Civil Service." In Page, E. C. and V. Wright. eds. *Bureaucratic Elites in Western European States: A Comparative Analysis of Top Officials*. Oxford: Oxford University Press, pp. 13~31.

______. 2004. "Two Faces of Politicization of the Civil Service: The Case of Contemporary Greece." In G. B. Peters and J. Pierre. eds. *Politicization of the Civil Service in Comparative Perspective. The Quest for Control*. London: Routledge, pp. 257~282.

Sovey, A. and D. Green. 2011. "Instrumental Variables Estimation in Political Science: A Readers' Guide." *American Journal of Political Science*, 55(1), pp. 188~200.

Spanou, C. 1996. "Penelope's Suitors: Administrative Modernization and Party Competition in Greece." *West European Politics*, 19(1), pp. 97~124.

______. 2008. "State Reform in Greece: Responding to Old and New Challenges." *The International Journal of Public Sector Management*, 21(2), pp. 150~173.

Spanou, C. and D. Sotiropoulos. 2011. "The Odyssey of Administrative Reform in Greece, 1981-2009: A Tale of Two Reform Paths." *Public Administration*, 89(3), pp. 723~737.

Srivastava, V. and M. Larizza. 2012. "Working with the Grain for Reforming the Public Service: A Live Example from Sierra Leone." World Bank Policy Research Working Paper No. 6152.

Statskontoret. 1997. *Staten i omvandling. 1997:15*. Solna: Statskontoret.

Stigler, G. J. 1971. "The Theory of Economic Regulation." *The Bell Journal of Economics and Management Science*, 2(1), pp. 3~21.

Stock, J., J. Wright, and M. Yogo. 2002. "A Survey of Weak Instruments and Weak Identification in Generalized Method of Moments." *Journal of Business and Economic Statistics*, 20, pp. 518~529.

Strath, A. 2004. *Teacher Policy Reforms in Sweden: The Case of Individu-Alised Pay. International Institute for Educational Planning*. Paris: UNESCO.

Suay, J. 1987. "La reforma de la Función Pública. Su impacto sobre la burocracia española." *Revista Española de Derecho Administrativo*, 56, pp. 511~528.

Suleiman, E. A. 2003. *Dismantling Democratic States*. Princeton, NJ: Princeton University Press.

Sundell, A. 2014. "Are Formal Examinations the most Meritocratic Way to recruit Civil Servants? Not in all Countries." *Public Administration*, 92(2), pp. 440~457.

______. 2015. *Public Administration and Corruption*. Gothenburg: Department of Political Science, University of Gothenburg.

Sung, H. E. 2003. "Fairer Sex or Fairer System? Gender and Corruption Revisited." *Social Forces*, 82(2), pp. 703~723.

_____. 2004. "Democracy and Political Corruption: A Cross-National Comparison." *Crime, Law and Social Change*, 41(2), pp. 179~193.

Svara, J. H. 1998. "The Politics-Administration Dichotomy Model as Aberration." *Public Administration Review*, 58(1), pp. 51~58.

Svensson, J. 2005. "Eight Questions about Corruption." *The Journal of Economic Perspectives*, 19(3), pp. 19~42.

Swamy, A. V., S. Knack, Y. Lee, and O. Azfar. 2001. "Gender and Corruption." *Journal of Development Economics*, 64(1), pp. 25-55. Swedish Government proposition 1984/85: 219.

Tabellini, G. 2008. "Presidential Address Institutions and Culture." *Journal of the European Economic Association*, 6(2-3), pp. 255~294.

Teaford, J. C. 1983. *The Unheralded Triumph: City Government in America, 1870–1900*. Baltimore, MD: Johns Hopkins University Press.

_____. 1993. *The Twentieth-Century American City*. Baltimore, MD: Johns Hopkins University Press.

Teodoro, M. 2009. "Bureaucratic Job Mobility and the Diffusion of Innovations." *American Journal of Political Science*, 53(1), pp. 175~189.

_____. 2010. "Contingent Professionalism: Bureaucratic Mobility and the Adoption of Water Conservation Rates." *Journal of Public Administration Research and Theory*, 20(2), pp. 437~459.

_____. 2011. *Bureaucratic Ambition: Careers, Motives, and the Innovative Administrator*. Baltimore: Johns Hopkins University Press.

_____. 2014. "When professionals lead: Executive Management, Normative Isomorphism, and Policy Implementation." *Journal of Public Administration Research and Theory*, 24(4), 983-1004.

Teorell, J. and Rothstein, B. 2015. "Getting to Sweden, Part I: War and Malfeance, 1720-1850." *Scandinavian Political Studies*, 38(3), pp. 217~237.

Teorell, J., C. Dahlström, and S. Dahlberg. 2011. The Quality of Government Expert Survey Dataset. University of Gothenburg: The Quality of Government Institute. Available at: www.qog.pol.gu.se.

Teorell, J., N. Charron, S. Dahlberg, S. Holmberg, B. Rothstein, P. Sundin, and R. Svensson. 2013. The Quality of Government Dataset, version 15 May 13. University of Gothenburg: The Quality of Government Institute. Available at: www.qog.pol.

gu.se.

Tepper, B. J. and E. C. Taylor 2003. "Relationships among Supervisors and Subordinates, Procedural Justice Perceptions and Organizational Citizenship Behaviours." *Academy of Management Journal*, 46(1), pp. 97~105.

The Bertelsmann Stiftung´s Transformation Index 2012 (BTI). Available at: www.bti-project.org/index/. [Retrieved 15 May, 2013].

The Economist. 2012.2.18. "Venezuela's Oil Industry. Spilling Over."

______. 2012.6.16. "How the Bureaucrats Rob the Taxpayer."

______. 2013.9.28. "The Land of the Setting Sun."

The Guardian. 2006.4.8. "Marbella, Where Corruption and Bad Taste Thrive."

______. 2013.8.7. "Yours for €100m: Spanish Airport, Mint Condition, One Careless Owner."

The New York Times. 2012.7.18. "In Spain, a Symbol of Ruin at an Airport to Nowhere."

______. 2013.9.8. "Madrid and Istanbul Respond Differently to Rejection by Olympics."

______. 2017.1.7. "Purge of Police Said to be Move by Turkey to Disrupt Graft Inquiry."

The Wall Street Journal. 2015.12.11. "Upstart in Spanish Election Gets Help From Blogging Professor."

The Worldwide Governance Indicators (WGI). Available at: http://info.worldbank.org/governance/wgi/index.aspx#home [Retrieved 15 May, 2013].

Thompson, J. R. 2007. "Labor-management Relations and Partnerships: Were They Reinvented?" In G. B. Peters and J. Pierre. eds. *The Handbook of Public Administration*. London: SAGE Publications, pp. 49~62.

Thompson, V. A. 1965. "Bureaucracy and Innovation." *Administrative Science Quarterly*, 10(1), pp. 1~20.

Tolbert, P. S. and L. G. Zucker. 1983. "Institutional Sources of Change in the Formal Structure of Organizations: The Diffusion of Civil Service Reform, 1889-1935." *Administrative Science Quarterly*, 28(1), pp. 22~39.

Transparency International. 2013. Corruption Perception Index 2013. Available at: www.transparency.org/research/cpi/overview.

Treisman, D. 2000. "Decentralization and the Quality of Government." Working paper. Department of Political Science University of California, Los Angeles.

______. 2007. "What Have We Learned about the Causes of Corruption from Ten Years of Cross-National Empirical Research?" *Annual Review of Political Science*, 10, pp. 211~424.

Tsebelis, G. 1995. "Decision Making in Political Systems: Veto Players in Presidentialism,

Parliamentarism, Multicameralism and Multipartidism." *British Journal of Political Science*, 25(3), 289-325.

Tullock, G. 1965. *The Politics of Bureaucracy*. Washington, DC: Public Affairs Press.

_____. 1967. "Welfare Costs of Tariffs, Monopolies, and Theft." *Western Economic Journal*, 5(3), pp. 224~32.

UNESCO. 2010. Institute for Statistics. Available at: www.uis.unesco.org [Retrieved 15 May, 2013].

United Nations Statistics Divisions. (2013). Available at: http://unstats.un.org/unsd/snaama/dnlList.asp [Retrieved 15 May, 2013].

Uslaner, E. M. 2008. *Corruption, Inequality, and the Rule of Law: The Bulging Pocket Makes the Easy Life*. Cambridge, MA: Cambridge University Press.

Vandenabeele, W., S. Scheepers, and A. Hondeghem. 2006. "Public Service Motivation in an International Comparative Perspective: The UK and Germany." *Public Policy and Administration*, 21(1), pp. 13~31.

Van der Meer, F. M., T. Steen, and A. Wille. 2007. "Western European Civil Service Systems. A Comparative Analysis." In J. C. N. Raadschelders, T. A. J. Toonen, and F. M. Van der Meer. eds. *Civil Service in the 21st Century*. Basingstoke: Palgrave Macmillan. pp. 34~49.

Van Rijckeghem, C. and B. Weder. 2001. "Bureaucratic Corruption and the Rate of Temptation: Do Wages in the Civil Service Affect Corruption, and by How Much?" *Journal of Development Economics*, 65(2), pp. 307~331.

Van Riper, P. P. 1958. *History of the United States Civil Service*. Evanston, IL: Row Peterson.

Van Thiel, S. 2011. "Comparing Agencies across Countries." In S. Van Thiel, K. Verhoest, G. Bouckaert, and P. Laegreid. eds. *Government Agencies. Practices and Lessons from 30 countries*. Basingstoke: Palgrave Macmillan, pp. 18~26.

Verhoest, K. 2010. "The Influence of Culture on NPM." In T. Christensen and P. Laegreid. eds. *The Ashgate Research Compendium to New Public Management*. Farnham: Ashgate, pp. 47~65.

Villoria, M. 1999. "El papel de la burocracia en la transición y consolidación de la democracia española: primera aproximación." *Revista Española de Ciencia Política*, 1(1), pp. 97-125.

Voz Populi. 2016.4.9. "17 minutos que dejaron helado al Congreso: "Espasa rechazó hacer un libro sobre mi historia por miedo"."

Wade, R. 1990. *Governing the Market*. Princeton, NJ: Princeton University Press.

Weber, M. 1978[1921]. *Economy and Society*. edited by G. Roth and C. Wittich. Berkeley, CA: University of California Press.

_____. 1998[1948]. *Essays in Sociology*. London: Routledge.

Weingast, B. and W. J. Marshall. 1988. "The Industrial Organization of Congress; Or, Why Legislatures, like Firms, are not Organized as Markets." *The Journal of Political Economy*, 96(1), pp. 132~163.

Weingast, B. R. 1995. "Economic Role of Political Institutions: Market-Preserving Federalism and Economic Development." *The Journal of Law, Economics & Organization*, 11(1).

Welzel, C. and R. Inglehart. 2008. "The Role of Ordinary People in Democratization." *Journal of Democracy*, 19(1), pp. 126~140.

Wiarda, H. 1968. *Dictatorship and Development: The Methods of Control in Trujillo's. Dominican Republic*. Gainsville, FL: University of Florida Press.

Wildavsky, A. 1987. *Speaking Truth to Power: The Art and Craft of Policy Analysis*. New Brunswick, NJ: Transaction Books.

Willems, I., R. Janvier, and E. Henderickx. 2006. "New Pay in European Civil Services: Is the Psychological Contract Changing?" *International Journal of Public Sector Management*, 19(6), pp. 609~621.

Williamson, O. E. 1975. *Markets and Hierarchies: Analysis and Antitrust Implications*. New York, NY: Free Press.

_____. 1985. *The Economic Institutions of Capitalism*. New York, NY: Free Press.

_____. 1996. *The Mechanisms of Governance*. Oxford: Oxford University Press on Demand.

Wilson, W. 1887. "Study of Administration." *Political Science Quarterly*, 2(2), pp. 197~222.

Wise, L. R. 1993. "Whither Solidarity? Transitions in Swedish Public-Sector Pay Policy." *British Journal of Industrial Relations*, 31(1), pp. 75~95.

Woloch, I. 1994. *The New Regime: Transformations of the French Civic Order, 1789–1820s*. New York and London: Norton.

World Bank. 1997. *World Development Report 1997: The Changing Role of the State*. Oxford: Oxford University Press.

_____. 2011. World Development Indicators 2011. Available at: http://data.worldbank.org/data-catalog/world-development-indicators [Retrieved 15 May, 2013].

_____. 2012. *The World Bank's Approach to Public Sector Management 2011–2012: Better Results from Public Sector Institutions*. Washington, DC: The World Bank.

_____. 2013. World Development Indicators. Available at: http://data.worldbank.org/

data-catalog/world-development-indicators [Retrieved 15 May, 2013].

Wunder, B. 1995. "The Influences of the Napoleonic "Model" of Administration on the Administrative Organization of Other Countries." *Cahier d'Histoire de l'Administration, No. 4*. IIAS. Brussels.

Wängnerud, L. 2008. "Quality of Government and Women's Representation - Mapping Out the Theoretical Terrain." QoG Working Paper Series 2008:5. Gothenburg: Gothenburg University, The Quality of Government Institute.

Yesilkagit, K. 2010. "The Future of Administrative Tradition: Tradition as Ideas and Structure." In M. Painter and G. B. Peters. eds. *Tradition and Public Administration*. New York, NY: Palgrave Macmillan, pp. 145~157.

Yesilkagit, K. and J. De Vries. 2004. "Reform Styles of Political and Administrative Elites in Majoritarian and Consensus Democracies: Public Management Reforms in New Zealand and the Netherlands." *Public Administration*, 82(4), pp. 951~974.

Young, C. and T. Turner. 1985. *The Rise and Decline of the Zairian State*. Madison, WI: University of Wisconsin Press.

Ziller, J. 2003. "The Continental System of Administrative Legality." In B.G. Peters and J. Pierre. eds. *Handbook of Public Administration*. London: Sage, pp. 260~268.

Zuvanic, L., M. Iacoviello, and G. A. Rodríguez. 2010. "The Weakest Link: The Bureaucracy and Civil Service Systems in Latin America." In C. Scartascini, E. Stein, and M. Tommasi. eds. *How Democracy Works: Political Institutions, Actors, and Arenas in Latin American Policymaking*. Washington, DC: Inter-American Development Bank, pp. 147~176.

찾아보기

주제어

1. 데이터 출처는 'QoG 전문가 서베이, QoG 데이터 세트', 표와 그림은 '표·그림 차례'를, 분석 내용은 '부패, 정부 효과성, 공공 부문 성과급제, 폐쇄형 베버 관료제, 정치인과 관료의 경력 분리'를 보면 된다.
2. 인명은 성, 이름 순서대로 나열했다.

인명

지은이

칼 달스트룀(Carl Dahlström)은 스웨덴 예테보리 대학교 정치학과 교수이자 정부의 질 연구소의 연구위원이다. 비교적·역사적 관점에서 행정학, 행정 개혁, 복지국가 정책 결정에 대해 연구하고 있다.

빅터 라푸엔테(Victor Lapuente)는 스웨덴 예테보리 대학교 정치학과 부교수이자 정부의 질 연구소의 연구 위원이다. 양적 방법과 질적 방법을 결합한 비교 정치학과 비교 행정학을 연구하고 있다.

옮긴이

신현기는 가톨릭대학교 행정학과 부교수이다. 서울대학교 사회학과 학사, 석사, 행정대학원 정책학 박사를 마쳤다. 경향신문 사회부, 경제부 기자, 국정홍보처, 문화체육관광부 사무관 등으로 일했다. 민주화 이후 대통령의 국정 운영, 근대 국가 성립 이후 행정 역량의 구축, 미디어 정책과 정부의 정책 홍보 등에 관심이 많으며 다수의 관련 연구 논문을 발표했다. 저서로『대통령의 권력과 선택』,『대한민국 부동산 40년』,『대한민국 교육 40년』(이상 공저) 등이 있다.

한울아카데미 2530

좋은 정부, 정치인, 관료

공정하고 능력 있는 관료제 만들기

지은이 칼 달스트룀·빅터 라푸엔테
옮긴이 신현기
펴낸이 김종수
펴낸곳 한울엠플러스(주)
편집 김우영

초판 1쇄 인쇄 2024년 8월 13일
초판 1쇄 발행 2024년 9월 23일

주소 10881 경기도 파주시 광인사길 153 한울시소빌딩 3층
전화 031-955-0655 **팩스** 031-955-0656
홈페이지 www.hanulmplus.kr **등록** 제406-2015-000143호

Printed in Korea.
ISBN 978-89-460-7530-6 93350 (양장)
978-89-460-8324-0 93350 (무선)